教養の政治学・経済学

香川勝俊　編

学術図書出版社

はしがき

　本書は矢崎幸生先生の「高専生のための政治・経済学」(1986年初版),「政治・経済学概論」(1999年初版)を発展させたものである．その経緯から高等専門学校の「政治・経済」またはそれに類する科目の教科書として使用されることを念頭においているが，大学・短大での一般教養課程の政治学・経済学関係の教科書としても使用できるように配慮した．本書を利用する学生の多くが自然科学系分野の研究者または技術者となることを念頭に，技術者として高い倫理観・豊かな人間観を養うことを目的にしている．今日，「ヒトクローン胚づくり」などのように科学技術が高度に発達するにつれ，「できる」ことと「すべき」こと，あるいは「すべきでない」ことを巡って，科学者や社会の選択が問われる場面が増えている．

　本書の構成は高等専門学校の科目「政治・経済」に対応し，第Ⅰ部 政治学,第Ⅱ部 経済学から成る．科学技術の進歩は人間に数多くの恩恵をもたらしてくれている反面，地球規模での環境破壊が人類に大きな驚異となっている．このようなことなど予測出来たであろうか．また資源枯渇，人口問題と食糧供給問題，民族・部族紛争，先進国と途上国間・及び国内での貧富の差は解決どころか拡大傾向にある．加えて先進国，ことに日本における近年の治安の悪化・犯罪の増加は深刻である．

　これらの問題はどれをとっても解決の難しいものばかりである．しかし，問題意識を持って学習に臨むことはきわめて大切であり，その姿勢から何らかの解決のヒントが見出だせるかもしれない．アインシュタインは「人間自身とその運命への関心が，つねに，あらゆる技術的努力の主たる関心でなくてはなりません．…………．私たちの頭の創造物が人類にとって呪いではなく恵みになるようにするためです」の言葉を残している．本書の執筆者は，巻末に列挙した大学，高等専門学校において実際に教育に携わっている教員であり，このような願い・目的に沿って執筆していただいた．

　なお，本書は各章の各節ごとに「発展」を設け，執筆者が本文では書ききれなかったが学生に深く考えてもらいたいことを執筆していただいた．出版に当

たっては執筆者の意見を広く取り入れたが，特に企画・構成については太成学院大学の李 東彦先生，出版業務全体については学術図書出版社の杉浦幹男様，室澤真由美様にお世話になった．

2004 年 8 月

香川 勝俊

もくじ

第Ⅰ部 政治部門

第1章 民主主義の構造 …………………………………………2
- 第1節 政治とは何か …………………………………………2
- 第2節 近代市民社会の成立 …………………………………5
- 第3節 民主政治の基本原理 …………………………………13

第2章 日本国憲法 ………………………………………………22
- 第1節 憲法の意義 ……………………………………………22
- 第2節 大日本帝国憲法 ………………………………………25
- 第3節 日本国憲法の制定過程 ………………………………28
- 第4節 日本国憲法の基本原理 ………………………………32

第3章 日本の統治機構 …………………………………………41
- 第1節 国会 ……………………………………………………41
- 第2節 内閣 ……………………………………………………47
- 第3節 裁判所 …………………………………………………54
- 第4節 地方自治 ………………………………………………59

第4章 日本の政治状況と課題 …………………………………64
- 第1節 行政機能 ………………………………………………64
- 第2節 政党政治 ………………………………………………68
- 第3節 選挙 ……………………………………………………71
- 第4節 政治参加と世論 ………………………………………75

第5章 現代社会と人権 …………………………………………80
- 第1節 新しい人権 ……………………………………………80

第2節　情報化社会の諸問題 …………………………………………83
　第3節　情報化社会と人権 ……………………………………………88

第6章　国際社会と日本 …………………………………………93
　第1節　国際法 …………………………………………………………93
　第2節　国際連合 ………………………………………………………98
　第3節　冷戦終結と21世紀の国際社会 ……………………………103
　第4節　国際社会と日本 ……………………………………………109

第II部　経済部門

第7章　経済の発達と経済体制 ………………………………114
　第1節　経済の基本的概念 …………………………………………114
　第2節　資本主義経済の形成と経済理論の形成 …………………118
　第3節　新しい社会主義経済 ………………………………………126

第8章　市場経済と価格機構 …………………………………131
　第1節　経済主体 ……………………………………………………131
　第2節　価格機構 ……………………………………………………135
　第3節　独占と寡占 …………………………………………………143
　第4節　市場機構の限界 ……………………………………………147

第9章　国民経済の構造 …………………………………………151
　第1節　国民所得と国富 ……………………………………………151
　第2節　景気循環と経済成長 ………………………………………159
　第3節　金融政策 ……………………………………………………163
　第4節　財政政策 ……………………………………………………170

第10章　近現代日本経済史 ……………………………………176
　第1節　資本主義の形成過程 ………………………………………176

第 2 節　第 2 次世界大戦後の日本経済 ………………………………181

第 11 章　日本経済の現状と課題 ……………………………………195
　　第 1 節　農業問題・食糧問題 …………………………………………195
　　第 2 節　資源・環境問題 ………………………………………………198
　　第 3 節　産業構造の変化 ………………………………………………203

第 12 章　労働問題・福祉問題 ………………………………………214
　　第 1 節　労働問題の発生 ………………………………………………214
　　第 2 節　労働者保護法 …………………………………………………219
　　第 3 節　福祉問題 ………………………………………………………224
　　第 4 章　社会保障制度 …………………………………………………227

第 13 章　国 際 経 済 …………………………………………………236
　　第 1 節　国際経済の意義と国際取引 …………………………………236
　　第 2 節　国際経済体制と国際協調 ……………………………………242

第 14 章　経済の課題と地球環境 ……………………………………246
　　第 1 節　経済発展とその限界 …………………………………………246
　　第 2 節　環境経済学 ……………………………………………………251
　　第 3 節　地球環境と人類 ………………………………………………254

資料 ……………………………………………………………………………265
さくいん ………………………………………………………………………283

第Ⅰ部　政治部門

　　第Ⅰ部では政治学，法学に関係する事柄について勉強する．まず現代の政治につながる近代市民社会の原理である民主主義とその根底となっている人権思想について理解することから始める．次に民主主義の原理に基づいて行われている現代の政治制度について触れる．わが国は第2次大戦後，新しい憲法を採択し，国民主権主義・永久平和主義・基本的人権の尊重という3つの原理に基づく政治を行っている．そこで，これらの原理を特色とする国家の最高法規としての日本国憲法について学ぶ．さらに憲法に基づいて組織されている日本の政治機構について，中央政治における権力分立制度と地方自治制度の2つの側面から理解を深める．政治現象は動的なものであり，その時代を反映して変動する．よって現代の日本の政治がどのように行われているのか理解すると共に現在の政治が直面しているさまざまな問題を直視し，どのようにしたら問題を解決できるか考えてみる．

　　近代社会は政治面・経済面・文化面でも国際化の流れの中で捉えられる．まず国際政治の基本である国際社会，国際法，国際機構等についての知識を深める．冷戦終結後はグローバル化がますます進行し，国連の力は未だ十分ではないが期待はますます高まっている．日本社会もさまざまな面で国際政治の影響下で大きく変化を遂げてきている．これは本書の全般にわたり記載されているのであるが，ここでは今後，日本が主体的に国際社会においてどのような役割を果たすべきか考えてみる．

　　第Ⅰ部の締めくくりとして通信技術の進歩によりもたらされた今日の情報社会について考える．情報社会は便利さと同時にさまざまな問題をはらむのであるが，人権の在り方・人権問題に焦点を当てて考える．

第1章 民主主義の構造

第1節 政治とは何か

　現代政治は民主政治であるといわれている．今日，地球上のそれぞれの地域で政治体制や経済体制の違いにもかかわらず世界各国が自国を民主主義国と唱えている．一般に，民主主義は，思想的意味では人間尊重（人格や人権）を最高理念とし，実現しようとする価値内容（政治的目的）は個人的自由と社会的平等である．

　そして，制度としての民主主義は古代ギリシアを起源とし，近世西欧のルネサンスと宗教改革を経て，近代の数々の市民革命により絶対王政に対する市民階級の反抗が勝利した結果，政治的に近代民主制が成立し，17～18世紀の近代憲法で政治制度として確立されたといわれている．ここでは，歴史的・思想的・社会的流れのなかで「民主主義」の意味や内容とその背景を明らかにしていきたい．

1. 古代ギリシャの民主政

　古代ギリシャの都市国家（ポリス）に民主政の始まりを見るのが通例である．民主政・民主主義は，ギリシャ語のdemokratiaに始まる．デモクラシー（democracy）は民衆・住民（demos）と権力・支配（kratia）を意味する言葉から成り立っている．とくに，紀元前4世紀のアテネの民主政が，古代ギリシャの古典的な民主政の典型とされる．市民（奴隷を除く自由民）が参政権をもち，民会が最終決定権をもっていた．

　しかし，アテネを守るため，ひいては民主政を守るために戦った哲学者ソクラテス（Sokrates, 470-399B.C.）は民主政の崩壊期に民衆の裁判により刑死

の道を選んだ．ソクラテスの弟子であるプラトン（Platon, 427-347B.C.）はこの状況に深く絶望し政治家志望から哲学の道に入った．また，万学の祖アリストテレス（Aristoteles, 384-322B.C.）はプラトンが創設したアカデメイア学園で学び学頭を勤め，後に大帝国を造り上げたアレキサンダーの幼少時の家庭教師となったが，プラトン同様，民主政は支配者が多数から成る政体という意味に矮小化され，衆愚政治（愚かな人々の政治）という否定的な意味あいとなってしまった．

なお，アカデメイア学園は約800年続き，古代ローマの支配下で弁論術を中心にローマの政治家志望の青年たちの教育をしていた．

2. プラトンの政治思想

プラトンは『国家』において，国家は正義の徳を実現する主体で，徳を基礎とする「哲人の支配」が最高の政治であるとした．政治的権力と哲学的精神（理性）との一体化により，正義そして社会的公正が実現されることとなる．

哲人は為政者として国家運営のための優れた知恵を，国を守る軍人は勇気を，そして，商・工・農の一般市民は節制を徳としてもつことが必要であり，正義の徳によりすべてがまとめられるとした．

政治が正義に反した場合，少数の財産家に権力が移ると「**寡頭政治**」となり，さらに，大衆が政治的力をもつと「**衆愚政治**」となり自由が乱され，最後に，正義から最も遠い「**専制政治**」となるとした，

理想主義者プラトンに対して，その弟子のアリストテレスは現実主義的であるが，民主政には同様の厳しい評価をしている．

3. アリストテレスの政治思想

アリストテレスは『政治学（ポリティカ）』において「人間は社会的動物である」「地上的な倫理性を完成するのは国家である」と主張し，今日の政治学の起源となっている．アリストテレスは，政治形態を次のように分類している．① 主権が1人の統治の純粋形態（共通の利益を目的とする真正な・立憲的な国家）が**君主政**（Royalty）で，その統治の腐敗形態（私的な利益を目的とする逸脱した・専制的な国家）が**専制政**（Tyranny）である．② 主権が少

数者の統治の純粋形態が**貴族政**（Aristocracy）で，その統治の腐敗形態が**寡頭政**（Oligarchy）である．③ 主権が多数者の統治の純粋形態が**民主政**（Polity）で，その統治の腐敗形態が**衆愚政**（Democracy）である．

　プラトンとアリストテレスの考えは，今日民主主義を考える私たちに多くの示唆を与えるものである．近代の初めにおいても，政治的場面において自由主義が進行するなか，民主主義に対する警戒が人々の心の内にあったのも事実である．

4．直接民主制と間接民主制

　民主主義を実現する型として，直接民主制と間接民主制とがある．民主主義における「国民による政治」，統治者と被治者の同質性，国民の自治または自律という理念を実現する方法としてまず考えられたのは，国民が直接に立法その他の統治作用を行う直接民主制である．歴史的にはギリシャのポリスの政治にこの型がみられる．理論的には**ルソー**（J-J. Rousseau, 1712-1778 年）がこれを強力に主張した．しかし，近代や現代の国家においては，具体的手段や方法が物理的にも構想しにくい欠点をもっているため，今日，恒常的に採用されているのは，スイスの州民集会やアメリカのタウン・ミーティングなどにすぎない．他には，間接民主制を補完するものとして部分的に採用されている．今日，代議政治の空洞化現象が指摘されるなかで，「草の根民主主義」の立場から直接請求権の効用が再評価されつつある．

　他方，国民が集団の意思を決定するのに，その構成員が選んだ少数の代表の手に決定をゆだねる制度が，代議制あるいは代表・間接民主制である．主権者たる国民にかわって，選ばれた代表が統治権を行使する制度である．広い意味では，今日の政治構造全体のあり方をさす代表民主政治と同様に使われるが，通常は議会制度をさす．中世の身分制議会の代表は拘束的委任であった．代表は選出母体の意思に服し，違反すれば召喚された．近代議会の任意的委任は，これに反して，代表は選出母体からなんらの拘束も受けず，全国民の代表として自由に行動できる建て前である．もっぱら自己の良心にのみ拘束されるのであり，国会における発言や表決の自由が保障されるのもそのためである．しかし，このことも一気に実現された訳ではない．

第 2 節　近代市民社会の成立

1．近代社会の開幕
（1）　18 世紀ヨーロッパの構造的変化

　18 世紀ヨーロッパは，近代の開始点となる現象が社会のあらゆる面で現われてくる．まず規則的な経済成長の持続によるブルジョワジーの興隆と資本主義の形成である．この世紀に入ると農業は，従来の休閑地を伴う三圃制や二圃制に代って，飼料となる牧草や根菜類を栽培し家畜を集約的にたくさん飼育することにより，糞尿を厩肥（きゅうひ）として利用するようになった．こうして耕作地全体を輪作に使い収穫も効率化して，農作物の増産を可能にした．これが豆類や穀物の増産をも促進することになり，農業生産は増大し，庶民の食卓は飛躍的に豊かになった．そして農業生産力の伸長は，農村社会における農民と領主・地主関係及び農民相互の関係に変化をもたらし，領主制や村落共同体を基幹的に解体する方向が明白となっていた．

　都市においても，ギルド共同体の解体が始まる．とくに農業生産性の高い農村地域を中心に展開する農村工業は産業革命に先立つ工業化の出発点となっていく．すなわち，農村内部の商品経済は，次第に商人たちを媒介して国内諸都市に拡大し，国民的な規模で商品流通を浸透させていく．ここに国民経済が形成され，それがさらに貿易を通じて結びつき合わされ，国際的な商業戦を引き起こすことになる．この国民経済の展開は，旧来の貴族と平民という身分制を崩し，一方に大規模農業経営者や工場主，他方に貧窮化した農民や都市に流出する労働者という新しい階級制を形成されるようになり，社会全体が資本主義的に編成されることなった．前者のうち資本主義の担い手としてブルジョワジーは，社会的な発言力を高めていく．

　ところで近代以前のヨーロッパ社会は，飢餓と疫病の発生による人口がいわば自然の均衡を保つ状態が続いていたが，前述したように農業生産の増大と穀物流通の円滑化に伴ない，とくに 18 世紀後半より穀物価格が次第に安定し，深刻な飢餓が克服され，疫病の脅威も薄れるようになる．これらの要因とともに，イギリスのジェンナーの種痘方法の完成に代表される医学の進歩や衛生状態の改善にむけた行政上の努力などによって，人口が規則的に増加する態勢が

整えられるようになった．さらに以前のような多産多死の人口動態は，乳児の死亡率の低下と満10歳での生存率の上昇により，少産少死型に変化する．

　このような社会構造や物的な面での変化は，この時代を生きる人々の心のもち方，すなわち精神的な面をも大きく変ることとなった．まず人々は，わずかずつとはいえ生活にゆとりをもつことができるようになると，村や町に小規模ながらも学校を設け，読み書きができるようになる．18世紀における識字率が概ね前世紀の2倍近くなったことは，学問や文化が一部の人の専有物ではなくなり，広く大衆にも受容される基盤ができつつあることを語っている．そして彼らの関心は，死の脅威から解放され専らあの世を説く「キリスト教」から離れ，世俗的な現実の生活に役立つ実用や娯楽に向けられるようになる．また同時に農業や工業が発展し，規則的な経済の成長の実現をうけ，まさに明るい未来にむかって人間の無限の進歩を疑わない雰囲気が支配することになる．このような知的関心や精神的雰囲気を背景に，この世紀が「啓蒙の世紀」と言われるのである．

（2）啓蒙思想

　ところで，人間の一層の進歩を実現するためには，現実の社会の不合理を意識し，その不合理を改革しなければならないという現実批判の精神に体系化される．啓蒙思想の諸潮流は不合理な現実社会を人間の理性の名において容赦なく批判するという点で共通の特徴を有している．特に絶対王政の下にあるフランスでは，「旧体制（アンシャン・レジーム）」批判が鋭さを増しながら，一般化することになった．この旧体制批判にとって有力な根拠となったのが，17世紀イギリスのピューリタン革命や名誉革命を通して，近代市民社会の政治原理を明示したロックの主張であった．彼は人が政治的結合体としての市民社会をつくるのは，自由・安全・所有などの具体的な人権を守るためであり，国家権力はこれらの基本的人権を保障するための機関であるから，その目的を逸脱して人権を侵害するようになったときには，人民は抵抗権を行使して政府を替えることができると論じた．

　フランスの知識人の間でも，旧体制批判を展開しながら，ロックに代表されるイギリスの社会思想や政治制度について学ぼうとする傾向を強めていった．この流れをリードしたのが，かつてイギリスに亡命していたヴォルテールであ

る．彼は「フランス旧体制に投じられた最初の爆弾」と評された『哲学書簡』を初めとして，旧体制の不合理性を批判する啓蒙思想を広範囲に広めた．またモンテスキューは，『法の精神』で，法や統治制度を広く風土や歴史の総体との関連で把えるべきであるとし，絶対王政を批判しつつロックの説をさらに進めて，三権分立論を体系化した．しかし彼の絶対王政批判は，人民の方向からではなくむしろ貴族身分の側であり，国王の専制を排除するには，国王と人民との間に立つ「中間団体」が必要からであり，その役割を貴族身分が果すべきであると説いた．

これに対して当時興隆しつつあったブルジョワジーの利害を代表したのが，ケネーを始祖とする重農主義学派（フィジオクラート）とディドロとダランベールが主導した百科全書派（アンシクロペデイスト）である．両派に属する知識人の思想的立場は必ずしも一定してはいなかったものの，科学や技術の進歩を基礎とする生産力の発展を重視するとともに，思想や経済活動の自由を求めるという点では一致していた．すなわち，社会の富を実現させるための手段として，農業や工業の技術的発展に注目するとともに，私有財産の尊重と商品生産および流通の自由との実現する市民社会像を描いたのである．

ところがルソーは，単に個々の制度の不合理性を批判するだけでは不十分で，人間の本来のあり方を悪化させている近代文明そのものを批判する視点を有していた．彼は，『エミール』で人間の本来的な自然の本性を守り育てることにより個人を解放しようとし，『社会契約論』で主権者と人民が共同の幸福をめざすという同じ利害だけをもちうるようなデモクラティックな共同体の実現を主張した．彼のこのような思想は，のちの革命期の共和派に大きな影響を与えることになる．

啓蒙思想は，フランスだけにとどまらず他のヨーロッパ諸国全般にも波及していった．プロイセンのカントは，人間が自己の未成年状態を脱して市民一人ひとりの自由と自立こそが市民社会の基礎であると説いた．しかしプロイセン，オーストリアあるいはロシアなどでは，カントがめざしたような市民の中核となるべきブルジョワジーの成長がなお立ちおくれていたために，啓蒙思想は，ブルジョワジーの手による旧体制改革運動と結びつくことができず，逆に絶対君主自身の手による上からの近代化と結びつくことなってしまう．啓蒙さ

れた君主による改革はきわめて限定的であり，これらの諸国の近代化の課題は19世紀に持ち越すことになった．

2. 近代市民革命
（1） アメリカ独立革命

1770年代から80年代にかけて，アメリカは全ヨーロッパの注目を集めていた．それは何よりもまず，アメリカ独立革命の指導者たちが，ロックをはじめ啓蒙思想家たちの思想に基づいて行動したからである．この若い「アメリカ合衆国」の誕生の中に啓蒙思想の最初の現実的適用が存在しただけではなく，大西洋のかなたで起こった事件が，旧体制の改革のみならず，その廃止を熱望するヨーロッパ人を鼓舞したのであった．1776年世界初の成文憲法であるバージニア権利章典で天賦人権の思想を明確に表明したのに続き，アメリカ独立宣言が採択された．

「あらゆる人間は平等につくられていること．彼らは，その創造者によって一定の譲るべからざる権利を与えられていること．それらの権利の中には，生命，自由，および幸福の追求が含まれること．またこれらの権利を確保するために人びとの間に政府が組織され，その権力の正当性は被治者の同意に由来すること」．

（2） フランス革命の始まり

アメリカ独立戦争へのフランスの参加は，既に以前から危機に瀕していた財政をさらに悪化させた．ルイ16世の政府は，そのために不可欠な税制改革の代りに，国家の危機の責任からなおも王室と特権身分を免れさせようとする消極的な措置しか講じようとしなかった．さらにフランス社会には，経済危機と政治的危機が重なった．1787年と88年の2年続きの凶作による小麦価格の高騰は，それまでの順調な経済成長を一気に混乱に陥れてしまった．都市の貧民は，不安定な輸送手段もあってほとんどパンを買えなくなっていた．また国王の優柔不断の性格と解決能力の欠如をさらけだし混迷する財政政策の果てに，租税負担の平等化をはかり納税者数の増加がようやく検討課題になったとき，免税特権階級の激しい反対に直面することになった．

国王は，貴族たちの反発を鎮めるため，1614年以来開かれていなかった三

部会の召集を決めた．各都市や各村は自らの代表を選ぶ段階から旧体制の不合理さについて議論を重ねるとともに，各地で陳情書を起草し，統治形態を変革するような政体の必要性を確認するようになった．この経験が，三部会召集後の国王や貴族の反革命的行動に対する武力行動を促すことになる．1789年7月14日バスティーユ牢獄占領を起点とするフランス革命は，旧体制の封建制を廃棄し，市民社会を樹立する画期的な決議を行った．その3週間後には，17条からなる「人権および市民権の宣言」を採択し，革命の諸原理を明示した．

「第1条　人間は生まれながらにして，自由であり，権利において平等である．

　第2条　あらゆる政治的結合というものの目的は，人間の自然に備わった消滅することのない諸権利を保全することである．その諸権利とは，自由，所有，安全，および圧制に対する抵抗である．

　第3条　あらゆる主権というものの根源は，本質的に国民のうちに存する．

　第4条　自由とは，他人を害しない限りは何をしてもよいということである．

　第11条　思想および意見の自由な伝達は，人間の最も貴重な諸権利の一つである．

　第16条　権利の保障が確保されず，権力の分立が規定されないすべての社会は，憲法をもつものでない．」

こうして，人権宣言は，人間の自由，権利の平等，国民主権，権力分立，所有権の絶対などを明確にすることによって旧体制の消滅を宣言した．またこの宣言は，2年後のフランス最初の成文憲法である91年憲法の前文としてその冒頭に掲げられることになる．

国王は，この人権宣言などを直ちに裁可しようとしなかったが，パリの民衆によって議会とともにパリに移転させられてようやく裁可した．そして91年憲法には，新生フランスの諸制度や諸政策の総括的な意義を付与されていた．この憲法の具体化は，一定額の直接税を支払う有権者による制限選挙で選出された立法議会によって進められた．まず旧体制下の官僚による集権的体制に対して，脱中央集権化政策の中で，県，郡，コミューンが新設され地方行政権が

承認された．また農業，商工業政策では，取引の自由，国内関税の撤廃，営業の自由など商品生産および流通の自由を根幹とする自由経済体制を促進した．さらに教会財産の没収・国有化と聖職者には国家に対する宣誓を強要して，カトリック教会と聖職者を国家下に再編しようとした．その政策は，窮迫した財政を救うためとはいえ，宣誓を忌避した聖職者の迫害と多くの信者に動揺をもたらした．

　この主憲王政下で，インフレーションに苦しむ民衆や農民の不満や国内の反革命派や国外の亡命貴族たちの策動によって危機的状況に達した時に，国王の逃亡事件が起きる．この事件を契機にオーストリアやプロイセンを中心に反革命の武力干渉をまねき，フランスはオーストリアに宣戦する．この戦火が，1815年まで24年間続くことになる．フランス軍はプロイセンの参戦もあり緒戦より敗北を重ねたため，義勇兵志願者が全国から続々とパリに集った．彼らは，出陣に先立って国内の敵を一掃するため，パリの民衆とともに92年8月10日チュイルリ宮を襲撃し，ついに国王を廃位に追いこんだ．

（3） 第一共和政

　君主の追放で91年憲法が無効となったため，男子普通選挙によって選出された国民公会は，9月22日に共和国を宣言した．このような政治的展開で明白になったのは，自由主義的貴族と同盟して革命を妥協的に終結させようとする路線の破産と，内外の強力な反革命勢力と戦うために民衆や農民と同盟して革命を徹底的に推進しようとする路線の急速な抬頭である．共和派が占める国民公会では，浮動的中間派をはさんで右翼に民衆や農民との同盟に消極的なジロンド派，左翼にはその同盟に積極的な山岳派という政治地図を描くことができた．はじめ主導権を握ったジロンド派は，93年に入って国王の裁判と死刑宣告に続く処刑で，山岳派に劣勢となっていく．国王の処刑はヨーロッパ各国の宮廷を震撼させ，第1次対仏同盟を結成する口実を列国に与えた．

　対仏同盟の攻勢を前に，国民公会は30万強制徴兵令を公布する．だがこの動員令を端緒に反政府行動が一気に噴出し，ヴァンデ地方を初めとして各地で大規模な反乱が発生した．対外戦争のほかに苛烈な内戦まで加わり危機に直面した国民公会では，ジロンド派と山岳派との分裂が決定的となった．そして山岳派が，6月2日ジロンド派を国民公会から追放，これから1年余り国民公会

内の公安委員会が革命政府として，例外的な措置すなわち恐怖政治(テルール)を行うことになった．革命政府は，すべての国境地帯で外国軍を迎え撃ち，ヴァンデ地方のみならずボルドー，リヨン，マルセイユなどの西部や南部の主要都市でも内戦に対処しなければならず，さらに飢餓の脅威とともに財政的，経済的困難にも立ち向わなければならなかった．権力を掌握したロベスピエール一派は革命と祖国を救うため必要と判断する措置を厳格に強制し，反政府と嫌疑をかけられた者は男女の別なく逮捕・処刑されたりした．多くのフランス国民は，これに対して自らの社会的地位や生命を失いかねない状況から，やむなく恐怖政治を受け入れていたのが実情であった．そこで内外の戦況が安定してくると，自由経済体制による富の不平等の是正をしようとする社会政策の実行や恐怖政治の継続をめぐって山岳派内部で対立が生じてくる．ロベスピエール派は二分派を相ついで処刑したが，その結果みずからの支援基盤を狭めてしまい，間もなくこの一派も失脚することになり，恐怖政府に終止符を打つ「テルミドールの反動」が開始した．

　テルミドールの反動とともに革命の流れは大きく変った．これまで革命を推進してきたのはブルジョワジーと民衆や農民との同盟関係であったが，ブルジョワジーはその同盟を解消し「持てる者によって統治される国」を実現しようとした．山岳派の多くは追放され，復活した右翼により，「パンと93年憲法を」要求するパリの民衆の決起も鎮圧されるなど，報復的なテロルが荒れ狂った．95年に新憲法が制定され，両院制の議会と5人の総裁からなる総裁政府が樹立された．しかしこの政府は左右両派からの脅威を前にして，社会秩序を維持するために軍事力に頼らざるを得なかった．この機に乗じて，エジプトの前線にいたナポレオンがパリに戻り99年ブリュメール18にクーデタを断行し，政権はナポレオンの軍事的独裁にゆだねられた．こうしてフランス革命は幕を閉じたのである．ナポレオンは，クーデタ直後の99年憲法で任期10年の第一執政，1802年の憲法で終身執政，さらに04年憲法で共和政を廃して帝政を創設し，国民投票の結果をうけ皇帝に即位する．

(4)　**ナポレオン帝政**

　皇帝ナポレオンは，第一執政になって以来執行権と法律発案権をもって，それまでの10年間の激動を終結させ国家に安定を取り戻し，革命の事業をフラ

ンスの伝統の中に定着させることを，帝政の基本的な方針とした．対外的には国民の平和の期待をうけ，オーストリアやイギリスとの間に脆弱とはいえ講和を実現するとともに，ローマ教皇との間に政教協約を結び，ローマ・カトリックを承認した．内政面では，各県に中央が任免権をもつ知事を置き，中央集権的な行政構造を復活させる．また革命の成果を継承する政策として，フランス銀行を創設して通貨の安定をはかり，租税の公平化のため土地台帳を整備し，商工業の振興のため産業保護政策を実施し，公教育制度を整え人材の養成につとめた．さらに近代市民社会の基礎となる民法典の編さんをした．この法典は，所有権の絶対，契約の自由，家族関係の強化という三大原理に立ち，自由で平等な市民で構成される市民社会の成立を世界に告知させることになった．

　ところでヨーロッパ大陸を覆うナポレオン帝国は，武力によって維持され，反抗を試みる人々を暴力的に弾圧した．そこでフランスの支配力が拡大するにつれ，抵抗運動は増えていく．ナポレオンがスペインに介入したとき，彼を迎え撃ったのは，正規軍でなくイギリスやポルトガルの支援をうけたスペイン民衆のゲリラであった．そしてロシア遠征では，ロシア民衆もまたツァーリ軍隊を助け，フランス軍を撤退，潰走させた．これらの抵抗は，1813年ドイツ国民の一斉蜂起へと続き，翌年同盟軍がフランスに侵入するにいたり，ナポレオンは退位し，王政が復古する．これらの民衆運動は革命フランスがつくり上げたのであるが，その運動が今度は一転してフランスに敵対したのである．

（5） 自由主義と国民主義

　勝利した同盟国がヨーロッパ再編のため参集したウィーン会議では，「正統性」の原理を採用したものの，革命以前の全君主がその権力を取り戻したわけではなかった．それは，フランス革命とナポレオン戦争の時代に自由と独立を求めて戦った諸国民は，復古的で反動的なウィーン体制に反撥し各地で自由主義と国民主義（ナショナリズム）の運動を担うことになったからである．とくにドイツやイタリアでは，国民的統一をめざし反政府運動が各地で発生した．王政復古下のフランスでも1830年7月に革命がおき，国王が逃亡し自由主義者に支持されたルイ・フィリップが新国王についた．この七月革命の影響をうけ，ベルギーが独立し，鎮圧されたとはいえポーランド独立の反乱，ドイツやイタリアでの統一と自由を求める運動が激化した．またイギリスでは，選挙資格拡大の歩みが始

まり，自由貿易の原則を確立し，世界市場での支配的地位を強めるようになる．

　フランスでも選挙法改正の要求する集会が，1848年2月弾圧されたことが契機となって，パリで革命がおき国王が退位し，臨時政府が共和制を宣言した．この二月革命の政府内では自由主義者と社会主義者とが対立し，その対立の虚をついて，年末の大統領選挙でルイ・ナポレオンが当選し，51年にクーデタで独裁権を握り，翌年人民投票で皇帝となり第二帝政がスタートする．

　二月革命の影響は全ヨーロッパに波及し，ウィーンやベルリンでの暴動やイギリスでのチャーチスト運動の高まりで，ウィーン体制は完全に解体した．この革命に始まるヨーロッパは，フランス革命時の貴族と市民層の対立が終了し，産業革命の社会的結果をうけ，ブルジョワジーとプロリタリアートの対立が表面化したこと，また48年が「諸国民の春」と呼ばれる民族の独立と国民的統一をめざす国民主義の動きが一層明確になった．この動きは，イタリアやドイツでの統一運動が次第に強まり，ヨーロッパ以外の地域にも民族解放の運動として拡大していくことになるのである．

第3節　民主政治の基本原理

1. 法の支配

　民主政治の基本原理のうち大切な原則が**「法の支配」** rule of law である．「法の支配」は，絶対王政などの**「人の支配」**に代わるもので，国の政治が，法に基づき，法に従って行われるべきであるという原則である．この考え方は，中世のイギリスで確立した**コモン・ロー** Common Law（普通法，一般法）を背景に発展した．コモン・ローは，前の裁判を尊重し，判例が後の裁判を拘束する．陪審制をとる．何人も通常裁判所の運用する通常の法に支配され，それ以外の専制的支配を受けない，といった点で，国家の全土に通用する一般的な慣習法であった．

　裁判官として有名で，権利の請願を起草した当時下院議員である**コーク**（Edward Coke, 1552-1634）は，13世紀の哲学者ブラクトン（Bracton, 1216-1268）の言葉である**「国王といえども神と法の下にある」**を引用して，イギリ

ス国王ジェームズ一世（James1，在位1603-1625）と抗争し，王権に対するコモン・ローの優越性を示した．こうして「法の支配」はイギリスにおいて確立していった．

一方，「法の支配」の伝統を持たないドイツにおいては「**法治主義**」rule by law という考え方が発達した．「法治主義」は法治行政という形式面のみを重視したもので，法の内容の正当性までは問わず不完全なものであった．「法の支配」と「法治主義」を比べてみる．「法の支配」は，① 立法過程への人民の参加，② 法にのっとった行政の執行，③ 裁判所による人民の権利保護，という3点から構成されているが，「法治主義」は ① と ② のみで，権力の専制化の防止と人民の権利保護において不十分であったのである．極端な例としては，絶対君主が自分と貴族という特権階級で都合のよい法律を作り，それで人民を裁いても，法にのっとって行われればよいことになり，とても民主的な制度とは言えない．これらから民主政治の基本原理としては，「法治主義」ではなく「法の支配」でなければならないのである．

2. 代議政治

現代のような人口が多く政治が複雑になった国家においては，民主主義の理想である直接民主制は国政レベルでは無理である．そこで次善の策として登場したのが**代議政治**（間接民主制・代表民主制）である．すなわち国民が自分たちの意志と利益を代表する人々を定期的に選挙し，選ばれた代議員が議会に集まって法や政策の討議や決定を行うものである．代議政治の特色は，まず第一に一人ひとりの議員は各々の選挙区から選出されたにしても，それが単なる選挙区の代表となるのではなく，国民全体の見地から議会に参加する国民代表となることである（**国民代表の原理**）．議員は選挙区や利益団体の代表としてではなく，国家的見地から判断を下さなくてはならないのである．その限りにおいて議会の意志が国民全体の意志の表現となるといえるのである．

第二の特色は，議会における審議過程にできるだけ多くの議員を参加させ，公開の議場で**討論の自由**を保障することである．そして討論の結果は少数意見に十分に配慮しながら，多数決方式によってまとめられるべきである（**審議の原理**）．このような審議過程が代表機能を具体的に確保するとともに，一般の

国民に議会と選挙に対する的確な判断の拠りどころを与えることになる．

　第三の特色は，議会が行政府に対する立法府の優位を保障することを目的として行政監視を行うことである．すなわち議会は専門知識を備えた官僚をかかえる行政府の権限と行動に対して，不断に監視する立場にある．さらに議会は国政全般について，証人の出頭・証言や記録を求めることのできる国政調査権を有している．このようにして，議会の決定は国民の意思の反映であり国民の決定であるとされるようになった．この意味で，立法権は，他の二権に優越しているのである．

3. 権力分立

　イギリスの歴史学者アクトン（J. E. Acton, 1834-1902）は「権力は腐敗する」と述べた．どんなに良い政治家でも権力の座に長く居座ると腐敗する傾向にあることは，古今東西の歴史が証明している．そのことを防ぐ民主政治の原理の１つが「権力分立」である．この考え方は，国家の権力を複数の機関に分散させ，お互いに抑制と均衡（check and balance）を図り，権力の集中から生ずる横暴を防止しようとするものである．

　イギリスの**ロック**（J. Locke, 1632-1704）は，**権力分立論**を唱えた．彼は名誉革命後の新政府の正当性を擁護しながら，国家権力を立法権と，外交権（同盟権）と司法権を含む執行権とに二分し，前者を議会に，後者を君主に帰属させ，かつ立法権の優位を主張した．人民は立法権を議会に託し，君主が暴政を成し人民の自然権を侵害するなら，政府に抵抗・革命することができるとしたのである．

　一方，フランスの**モンテスキュー**（Montesquieu, 1689-1755）は，『**法の精神**』（1748年）を著し，ロックの考え方を発展させて**三権分立論**を唱えた．彼は国家権力を立法権と，執行権（行政権）と，裁判権（司法権）の三権に分立させ，それぞれの権限を議会と国王と裁判所に委ね，そのなかのいずれもが独裁的権力をもちえぬよう相互に抑制・均衡をはからせるべきだと述べた．この三権分立論は，独立直後のアメリカ合衆国の政治制度，すなわち大統領制・二院制・地方分権制などに大きな影響を及ぼした．そして1789年の**フランス人権宣言**第16条が，「権利が確保されず，権力の分立が規定されないすべての社

会は，憲法をもたないものである」と定め，権力分立を人権保障とともに憲法の不可欠の原理として宣言して以来，民主政治の基本原理として各国が採用していった．

しかし権力分立の原理は，現実の政治運動から数多くの批判や危機にさらされていることも確かである．そもそも権力分立論は王権から市民階級の利益を擁護するための考え方であり，現代のような国家権力の集中が必然的な状況下では制度的な空洞化は避けられないという指摘がある．また国会の多数党が内閣を形成する議院内閣制においては，行政の肥大化もあって三権癒着であるという批判もある．また歴史的に一党独裁制，ファシズムなどは権力分立自体を否定した．このようなことがあるが，権力分立の今日的意義は決して後退してはいない．つまり権力集中がもたらす権力の腐敗や権利の抑圧に対して，分権による諸効率の低下をあえて甘受しても，国民の権利と利益を擁護する制度を追求しなければならない．したがって主権者国民の参加を保障した国家三機関の自立性と公開制，行政府の縮小，地方分権，民間団体（非政府組織）との協力など，国家権力の抑制・均衡に必要な制度的工夫が重要になっている．

4．主要国の政治機構
（1） イギリス

イギリスは**議院内閣制**の典型的な国である．日本もこの議院内閣制を採用している．この制度の基本的な考え方は，立法と行政を完全に分離すれば，立法の地位が低下し，代表制が形骸化するおそれがあるので，立法の優位を前提に，この前提での権力の分立と抑制と均衡の制度を維持しようとするものである．

イギリスでは，議会の多数党が内閣を組織し，首相は多数党の党首がなる．首相は閣僚を議員から選任し，首相と各閣僚は議会に連帯責任を負う．内閣は，議会の不信任決議が可決された場合は，総辞職するか，議会を解散して選挙により国民に信を問わなければならない．内閣は，実際には議会の多数党の支持の下に政権を担当する**政党内閣**的傾向を強めることになる．その結果内閣を支持する多数党が与党として，自己の方針を立法化し内閣に執行させることも一般化するようになる．

この内閣と多数党の一体化は，多数党が権力を専制的に行使することも可能にするため，行政と議員との癒着や腐敗などを生み出すこともあるが，イギリスの場合，**二大政党制**で，野党が**影の内閣**を組織できるほど力強いため，チェック機能が働いているといえる．解散制度により，重要な政治問題で内閣と議会との間で調整がつかない時，政党の政策や責任について意志表示を行い，主権者である国民に判断を仰ぎ，選挙により，国民の判断を得ることができるという長所がある．その結果与野党交替が作り出されたりする．

　イギリスの議会は，**二院制**をとり，**上院**（貴族院）と**下院**（庶民院）から成る．上院の議員は女王により爵位で任命され，任期は終身とされる．上院議員の内訳は①英国国教会の大主教らの宗教貴族，②王族を含む世襲貴族，③首相経験者ら国に功労のあった人たちがなる一代限りの貴族，④法律貴族などから構成されており，議席数は約710人で構成されている．しかし討議に参加するのは一部の議員であり，さらなる上院の改革が進行中である．下院の議員は小選挙区制により選ばれ，任期は5年で定数は659人である．上院と下院の関係では下院が優位であり，法案は両院不一致の場合，下院が次の会期で再可決すれば成立する．また司法は，上院（貴族院）が最高裁判所としての機能を有している．最高裁判所としての上院は，違憲審査権を持たない．

　イギリスは**立憲君主制**の国であり，形式的には国王に多くの権限があるように見られるが，「**君臨すれども統治せず**」の原則通りに，国王は国民の象徴的存在になっている．図1-1中の権限もすべて内閣の助言を必要とし，内閣の意向に添っている．

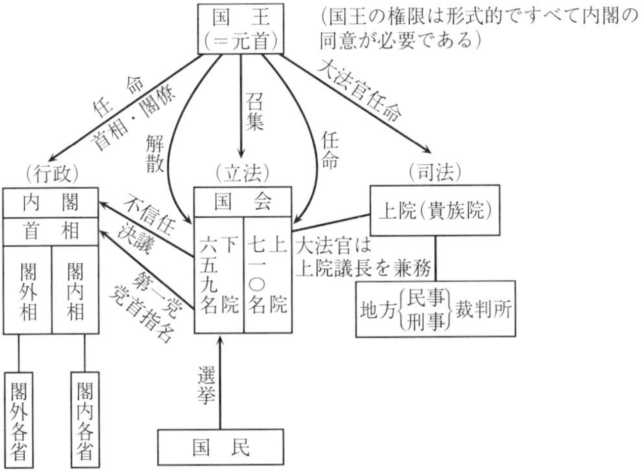

図1-1　イギリスの政治機構（阿部斉『政治学入門』岩波書店，1996年より，一部改変）

（2） アメリカ

　アメリカ合衆国の大統領は，国民の直接選挙によって選ばれ，行政の長であるばかりでなく，国家元首でもある．アメリカはこの**大統領制**の典型的な国家である．この制度の基本的特色は，厳密な**三権分立制**になっていることである．行政部の大統領と立法部の議会とが対立しながら牽制し明確に区別されている．両者は相互に独立しており，**権力分立**の観点からは弱い政府を目指したものであるが，現代の実際の政治では行政部の権限の拡大が求められ，日本の総理大臣と違って，大統領の権限が強大になっている点が特色である．

　大統領は，議会にではなく，国民に直接責任を負うので，議会を招集・解散する権限を持たない．反対に議会は，大統領に対しての野党が多数党の場合でも，大統領を選任もしくは解任することができない．大統領は直接，予算案や法案を議会に提出できないが，**大統領教書**により予算の審議や法律の制定を勧告し要請できる．そして議会が大統領の希望しない法案や予算案を可決した場合には，大統領は**拒否権**を行使し，その発効を阻止できる．ただし上下両院が3分の2以上で再可決するとその法案は成立する．大統領は行政の各省長官を任命するが，長官は国会議員ではなく，彼らは大統領にのみ責任を負う．したがって議会に出席することもない．大統領はアメリカ軍隊の最高司令官であり，条約の締結をする．ただし条約の承認には，上院の出席議員の3分の2以上の同意が必要とされている．また上院の助言と承認により大統領は各省長官を任命する．

　議会は各州2名計100人が任期6年で選ばれる**上院**と，各州から人口比例で小選挙区制により任期2年で435人が選ばれる**下院**より構成される．法案に関しては，上院・下院の

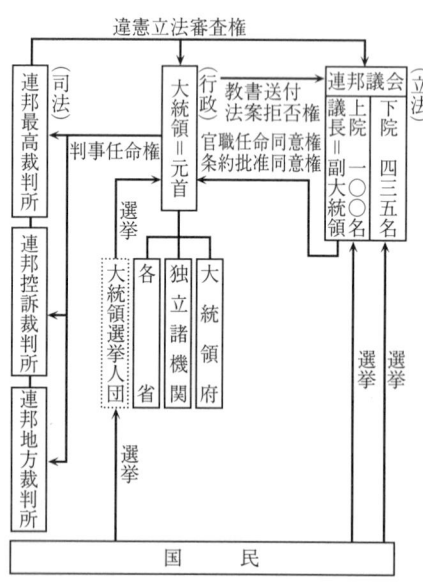

図1-2 アメリカの政治機構（阿部斉『政治学入門』岩波書店，1996年）

権限は対等で，下院の決定した法案を上院が否決すると不成立となる．上院には条約の批准承認権や，連邦裁判所の判事，大使，政府高官の任命承認権があることで，下院に優越している．一方，下院には予算の先議権がある．下院には大統領を含む連邦官吏弾劾発議権があり，下院の訴追に基づき上院の弾劾決議で解任される．なお上院議長は副大統領が兼務している．

司法も大統領や議会から独立しており，**連邦最高裁判所**は**違憲審査権**（違憲法令審査権）をもち，議会の決めた法案や政府の発する命令が憲法に違反していないかを審査することができる．連邦最高裁判所の裁判官は，9人で構成され上院の承認を得て大統領が任命し任期は終身である．

今日のアメリカ合衆国の大統領制は，大統領と大統領補佐官と呼ばれるその側近グループが，議会の抑制を受けない広大な権限をもち指導力を発揮できる．しかし政策決定に公開性を欠くことが多いことなど，ともすれば独走気味になりやすい欠点を持つ．その対策として，大統領の任期は4年で三選は禁止されている．またいかに大統領とその政府が，国民大衆の意見に耳を傾け，政治に民意を反映させていくかが課題であろう．そういう意味で第四の権力と呼ばれるマス・メディアの役割も大きい．

（3） 中国

社会主義国の政治機構は，イギリスのような議院内閣制やアメリカのような大統領制が権力分立制を基本としているのにくらべて，代表制原理を優先し権力の集中を行おうとしている．これは**権力集中制**（民主集中制）と呼ばれる．ソビエト社会主義共和国連邦が解体したのち現存する社会主義大国は中国である．中国においては**共産党**を中心とする民主集中制である．一院制の**全国人民代表大会**（全人代と略される）が最高の国家権力機関と位置づけられており，18歳以上の人民の選挙による地方各級人民代表大会の選挙で選ばれた約3000人の任期5年の委員が年1回集まって主要事項を決定する．これが議会に相当する機関であり，法律の制定，**国家主席**の選出・指名，**常務委員会・国務院・最高人民法院**のメンバーの選出・任命，予算の審議と決算の承認などをなす．しかしその閉会中は全人代より選ばれた約200人の常務委員会が最高権力機関の役目を果たす．この委員長が国会議長にあたる．全人代により元首である任期5年の国家主席が選ばれ，任期5年の内閣にあたる国務院が承認される．国

務院の総理が首相である．また司法は全人代より任命される最高人民法院が行う．しかしながら現実の中国における最高権力者は，全国人民代表大会や国務院を指導する立場にある**中国共産党中央委員会**の**総書記**である．総書記が国家主席となることが多くなっている．

　このように社会主義国の政治制度は，権力分立や法の支配により国家権力から個人の自由を守ることを重視する自由主義諸国とは異なり，一時的に個人の自由を制約しても階級対立をなくすため，強力な政治指導制をとろうとすることにその特質がある．このような個人の自由の制約は，権力の閉鎖性と非人道性とを増幅させ，国民を著しい無権利状態に置く可能性を秘めている．しかしながら中国は香港返還に伴う「一国二制度」導入に見られるように，社会主義市場経済を標榜し経済的には現実的に対応しており，その柔軟性により経済発展を成し，それを背景にして国民の政治的不満を吸収しているともいえる．

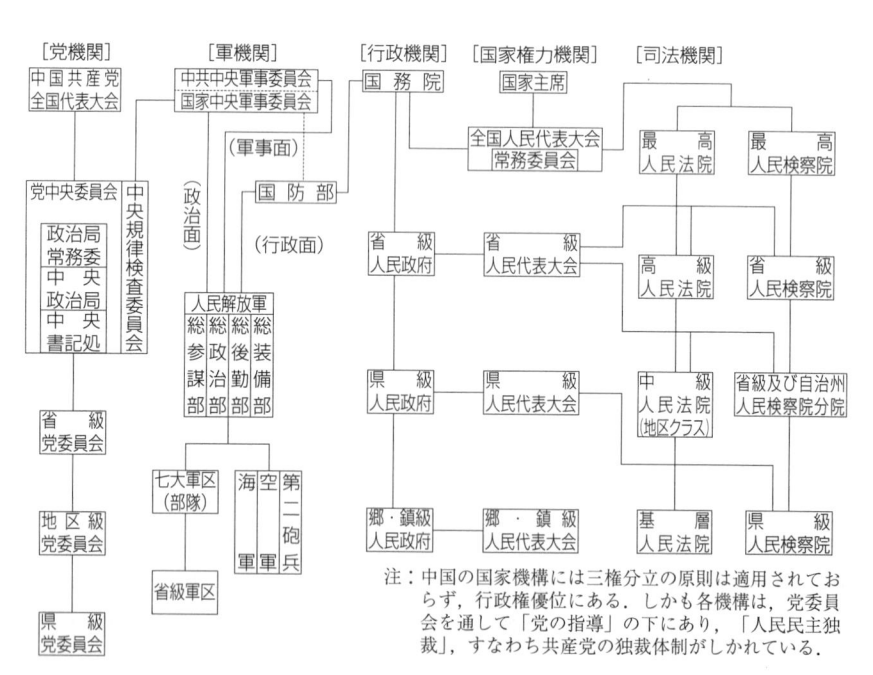

図1-3 中国の政治機構（21世紀中国総研編『中国情報ハンドブック』蒼蒼社，2003年，pp.222-223）

発展：代議政治

　ルソー（J. J. Rousseau, 1712-1778）は不朽の名著である『**社会契約論**』の中で次のように述べている．「イギリスの人民は自由だと思っているが，それは大間違いだ．彼らが自由なのは，議員を選挙する間だけのことで，議員が選ばれるやいなや，イギリス人は奴隷となり，無に帰してしまう．その自由の短い期間に，彼らが自由をどう使っているかをみれば，自由を失うのも当然である」．このことは現代の代議政治にあてはめてみても，その内在する問題点を鋭く指摘しているといえよう．近代議会の議員は全国民の意志を代表するとされるが，現実には一度選挙に当選すると，国民の利益を忘れ私的な利益や一部の利害に影響されることも少なくない．ルソーは主権は代表されないと考え，選挙された議員は国民の意志を代表せず，人民は奴隷に他ならないとした．そこで現在ではリコール（国民解職）・イニシアティブ（国民発案）・レファレンダム（国民投票）のような**直接民主制的制度**が導入され，代議政治を補完するものとなっている．そういう意味で，公害・環境・自然保護等に関する市民運動などのような参加民主主義的な制度も注目される．

参考文献
（1）　ルソー（桑原武夫訳）『社会契約論』岩波文庫
（2）　トクヴィル（井伊玄太郎訳）『アメリカの民主政治』上下，講談社文庫
（3）　高畠通敏『政治学への道案内』増補新版，三一書房，1986年
（4）　阿部斉（編）『アメリカの政治―内政のしくみと外交関係』弘文堂，1992年
（5）　阿部斉『政治学入門』岩波書店，1996年
（6）　阿部斉ほか（編）『現代政治学小辞典』新版，有斐閣，1999年

第2章

日本国憲法

第1節　憲法の意義

1. 憲法の区分

　およそ国家は，国を一体のものとしてまとめていく仕組み，統治のための組織をもつ．近代国家は，きわめて洗練された高度な統治組織をもった．しかし国をまとめる必要はなにも近代国家にはじまったわけでない．近代以前の国家でも，仕組みや組織が要求されたし，それがあった．仕組みには，多くの人や集団が関与するため，一定のルールや秩序が生まれてくる．憲法とは，その国の基本的なあり方を決めたルール・秩序のことをいう．この意味での憲法は，国もしくは国家が成立しているかぎり，どの時代のどの場所であれ，政治体制や経済体制のいかんを問わず，存在することになる（固有の意味の憲法）．したがって，日本の奈良，平安，鎌倉などの時代にも憲法はあったし，邪馬台国のときにも存在した．

　憲法を理解するためにこれまでさまざまな分類が考案されてきた．伝統的な分類は，①その憲法が文章によって成立しているかどうか，成文憲法か不文憲法かの区分，②憲法改正の難易性において，硬性憲法か軟性憲法かの区分．③制定主体がだれかによって，欽定憲法か民定憲法か，という区分が一般的な分類法である．憲法の成文化は，社会契約説の影響が大きく，市民革命以前の国家にはほとんど成文憲法は存在しない．成文の憲法典をもっているかどうかは，近代国家か否かを区別する重要な指標であった．成文化された憲法は，その内容が明確でありかつ安定化する，まただれにでもその内容を知ることができる．また硬性か軟性かの視点は，憲法を法律と同じようなレベルで考えるか否かのちがいとなってあらわれてくる．軟性だと，重要な事柄が容易に変更

される危険性がある．だからこの分類法にしたがって，その国の憲法が，成文憲法，硬性憲法，民定憲法であれば，近代憲法としてふさわしいという評価があたえられてきた．しかし，イギリスは，民主主義の範となった国でありながら，一個のまとまった憲法典をもたず，不文で軟性の憲法の国だと位置付けられているが，憲法改正には実に慎重な国として知られている．逆に硬性憲法の国でありながら，容易に憲法改正がおこなわれる国家も散見される．このことは，従来の分類法が，現代においては憲法の実体をはかるのにそれほど重要なものではなく，その国の憲法や国の体制をおおまかに知ることができるほどの意味しかもたないということである．

2．近代憲法の意義

　伝統的な分類法とはちがった憲法の区分の方法として，形式的意味の憲法と実質的意味の憲法にわけて考えることがある．前者は，端的に憲法典を意味する．しかし，憲法典に組み入れられていないものの内容的には憲法に相当するものがあるし，憲法慣習といわれるものもある．また逆に，憲法典に規定されながらも内容的に憲法でないというのもある．実質的意味の憲法は，このように憲法の形式面からではなく，憲法の実質的な内容から把握した場合である．実質的に憲法を理解する場合，近代国家（この場合の近代国家は，絶対主義国家以後ではなくて，市民革命以後の国家をいう）の憲法と近代以前の国家の憲法とでは，その内容が決定的にちがう．これは成文か否か，軟性か硬性か，また民定か欽定かの問題ではない．そのためには近代国家が誕生した背景を考える必要がある．

　近代の市民革命を成立させた重要な要因として，ロックやルソーに見られる社会契約説がある．この社会契約説の影響を受けて，アメリカ合衆国の独立宣言（1776年），ヴァージニア人権宣言（1776年），各州の憲法，及び合衆国憲法（1788年）が誕生した．フランスでは人権宣言（1789年），及びフランス共和国憲法（1791年）が誕生した．そこでは，自然法や自然権，天賦人権の思想，革命権，政府の人権保障の役割，などが明記された．フランス人権宣言では「権利の保障が確保されず，権力の分立が定められないすべての社会は，憲法を持つものでない」（同第16条）とまで宣言されており，ここに近代の市民

革命後の憲法における典型を見ることができる．人権や自由は近代において獲得され，近代の国家や政府の役割は，国民の自由保障・人権保障にあり，市民革命は，政府の基本的な役割として，それ以前には見られなかった自然権保障，自由保障（人権保障）を文書のかたちで明記し，憲法に根本法たる最高の性格をあたえ，政府に対して憲法による政治（立憲主義）を要請したのである．したがって，近代の憲法（立憲的意味の憲法）は，自由権を中心とする人権保障の規定つまり権利章典が盛り込まれている．しかも統治機構は，人権保障に奉仕すべきものと構想されている．これが近代が生んだ憲法のかたちである．近代の憲法は，自由権保障，憲法による権力抑制，憲法の最高法規性に特徴付けられる近代立憲主義の考え方に依拠し，統治機構と人権保障の二つの要素をかならず含むものである．

3．現代憲法の意義

　近代の立憲主義的な憲法は，当時の市民たちが国家・政府に対して最も望んだ自由・平等が人権保障の中核的な内容であったが，この自由は国家が市民生活に干渉しないという意味であった（自由国家）．18世紀の中頃に，イギリスでレッセ・フェール（自由放任の思想）に支えられた産業革命がおこり，世界に飛び火するようになる．国家の役割は，この考え方に応ずるように，国防，治安維持，外交などの必要最低限のものに押さえられ，国民に干渉しない消極政府が支持されたのである．しかし19世紀末には，自由な活動がかえって，貧困，失業，劣悪な労働条件，労使対立，教育格差，不衛生など，次第に自由の諸矛盾があらわれてくるようになった．自由は個人責任をともなうが，これらの問題はかならずしも個人の責任に帰せられるべき性質のものではなかった．自由がほかの人の自由を妨げるような状況について反省が生まれると，国家の役割が再考されるようになった．それまでの自由国家・消極政府の思想は，国家が人びとの自由に対して介入することを禁止したが，生活保障や労働条件の改善など，国家の介入がなければかえって自由を享受できないひとが大勢生まれた．そこで国家の積極的な介入を必要とする社会国家（福祉国家，積極政府）が要請され，憲法の内容もそれに応じて，たとえば生存権などの社会権規定の創設，積極的自由権の思想，経済活動を基礎付ける契約自由の原理の

修正など，国家の不干渉・不介入の原則は，必要に応じて，修正・変更されるようになった．現代の憲法は，近代憲法を支えた原理を修正し，より実質的に自由と平等を実現しようとしている．

第2節　大日本帝国憲法

1．明治憲法の特徴

　明治政府は，早くから成文憲法の制定に着手したがなかなか成案を見ず，曲折を経たのち，明治22年2月11日，ようやく大日本帝国憲法を公布することができた．この憲法は，伊藤博文以下，数名の者が国民にはその内容をいっさい知らせないで作成した．その内容は，天皇を中心とする国政を基本とするが，不充分ながらも三権分立制度を採り入れ，当時の各国の憲法が保障したほとんどの権利（自由権中心）を保障するなど，近代立憲主義的な内容に配慮したものであった．そのため，明治憲法は，民主的要素と反民主的要素の，つまり近代的な立憲主義的要素と前近代的な絶対主義的要素の，矛盾する2つの性格を併せ持ち，条文の少なさやその簡潔さにおいて，憲法解釈のあり方によれば，民主的運用も，またその逆の運用も可能になる不安定な両面性をもっていた．

　明治憲法の最も大きな特色は，国体の原理に立脚することである．すなわち万世一系の天皇が国家の統治権を総覧する国家元首であり，国家の最高の意思決定が天皇に属する天皇主権にみることができる．天皇は「神聖ニシテ侵スベカラズ」とされ，天皇に政治的に責任が及ばないようになっていた（明治憲法1，3，4条）．また天皇には，議会に対する法律の裁可権，議会の会期の開閉，議会の解散権，憲法改正の発議権など，さらに軍に関して統帥権，軍編成，宣戦・講和などの権限が大権として規定された．

　帝国議会は，立法機関であったが，天皇の協賛機関として位置付けられ，勅選・勅任の貴族院と公選議員から構成される衆議院の二院制を採用した．しかし議会を通さない独立命令や緊急勅令の発付が可能であった（もっとも，前者はこれで法律を変更しえなかったし，後者においても帝国議会の閉会の場合に発せられ，次の議会に提出すべきものとされた）．行政府について，各国務大

臣は天皇の輔弼機関とされ，いわゆる大臣助言制が採り入れられたが，内閣制度は憲法上のものでなく，行政を担当する国務大臣が天皇に対して責任をもち，議会に対しては責任を負わなかった．また裁判は天皇の名でおこなわれ，比較的司法権の独立はまもられた（大津事件）が，行政裁判所や軍法会議などの特別裁判所がみとめられた．現在のような違憲立法審査権は裁判所にはない．予算も議会において決議されなければ前年度の予算が容認されるという行政府に対する議会の財政的な面でのコントロールが及びにくくなっていた．

　人権保障の面では，明治憲法は，当時各国の憲法で認められていた自由権（人身の自由，財産権の保障，信教の自由，表現の自由など）をほとんど網羅しており，裁判を受ける権利を保障したが，人権に対する基本的な考え方は，天皇が「臣民」にあたえた恩恵としての権利・自由であり，自然権の思想，つまり，人間の生まれながらの，人間であるがゆえの自由・権利という立場をとっていない．しかも自由権の保障は，とくに行政権に対してのもので，「法律ノ範囲内ニ於イテ」は自由を制約できる，いわゆる「法律の留保」を伴っていた．信教の自由については，法律の留保が明文化されていなかったが，ここでも国民が社会の秩序を妨げず，国民の義務に背かないかぎりという限定があった．そのため明治憲法の人権保障は，当時の自由権保障の世界的レベルにありながらも，外見的立憲主義の憲法という評価がなされるように，その保障は弱かったことは否めない．

2. 明治憲法下の政治

　このように，明治憲法の構想は，その国家機構とくに立法府と行政府との関係において，弱い議会に対して強い政府が基本であり，憲法制定当初より議会によって政府がコントロールされないよう配慮されたものである．政府は，制度上，議会や政党などに影響を受けない超然主義的なものであったが，とくに衆議院ではこうした考え方に反対が強かった．しかし議会と政府の関係は，日清戦争後，政府は有力政党との関係を密にして，明治31年わが国にはじめて政党内閣が誕生した．

　大正デモクラシーという言葉があるように，この時期の政治は民主主義国家のように表現される．大正時代は，もちろん，明治憲法のもとで国政がおこな

われ，天皇主権の基本骨格が変更されたわけではない．しかし大正時代は，2回の憲政擁護運動が起こり，実際，議会の政党勢力の前で，内閣の総辞職が余儀なくされ，その後もしばらくは政党内閣が続いた．明治憲法下では本来内閣は天皇に対して責任を負っているのであり，議会に対して責任を負っているわけでないが，議院内閣制のような憲法的運用がおこなわれたのである．

これは大臣助言制と政党の存在が大きくかかわっている．国務大臣は天皇の輔弼機関であるが，実際は天皇は大臣の輔弼がなければ動けない（もちろん天皇が主体的に動くという意ではない）．そこで議会が大臣をコントロールできれば，とくに衆議院のコントロールができれば，明治憲法のもとでも，民主的運用ができるという証拠になる．そのため，政党が内閣と議会を融合させる媒体として期待された．政党内閣が成立すれば，議会の影響力を内閣に行使でき，その内閣は天皇に助言する．衆議院は公選議員からなり，国民の選挙によって選出されるという構図である．まさに明治憲法下で生まれた大正デモクラシーは，明治憲法の民主的要素を現実の条件の下で最大限に引き出そうとした努力の結果であるといえよう．

しかしながら，政党内閣による憲法の民主的運用も昭和にはいると後退を余儀なくされた．大正の終わりに関東大震災が起こり，経済的に打撃を受け，昭和のはじめ，金融恐慌を引き起こした．さらにアメリカのウォール街から発した世界恐慌により，わが国の経済状況はいっそう深刻になった．内外の政治・経済状況に対して，政治は，適切な対応策を講じえないままスキャンダルを呈して国民の信頼を失い，代わって軍部が台頭してきた．世界の憲法では軍部について文民コントロールがある．明治憲法は，軍の統帥権が大臣助言制の枠内にあることが明記されず，このことが膨張した「統帥権の独立」を生みだすことになった．明治憲法はその反民主的要素がいびつな形で表面化し，明治憲法の近代的要素のほとんどが事実上消滅し，やがて戦争がはじまると，議会政治の実体はほぼ失われてしまった．

発展：昭和の軍部と天皇機関説

戦前のわが国の「国体」に関して，2つの異なる憲法学説が対立していた．ひとつは美濃部達吉に代表される国家法人説であり，国家を一個の人格（法人）

のように権利義務の主体と考え，天皇も議会や裁判所などと同じく国家機関のひとつであると主張するもので，天皇機関説とも呼ばれた．それに対して，穂積八束や上杉慎吉などが主張する天皇主権説があった．これは，天皇が国の最高の権力を持ち，これが明治憲法の基本原理とするものであり，天皇機関説に対しては「国体に関する異説」だと批判した．しかし，もとより天皇機関説は，明治憲法のもとでも国家が民主制だと主張するものではなかったが，民主主義に親近性を示したことは否定できない．この美濃部らの考え方が戦前の憲法の通説であり，しかも美濃部の著した憲法教科書は，現代の国家公務員上級試験にあたる高等文官試験の標準的な教科書であったが，1935（昭和10）年の国体明徴問題（天皇機関説事件）によって，彼の『憲法撮要』や『逐条憲法精義』など3冊が発禁処分になり，天皇機関説を教室で教えることも禁止された．

参考文献
（1） 伊藤正己『憲法［新版］』弘文堂，1990年
（2） 佐藤幸治『憲法［第三版］』青林書院，1995年
（3） 芦部信喜（高橋和之補訂）『憲法［第三版］』岩波書店，2002年

第3節 日本国憲法の制定過程

　1945年8月14日，日本は**ポツダム宣言**を受諾して降伏した．同年9月2日連合国との間で降伏文書に調印し，連合国軍の占領下に入った．占領軍は日本政府とその行政機構を存続させてこれを媒介とする間接統治方式をとった．アメリカの対日占領の基本政策は，1944年12月に設置された国務・陸軍・海軍三省調整委員会（SWNCC）によって作成され，連合国軍の日本進駐に際し統合参謀本部指令「降伏後における米国の初期の対日基本政策」として連合国軍最高司令官（SCAP）マッカーサー（D. MacArthur, 1880〜1964年）に伝達されていた．ポツダム宣言において，憲法制定との関係で重要なのは第10項の「民主主義的傾向の復活強化」と「基本的人権の尊重の確立」及び第12項の「日本国国民の自由に表明する意思に従い平和的傾向を有し，責任ある政府の樹立」の要求である．日本政府は，ポツダム宣言は国民主権の原理の採用を要求するものではなく，国体（主権が天皇に存することを根本原理とし，統治権を総攬するという国家体制）は護持できると考えていた．したがって，ポツ

ダム宣言には明治憲法の改正の要求は含まれておらず，明治憲法の運用によって宣言の趣旨に沿う政府をつくることは可能であると考えていた．日本政府が，憲法改正に取り組まなければならないと考えるようになるのは，1945年10月4日，マッカーサーが東久邇宮内閣の国務大臣であった近衛文麿に憲法改正を示唆したときからである．同月5日同内閣は総辞職し，9日幣原内閣が成立した．幣原首相は，11日総司令部を訪問した際，最高司令官から明治憲法を自由主義化する必要がある旨の示唆を受け，同月25日，国務大臣松本烝治を長とする憲法問題調査委員会（松本委員会）を発足させた．近衛は，東久邇宮内閣の総辞職後は，内大臣府御用掛に任ぜられ，憲法改正の調査にあたった．しかし，近衛らの調査は，彼の戦争責任，閣外の内大臣府で憲法改正作業を行うことについての憲法上の疑義といった問題，および総司令部声明（11月1日）によって頓挫した．憲法問題調査委員会の松本国務大臣は，12月8日に衆議院予算委員会において表明した，①天皇が統治権を総攬するという原則に変更を加えない，②議会の議決事項を拡充し，天皇の大権事項を削減する，③国務大臣の責任を国務の全般にわたらせ，議会に対して責任を負う，④国民の権利・自由の保障を強化し，その侵害に対する救済方法を完全なものにする，という4原則に基づいて改正作業を進めた．この原則に基づいて松本案が起草され，1946年2月8日に総司令部に提出された．しかし2月1日の毎日新聞のスクープなどによって松本案の**概要**を知った総司令部は，その保守的な内容に驚き，総司令部の側で憲法草案を作成することにした．その際，マッカーサーは，草案の中に次の3原則（マッカーサー・ノートによるマッカーサー3原則）を入れるように民政局長ホイットニー准将に命じた．なお，米国CIA（中央情報局）の前身であるOSS（戦略情報局）の機密文書（1942年6月3日付の陸軍省心理戦争課の大佐が起草した「日本計画」と題する文書）により，天皇を「平和のシンボル（象徴）として利用する」との計画を立てていたことが分かっており，天皇について述べられてはいないが，この文書に寄せたマッカーサー将軍の1942年8月5日付メモも見つかっている．また，1942年12月，「日本の国民統合の象徴」と表現した米国務省の覚書がある．

　①天皇は，国の元首の地位にある．皇位の継承は，世襲である．天皇の職　　務及び権能は，憲法に基づき行使され，憲法の定めるところにより，国民

の基本的意思に対して責任を負う．

② 国家の主権的権利としての戦争を放棄する．日本は，紛争解決のための手段としての戦争，及び自己の安全を保持するための手段としてのそれをも，放棄する．日本はその防衛と保護を，今や世界を動かしつつある崇高な理想に委ねる．いかなる日本の陸海空軍も決して許されないし，いかなる交戦権も日本軍には決して与えられない．

③ 日本の封建制度は，廃止される．皇族を除いて華族の権利は，現在生存する者一代以上に及ばない．華族の授与は，爾後どのような国民的または公民的な政治権力を含むものではない．予算の型は，英国制度に倣うこと．

　完成した総司令部案（マッカーサー草案）は 2 月 13 日に日本政府に手渡された．この会談には，日本側は吉田茂外務大臣，松本烝治国務大臣ら 4 人が出席した．その席上，総司令部側から，松本委員会の案は全面的に承認できないものであり，その代わりに，最高司令官は憲法草案を用意したので，この草案を考慮して憲法改正に努力してほしいという説明があった．日本側は総司令部に再考を求めたが，一蹴されたので，総司令部案に基づいて日本案を作成することに決定した．総司令部が草案作成を急いだのは，2 月 26 日に活動を開始することが予定されていた極東委員会（連合国 11 ヵ国の代表者から成る日本統治の最高機関）の一部に天皇制廃止論が強かったので，総司令部案を既成事実化しておくことが望ましいと考えたからであるといわれている．草案の起草は 1 週間という短期間に行われたが，総司令部では，1945 年から憲法改正の準備が進められており，46 年 1 月 11 日にアメリカ政府から総司令部に送付された「日本統治制度の改革」と題する国務・陸軍・海軍 3 省調整委員会文書 228 号（SWNCC-228）は，総司令部案作成の指針となった重要な文書である．総司令部案に基づく日本案の起草作業は，その日本語訳というかたちでまとめられ（3 月 2 日案），その後総司令部側との折衝を通じて，3 月 6 日に「憲法改正草案要綱」が決定され，国民に公表された．4 月 10 日，女性の選挙権を認めた普通選挙制による総選挙が行われた．4 月 17 日には，改正草案要綱を口語で文章化した「憲法改正草案」（内閣草案）が作成され，正式の大日本帝国憲法改正案となった．5 月 22 日に，第 1 次吉田内閣が成立した．内閣草

案は，明治憲法第 73 条の定める手続に従い，6 月 20 日，第 90 帝国議会の衆議院に，「帝国憲法改正案」として提出された．衆議院は，原案に若干の修正を加えたのち，8 月 24 日圧倒的多数をもってこれを可決し，貴族院に送付した．衆議院における修正は，① 前文及び第 1 条の国民主権の趣旨を明確化した，② 第 44 条但書に「教育，財産又は収入」による差別の禁止を追加した，③ 第 67 条及び第 68 条に関し，内閣総理大臣は国会議員の中から指名し，国務大臣の過半数は国会議員の中から選ばれなければならないものとした，④ 第 9 条 1 項の冒頭に「日本国民は，正義と秩序を基調とする国際平和を誠実に希求し」の文言を加え，2 項の冒頭に「前項の目的を達するため」の文言を付加した，⑤ 第 3 章について，国民の要件（第 10 条），国家賠償（第 17 条），納税の義務（第 30 条），刑事補償（第 40 条）の規定を新設し，第 25 条に「すべて国民は，健康で文化的な最低限度の生活を営む権利を有する」との規定を追加したこと，⑥ 第 98 条 2 項に国際法尊重に関する規定を追加した，ことである．貴族院の審議は 8 月 26 日に始まり，若干の修正が施され，10 月 6 日圧倒的多数で可決された．貴族院で行われた修正は，① 第 15 条に，公務員の選挙について成年者による普通選挙を保障する規定を追加した，② 第 66 条に，内閣総理大臣その他の国務大臣は文民でなければならない旨の規定を追加したこと（極東委員会の要請），③ 第 59 条に，法律案の場合についての両院協議会の規定を追加したこと，である．衆議院がその修正に同意し，枢密院の審議，天皇の裁可を経て，公式令第 3 条の規定により，上諭を付して，11 月 3 日「**日本国憲法**」として公布され，1947 年 5 月 3 日から施行された．

　日本国憲法成立の法理については，憲法の制定は国民の自由な意思に基づき，国民主権の原理及び基本的人権の尊重の原理を定めることが近代憲法の一般原理であるが，日本国憲法の制定は，一応これらの条件をみたしており，マッカーサー草案によったとはいえ，憲法研究会案なども参考にされており，憲法の自律性の原則に反しないと考えられる．国民主権を基本原理とする日本国憲法（民定憲法）が，明治憲法第 73 条（欽定憲法）の改正規定によって成立したという理論上の矛盾を説明する学説として，宮沢俊義の八月革命説がある．ポツダム宣言の受諾によって法的に一種の革命があったと考え，日本国憲法は，国民自身の憲法制定権力に基づいて新たに制定されたものであり，明治

憲法第73条は，新旧両憲法の間に法的連続性をもたせて，急激な政治の変化を避けるために便宜的に借用されたとするのである．

> **発展：国民主権**
>
> 　憲法が明治憲法から日本国憲法に変わり，天皇主権から国民主権に変わった．この変化は，ちょうど欧米の市民革命の変化に対応して考えることができる．しかし，この変化はGHQによって強制されたものと考えると，国民の意思による変化ではない．国民主権が現在の世界を支配する普遍的な原理であるとすれば，この変化は肯定すべきものである．しかし，現在の政治が国家を基本として行われていることによって，この原理は妥当性をもつとすれば，この原理をさらに進めて，ルソーの人民主権の原理に近づくことによって，さらに政治を国民あるいは市民のための政治に近づけることができるのではなかろうか．ルソーは，「主権は譲りわたすことができない」，「主権は分割できない」，「主権は代表されえない」，と説いている．すなわち，主権は国民一人ひとりが行使すべきものなのである．この一般的な考え方がこれからの世界を支配する基本的な原理であるとすれば，各国とも国民の政治的な立場を強化し，高めることが歴史の流れに沿う理想であると考えられる．
>
> 　世界の現状を考察すれば，冷戦構造は終結したが，民族紛争，地域紛争など上記の理想を実現するには程遠い．しかし，ヨーロッパを見れば，拡大EUの成立，通貨統合，EU憲法の制定の動きなど，一つの理想に向かって動いていることがわかる．世界の平和的発展が大きな課題であろう．経済では，グローバル化が進み，通貨問題，貿易問題，経済格差の問題，さらに環境問題など多くの問題がある．日本の政治・経済については，バブル経済の崩壊後，多額の財政赤字が残り社会保障の後退など問題解決に大変である．政治についても政策による政権交代という議会政治の基本は実現されているとはいいがたい．これらの難問に答えられる国民の育成が政治・経済を学ぶ目標であり，今後の政治の進路は国民自身の力によって決定していくことが大切である．

第4節　日本国憲法の基本原理

1．憲法にみられる諸原理

　日本国憲法にはかなり長い前文がおかれている．ふつう成文法の前文はその法の制定理由，理念や思想が表明されることが多い．日本国憲法の基本原理もこの前文において確認することができる．もとより憲法の前文は裁判規範とし

て機能するものではないが，憲法の解釈運用を枠づけていく法的な拘束力をもち得るものである．前文第1段は日本国憲法の基本的な特質として，「わが国全土にわたつて自由のもたらす恵沢を確保し（**基本的人権尊重主義**），政府の行為によつて再び戦争の惨禍が起こることのないやうにすることを決意し（**平和主義**），ここに主権が国民に存する（**国民主権主義**）」と言明され，**3大基本原理**が端的に表現されている．

　もちろん，憲法の前文及び本文からは，これらの原理と密接に関連しつつ，代表制の原理，国際協調主義，権力分立制，法の支配，などの近代政治のきらびやかな思想的所産を抽出することができる．代表制原理は，言うまでもなく国民主権原理に基礎づけられ，国際協調主義は平和主義の要素をもつ．さらに権力分立制は，国家権力濫用の恐怖から，人権思想と深く結びついて理解されてきた．同様に法の支配も人権尊重の思想と密接に関連して展開した．そしてなによりも人権思想は国民主権の思想と切り離せないのである．このように，日本国憲法はさまざまな原理によって成り立っている．3大基本原理と言われる国民主権，基本的人権の尊重，平和主義，の原理以外にも，近代の憲法に不可欠な原理原則が息づいている．

2．国民主権の原理

　現在ごくふつうの感覚で国民主権という言葉が用いられているが，国民（または人民）が国家の最高の，あるいは最終の意思を決定する役割を担っているという考え方はそんなに古くはない．中世までは大多数の人々は政治の表舞台に登場しなかったし，近代に入っても国家の統治は国王・皇帝であり，国民は君主の統治対象でしかないと考えられた．17, 8世紀の社会契約説は，主権者を君主から国民に転換させ，国民自らの国家統治を正当化する思想であった．

　一般に，主権という言葉は，3つの意味に用いられる．第一に，国家権力そのものを意味する．統治権とか，日本国憲法第9条1項，第41条にいう「国権」とほぼ同義である．第二に，国家権力の最高独立性をいう場合がある．憲法前文第3段にいう「自国の主権を維持」するといったときの主権がそうである．歴史的に近代国家は対内的には封建諸侯や自由都市，他の社会集団よりも優越する最高性を求めた．他方，対外的にはローマ教皇や他の国家から干渉さ

れない独立性を保持しようとしたのである．第三に，国の政治における最高の，または最終的な決定権をさす．国民主権といった場合の主権は第三の意味であり，国民主権とは国政のあり方を最終的に決定する権力または権威が国民自身にあることを意味するのである．それに対して国政の最終的意思決定権が君主にある場合が君主主権である．日本国憲法は君主主権（天皇主権）を否定して，国民主権を基本原理として採用した．この意味は大きい．

　上の定義から示唆されるように，国民主権は主権の権力性と権威性（正当性）の２つの異なった要素をあわせもった原理である．前者は国民が主権に基づいて，たとえば憲法改正のように，国政の運営を行う（主権の権力的契機とよばれる）側面をとらえている．この場合の国民は，実際政治的意思表示を行える者，具体的に有権者団（選挙人団）をさすことになろう．後者は，たとえば警察官の逮捕捜索権限のように，国家権力の行使を正統化する源泉的な権威は国民にある（主権の正当性の契機）という思想に立脚するもので，この場合の国民は天皇を除いた，未成年者を含む国民全体を意味することになる．この２つの要素のどちらに比重をおくかは別にして，わが国の憲法においても両契機を見ることができる．

　国民主権の帰結として，国の根本規範を定める憲法は，国政のうちでも最も重要なものであるから，憲法制定権は理念的に国民がもつことになる（民定憲法）．日本国憲法においても「日本国民は……この憲法を確定〔制定〕する」（前文）と書かれている．憲法改正権（国民投票制度，第96条），普通選挙制による代表者選任権（第15条３項）は国民にある．また公務員の選定罷免権（第15条１項），特別法の住民投票制度（第95条），最高裁判所裁判官の国民審査制度（第97条２項）などにおいて具体化され，さらに国民の代表機関である国会を「国権の最高機関」（第41条）とし，議会制民主主義を採用したのである．

　天皇の地位について，国民主権と天皇主権は相いれないものであるが，日本国憲法は天皇制をまったく消去せずに，国家的な伝統や歴史，国民感情との調和をはかって「主権の存する日本国民の総意に基く」「国民統合の象徴」として**象徴天皇制**を採用した（第１条）．このため天皇の地位に基づく権能は，政治的にいっさい関係せず，「内閣の助言と承認を必要」とする国事行為（第

6，7条参照），及び外国の公式訪問などの公的行為に限定され，明治憲法下の天皇主権の要素は払拭された．

3．平和主義の原理

　日本国憲法は，再び戦争の惨禍が起こらない恒久平和への希求が全体的にひびき，諸国民との協和による他国を無視しない普遍の政治道徳にしたがって平和が達成されるという構想を描いている（前文参照）．これはもちろん戦前の不毛な軍国主義により自国のみならず他国にまで悲惨な累を及ぼしたことに対する強烈な反省がこめられている．平和主義の理念は，憲法本文第9条において，**戦争の放棄**，**戦力の不保持**，及び**交戦権の否認**の，3本の柱になって具体化された．また第66条2項に文民統制の条項をおいた．

　平和への努力は，「不戦条約（戦争抛棄ニ関スル条約）」（1928年），「国際連合憲章」（1945年）などの国際法，及び諸外国の憲法にも見られ，戦争放棄の規定がある．もっともこれらは侵略戦争の制限または放棄であり，わが国の憲法のように，戦争のいかなる形態をも否定し，さらに自国の軍備までも撤廃して平和主義の徹底をはかったものではない．この点において，日本国憲法の平和主義は，普遍性をもちながらも，世界に比類がないものである．しかしながら憲法をとりまく状況は，1950年代の東西冷戦の構造化から1989年の冷戦終結，それ以降も，憲法制定当初の事情から大きく変化したことも事実である．

　第9条をめぐる第一の問題は，戦争の放棄の意味である．具体的にいうと，第9条は結論として侵略戦争を放棄したのであり，自衛戦争までも放棄はしていないという意味なのか，である．違法な攻撃にさらされたときこれを排除することは個人のレベルでは正当防衛として認められる．国家にも固有の自衛権があり，自衛権行使として自衛戦争は許されるのではないかというものである，自衛戦争について，これを認める見解と認めない見解がある．認めない見解は，自衛戦争と侵略戦争とは画然と区別することが困難であり，自衛権行使は戦争以外の方法で行う．たとえば外交交渉による戦争回避，警察力による侵害排除，実力行使は緊急やむをえない場合に個別的自衛権の範囲で認められるとして，これが憲法の平和主義に適うと考える．この見解が多数説である．当初，政府はこの見解をとっていたが，朝鮮戦争（1950年）を機に自衛戦争を

認める見解に傾斜していった．

　第二の問題は，戦力の不保持である．戦力不保持は，自衛力保持の問題とも関わるが，自衛隊の合憲性と密接な関係を有し，自衛隊の実力が戦力にいたらない自衛力，防衛力にとどまるかぎり，自衛隊の合憲性は支持され得る．自衛隊の前身は，1950年に当時の警察制度を補うために創設された警察予備隊である．警察予備隊はやがて保安隊に改編され，さらに1954年MSA協定（日米防衛援助協定）締結と同時に「自衛隊法」が制定されて，保安隊は「わが国の平和と独立を守り，国の安全を保つために」自衛隊になった．自衛隊は，その後，次第に組織，人員，設備が拡張されていったが，政府は，「自衛のための必要最小限度を越えない実力」であり，「自衛力」であって，憲法の禁止する「戦力」ではないという見解をとっている．他方，自衛隊の実力は戦力であり，自衛隊は違憲の疑いがあるとして，裁判で争点となったことがある（長沼ナイキ基地訴訟）．

　第三は，日米安保体制の問題である．1951年の「サンフランシスコ講和条約」は，わが国とアメリカとのあいだで，「日米安全保障条約」を締結させ，日本は米軍に基地（施設，区域）を提供した．このとき外国軍隊をわが国に駐留させることは憲法第9条2項にいう軍隊の「戦力」をもつことにならないかと争われた（砂川事件）．さらに1960年に改定された新安保条約は，米軍基地を含めた日本の施政下にある領域への武力攻撃に対して日米両国に共同防衛義務を負わせるというものであった．たとえば日本の駐留軍基地が武力攻撃を受けたときの共同防衛行動について，また極東に脅威が発生したときについて，憲法上どこまで容認される防衛行動がとれるかという問題が提起されている．

　最後に，国際貢献との関係で自衛権の及ぶ範囲を見よう．これはとくに，1990年の湾岸危機，その翌年の湾岸戦争のときに，国連平和維持活動（PKO＝Peace Keeping Operation）において，自衛隊の海外派遣はどこまで認められるかの論議がなされた．1992年，わが国の国際貢献が強調されて，「武力の行使」を伴わないことを条件にPKOへの自衛隊の部隊参加を認める「PKO協力法（国際連合平和維持活動等に対する協力に関する法律）」が制定された．

4. 基本的人権の尊重

　人権は，人間が人間であるそれだけの事実によって認められる自由ないし権利である．この意味は，人権がたんなる権利ではなく，生まれながらの，それゆえに国家から与えられたものでなく，法律によっても侵されないものだということである．国民主権の項で見たように，社会契約説は君主から国民に主権者の転換をはかったが，同時にこの転換は，個々の国民に自律的な人格をうながし，なによりも個人が個人として尊ばれる存在にした．人権の概念は，近代の個人主義の思想に立脚し，その中核に人間の尊厳の思想がある．日本国憲法も，「すべて国民は，個人として尊重される」（第13条）個人主義に依拠しており，人権の体系は人間の尊厳性の体系でもある．

　人権思想は，イギリスの「マグナ・カルタ」にその萌芽を読みとることができるが，自然権思想が登場した近代社会において，17世紀イギリスの「権利請願」や「権利章典」，18世紀アメリカの「独立宣言」，各州憲法，特にフランスの「人権宣言」に見出すことができる．これらは国王による国民の自由に対する恣意的な制限の証言であり，人間の何が抑圧されたのかを如実に教えてくれる．もっとも自由のかたちは，国家が正当な理由なく人々の活動に干渉しないことで保障される消極的自由（国家からの自由）であった．当時の政治状況は国家や政府の役割を必要最小限度にとどめる消極政府，夜警国家の思想が正当とされ，自由の内容はそれに呼応するものであった．

　しかし産業革命を機に，社会は短期間のうちに大きく変化し，19世紀末には，貧困，失業，不衛生，過酷な労働条件，教育不平等など自由の諸矛盾が噴出するようになった．しかし，政治に参加し得る人々の範囲が拡大していき，人権の内容についてもそれまでの国家の不干渉による自由保障は反省されなければならなかった．そこで国家が積極的に自由を保障するいわゆる社会権が登場する．無論，古典的な自由の重要性が失われたわけではなく，さらに現代においては自由権自体の積極的保障も主張されるようになっている．また社会の複雑化高機能化は新しい人権も登場させている．人権の保障は一国の憲法にとどまらず，近年では国際条約のなかで規定されるようになり，人権の国際的保障が注目されるようになった．

　わが国の憲法に目を転じよう．明治憲法下の「臣民ノ権利」は，天皇が恩恵

として与えたものであり，憲法の制定をまってはじめて認められるものであった．しかも憲法よりも下位の法規範である法律によってその権利を制約できる「法律の留保」を伴った．それに比べて，日本国憲法で保障される「国民の権利」は，まさに人権であり，国政のうえで最大の尊重を必要とし，侵すことのできない永久の権利で，国民はすべての基本的人権の享有を妨げられないのである（第 11, 13, 97 条参照）．また憲法は，人権保障を一層実効化させるため，裁判所に違憲審査権を与え（第 81 条参照），公務員に憲法尊重遵守義務を負わせた（第 99 条）．

憲法で保障された人権は，その性質や内容が具体的に示唆されるように分類すると，①包括的基本権，②平等権，③自由権，④社会権，⑤参政権，⑥受益権（国務請求権），の 6 つに分けることができよう．これらの分類は，相対的なものであり，別の分類法も可能である．また，人権の内容も決して固定的なのではなく，状況により新しい人権が生まれたり，発展することも忘れてはいけないであろう．

幸福追求権を保障する憲法第 13 条は，新しい人権を生みだす包括的基本権規定として注目される．たとえばプライバシーの権利は，現行憲法には通信の秘密（第 21 条）や令状主義（第 35 条）などにより間接的に保障されるものの，直接これを保障する憲法規定は存在しない．そこで幸福追求権の下に生成されていった経緯がある．最近ではより積極的な自己情報のコントロール権がプライバシー権から理解されるようになっている．第 13 条はこの他，自己決定権や環境権の根拠として主張されている．

平等権は，国家による差別的取扱いからの自由という側面を見れば，これを自由権に分類してよいが，自由権とは異なった要素，つまり自由の一般的総則的保障の側面がある．その点は①も同様である．人間の人格的特性と無関係な性別，地位，出自などによって不合理な差別を受けるのは，人間の尊厳性に対する重大な侮辱であろう．憲法は平等権保障を徹底した（第 14, 24, 26, 44 条参照）が，社会の実体，制度及びその運用においてなお問題を残しており，最高裁によって違法・違憲の判決も登場している．

自由権は，個人の人格的自律性に不可欠である．ここには歴史的経験として政治的敵対者から抑圧された多くの自由のカタログがある．これには精神活動

の自由，人身の自由，経済的自由の3つがある．戦前の反省から日本国憲法は人身の自由について詳細な規定をおいた．精神活動の自由には思想良心の自由などの内面的精神と表現の自由などの外面的精神があるが，表現の自由は民主政治に不可欠の「思想の自由市場」を保障するものである．「知る権利」は，表現の自由（第21条）の，特に報道の自由を実効させる前提として要請され，情報受領を妨げられないという古典的な消極的自由の面ばかりでなく，情報の公開・開示を公的機関に求める積極性ももっている．

社会権は，沿革的に社会的経済的弱者を保護する福祉国家（社会国家）的理念に支持される権利であり，20世紀的な権利といわれ，生存権（第25条），教育を受ける権利（第26条），労働基本権（勤労権（第27条），労働三権（第28条））がある．なお生存権を規定する第25条は，従来からプログラム規定説と，国民に具体的請求権を保障する法的権利説との対立がある．参政権は国民主権と深く結びつき，受益権（請願権，裁判を受ける権利など）は人権を確保する手段となり得る権利である．

人権は，人間の共同社会のなかで誕生し発展してきた．それゆえに絶対無制約の性質のものではない．自己の人権のため他人に侵害を与えてもよいというわけではないのである．憲法も「国民は〔基本的人権を〕濫用してはならないのであつて，常に公共の福祉のためにこれを利用する責任を負う」（第12条）と規定し，公共の福祉による人権の制約を認め，人権の行使にも責任を求めている．もっとも公共の福祉による人権の制約に関しては慎重でなければならない．人権は「最大の尊重を必要とする」憲法の趣旨からいって，人権保障の意味が没却されないように公共の福祉の内容を明確にし，全体の憲法秩序に適合するよう必要最小限の規制にとどめる必要があろう．

引用・参考文献
（1）　清宮四郎『憲法I』〔第三版〕（法律学全集），有斐閣，1979年
（2）　佐藤　功『日本国憲法概説』〔全訂五版〕，学陽書房，1996年
（3）　芦部信喜『憲法』〔新版〕，岩波書店，1997年
（4）　小林直樹『憲法講義』（上）〔新版〕，東京大学出版会，1980年
（5）　野中俊彦・中村睦男・高橋和之・高見勝利『憲法I』〔新版〕，有斐閣，1997年

（6） 高柳賢三・大友一郎・田中英夫『日本国憲法制定の過程ⅠⅡ』有斐閣，1972年
（7） 大石　眞『日本憲法史』有斐閣，1995年
（8） 鈴木昭典『日本国憲法を生んだ密室の九日間』創元社，1995年

第3章 日本の政治機構

第1節　国　会

1. 国会の地位

日本国憲法は,「国会は,国権の最高機関であって,国の唯一の立法機関である」(第41条)と定め,さらに「両議院は,全国民を代表する選挙された議員でこれを組織する」(第43条)としている.これらの基本的な規定により,国会は憲法上,**「国民代表機関」**,**「国の唯一の立法機関」**,**「国権の最高機関」**という3つの地位を有している.

（1）　国民代表機関

国会は,「全国民を代表する選挙された議員」の集合体にほかならない.そこで国会は,国民主権原理の下,主権者としての国民を第一次的に代表する政府機関といえる.

ところで,国会の国民代表機関性を支える国会議員の国民代表性についてはさまざまの考え方がある.どのような「国民」と「議員」との「代表関係」を想定するかをめぐり,①具体的な選挙母体と命令・強制委任の契約関係を結ぶ使者的な存在として議員をとらえ,訓令(公約)に違反した場合のリコール制をも認める考え方,②全国民のために発言・表決の権利・自由をもって議員活動をする政治的責務を帯びた者とする考え方,③現実の多元的で多様な国民意思を,選挙を通じて再現・反映し,民意の縮図としての議会を構成する単位とみる考え方などがある.議員の国民代表性への不信からリコール制を求める声もあるが,一般的には①の**法的代表**よりも,②の**政治的代表**ととらえ,同時に,「選挙」を③の**社会学的代表**の実現に向けた特別な選任手続と位置付ける考え方がとられている.

こうした国民代表観から，第43条の憲法解釈上の意味は次の2つとなろう．まず，議員に対し，全国民の利益ために議員活動をなし得るよう発言・表決の権利・自由を保障し，同時に，そうした活動を義務づける．そして，国会に対しては，多元的で多様な民意を再現・反映し得るような選挙制度の創設・変革の立法義務を課するものと解されよう．憲法で，国会議員に，院内での発言などにつき院外で責任を問われない**免責特権**（第51条）が保障されるのも，この関連で理解される．また，会期中の**不逮捕特権**（第50条）や歳費をうける権利（第49条）も認められている．

（2）国の唯一の立法機関

国会が国の「唯一の」立法機関であるということから，具体的には次の2つの憲法原則が導かれる．まず，国の立法作用，すなわち法の定立は，ほかの国家機関の関わりを必要とせず，国会の議決だけで成立する（**国会単独立法の原則**）．国会の定める法が「**法律**」であり，法律案は，両議院で可決されたとき，法律となる（第59条1項）．内閣の法案提出はこの原則に抵触しない．また，大臣による署名や天皇による公布などは法律の成立要件とは解されない．この原則に対する例外には，1つの地方公共団体のみに適用される特別法の住民投票による同意手続がある（第95条）．また，国の立法作用は，原則として国会によって行われる（**国会中心立法の原則**）．行政機関も「**命令**」という形式で法を制定するが，この原則から，法律と無関係な独立命令は許されない．可能な行政立法としては，法律の内容を実施するための細則などを定める執行命令と，法律の委任を受けた事項を定める委任命令とがある．命令には，政令（内閣）と内閣府令（内閣総理大臣）・省令（各省大臣）などがある．この原則の例外としては，両議院の規則制定権（第58条2項）と最高裁判所の規則制定権（第77条）が憲法で認められている．

それでは，国会に付与された「**立法権**」とはどのような権限であろうか．立法作用については，「法律」という形式の法規範を作ることと形式的にとらえる考え方よりも，特定の内容の法規範を作ることと実質的にとらえる見方が一般的である．国民代表機関としての国会に特に託された立法権とは，自己統治の観点から「国民の権利・義務に関わる法規範」を中心に，不特定多数の者・場合を対象として法的予測可能性を保障する「一般的・抽象的な内容の法規

範」の定立を広く含む権限ととらえられる．

（3）　国権の最高機関

　そして国会は，国権の最高機関とされる．これは憲法が，**議会制民主主義**を採用し，**議会優位型の統治機構**を制度化したことを端的に示すものといえる．もっとも，この最高機関性から，最高の決定権や他の国家機関を指揮・命令して国政全般を統括する権限を導くことは，国民主権原理や権力分立原理から容認されない．むしろ，すでに見た2つの地位との関連で，憲法上与えられた権限の行使それ自体のうちに，国会の最高機関性の意味は見出され得る．国会は，まず国民代表機関として，選挙の段階を中心にその後の世論にも応答しつつ，現実の多元的で多様な国民意思を可能なかぎり公正かつ忠実に反映するよう努める．そして立法機関として，審議の段階では，現実の民意を前提にしつつも相対的に独立した会議体として，全国民の利益を図る観点から統一的な国民意思の形成にあたる．具体的には，民意を諸政策に転換し，その優先順位を決定した上で最終的な法律化を図るのである．法律は，国会による民意統合の所産にほかならない．そして法律に基づく行政・司法という法治主義の原理から，国会は他の国家機関の活動を法律の制定を通じて基礎付けていく．したがってまた法律は，国会による国政の基本的決定にほかならない．国会は，立法作用を通じて政治的指導力を確保し，国政の基本的な政治責任を直接国民に対して負う．国会の最高機関性は，以上の**国会中心主義**の意味で理解される必要があろう．

2．国会の組織

　国会は，**衆議院**と**参議院**の2つの議院からなる（第42条）．両議院は，全国民を代表する選挙された議員で組織される（第43条）．衆議院議員は定数480人で，そのうち300人が小選挙区（300区）選出議員，180人が比例代表（全国11ブロック）選出議員である（2000（平成12）年より．**小選挙区比例代表並立制**が導入された1994（平成6）年からの定数は500人（小選挙区300人，比例代表200人）であった）．任期は4年で，解散の場合には，その期間満了前に終了する（第45条）．参議院議員は定数242人で，そのうち146人が選挙区（都道府県単位）選出議員，96人が比例代表（全国1単位）選出議員であ

る（2000（平成12）年より．それまでは定数252人（選挙区152人，比例代表100人）であった）．任期は6年で，3年ごとに半数を改選する（第46条）．両議院の議員の兼職は禁止されている．議員の定数・選挙等に関する事項は，「**公職選挙法**」で定められている．

議会の構成方法には，国会のような**二院制**（**両院制**）のほか**一院制**もあり得る．二院制がとられる前提には，イギリスのような身分制度の存在やアメリカのような二元的な連邦国家構造がある．前者は貴族院型，後者は連邦制型と呼ばれ，一方の院（上院）が身分や州（邦）の代表者で，他方の院（下院）が国民全体の代表者で構成される．大日本帝国憲法の帝国議会は貴族院型二院制であったが，現行憲法の国会は両議院とも公選を組織原理とし，民主的第二院型といえる．その採用理由としては，①立法権を内部的に分割して全能化を抑制する，②議院相互にミスを修正させ，審議を慎重にさせる，③一方が国民の「数」を，他方が「理性・良識」を代表する，④国民の多様な意見や利益をよりきめ細かく動態的に代表させることなどがあげられている．参議院は衆議院と同様の政党会派構成に近づき政党化現象を批判され，無用論まで唱えられた．しかし，90年代からの政界再編の動きもあり，国会が④という独自の民主的存在意義をあらためて発揮することが期待されよう．

各議院には，事務局が附置され，また，議員の法制の立案をサポートする法制局が置かれている．国会には，議員の調査研究のため国立国会図書館がある．各議員には，職務を補佐する秘書2人と政策秘書1人が付され，議員会館の事務室が提供される．近時，議員秘書の職務実態や給与流用などが問題となっている．

3. 国会の活動

(1) 会期制

国会についての基本事項は「国会法」で定められている．

国会は，会期という限られた期間においてのみ活動する（**会期制**）．国会には，毎年1月に始まり150日間の会期で開かれる常会（通常国会），臨時の必要に応じて召集される臨時会（臨時国会），衆議院の解散に続く総選挙後に新しい首相を指名するために召集される特別会（特別国会）がある．両議院は，

その召集，開会・閉会が原則として同時に行われる（**同時活動の原則**）．例外は，衆議院の解散中の参議院の緊急集会だけである（第54条2・3項）．そして，各議院は相互に独立して議事を行い議決する（**独立活動の原則**）．

会期中に議決に至らない案件は，継続審議の議決をしたもの以外，後の会期に継続しないで廃案となる．

(2) 両議院の関係

両議院は国会の構成単位として基本的に対等の関係にあり，両議院の議決が一致してはじめて，国会としての意思が成立する．両議院の意思が異なる場合，例外的に開かれるのが**両院協議会**で，衆議院と参議院の各10名ずつ，合計20名の議員で構成される．もっとも，法律案の議決，予算の議決，条約の承認，内閣総理大臣の指名については，**衆議院の優越**が認められている（第59条2項，第60条2項，第61条，第67条2項）．

(3) 審議のプロセス

両議院での審議は，**委員会**から**本会議**へと至る一連のプロセスでおこなわれる．議院には，各種の専門化した委員会が設けられており，議案はまず，関係する委員会に付託され，そこで予備審査される（**委員会制度**）．委員会には，衆議院・参議院ともに17常設される**常任委員会**と，会期ごとに各議院で必要に応じて設置される**特別委員会**とがある．議員は少なくとも1つの常任委員となる．委員会は，議員のほかは委員長の許可を得なければ傍聴が許されない．重要な案件に関して，委員会は公聴会を開き得る．これは当該案件の利害関係者や学識経験者などから特に意見を求めるためのもので，予算審議の際は必ず開かれる．委員会での審議結果が本会議に報告され，全体審議の上，議決される．議決は通常，出席議員の過半数でなされる．本会議は，例外的な秘密会の場合以外は，公開が原則とされる（第57条）．

議院内で活動をともにする議員の団体を**会派**という．この会派が，各委員会の委員の選任や会議・委員会での質問時間の割当てその他の議院運営上の基本単位となっている．

こうした委員会制度は，多数の議員からなる議院の能率的運営と議院権能の実効的・効率的な遂行のため，アメリカにならって導入された．委員会による集中的な審査・調査やそこでの議員の専門的な活動のメリットは大きい．しか

し，効率の追求は本来の予備審議から実質審議の場へと委員会を変え，本会議の形骸化が顕著となってきた（**委員会中心主義**）．非公開の委員会で，議員と関係省庁や利益団体との強い結びつきのもとに政策決定がなされることは，開かれた議会制民主主義の観点から制度的な見直しを迫られよう．

4．国会の権限

議会優位型の統治機構を定めた憲法では，国会や両議院の権限はかなり強化されている．

（1） 国会の権限

① 法律の議決権（第41条）：国政の基本をなす法律を国会のみがその議決で成立させる．

② 内閣総理大臣の指名権（第67条）：国会はこの権限を通じて内閣の構成を基礎付ける．

③ 条約承認権（第61条・73条3号）：国会の承認は，内閣の条約締結行為に民主的コントロールを及ぼすもので，条約の成立要件と解されている．

④ 財政監督権：国会に，予算の議決権（第60条・86条）その他の財政全般に関する議決権（第83条）が認められる（**国会中心財政主義**）．租税に関しては，法律の根拠が要求される（**租税法律主義**，第84条）．内閣は国会に財政状況の報告義務がある（第91条）．

⑤ 弾劾裁判所の設置権（第64条）：国会に，両議院の議員各10名で組織される裁判官訴追委員会から，職務上の義務違反や著しい非行を理由に罷免の訴追を受けた裁判官を裁判するため，両議院の議員各7名で構成される弾劾裁判所が設置される．

⑥ 憲法改正の発議権（第96条1項）

（2） 議院の権限

① 議院自律権：各議院は，国会を構成する独立の単位として，他の国家機関のみならず相互の関係でも強い自主性が保障される．まず，議院には自律的組織権が認められる．具体的には，議長その他の役員選任権（第58条1項），議員の資格争訟の裁判権（第55条）などがある．次に，議院には自律的運営権が認められている．議院は，会議その他の手続および内部規律に関して**規則制**

定権を有する（第58条2項）．実際に，「衆議院規則」，「参議院規則」，「参議院緊急集会規則」などが定められている．また，院内の秩序をみだした議員の懲罰権も有する（第58条2項）．懲罰には，戒告，陳謝，登院停止，除名の4種類がある．

② **国政調査権**：各議院は，国政に関する調査を行い得る（第62条）．国政調査権は，憲法上付与された権能を国会が有効適切に行使するための補助的な権能と解されている．この調査権には，国民に重要な国政情報を開示する機能もまた認められる．調査権にも，基本的人権の尊重や司法権の独立，準司法的な検察事務との関係では一定の限界がある．

発展：国会活性化への展望

　国会は，法律を提示して国政の基本的方向付けを図る機関であるが，その実態を巡ってさまざまな問題点が指摘されてきた．そこで1999（平成11）年，いわゆる「**国会活性化法**」が成立し，国会改革がスタートした．同法は，国会で最も重要な「審議の活性化」に焦点を当て，2つの制度改革を導入した．その第1が，「国家基本政策委員会」の設置である．この新しい常任委員会は衆参両院の合同審査会の形でもたれ，英国のクエスチョンタイム制にならった「**党首討論**」が開催されることとなった．毎週1回，対面型座席配置で，首相と野党党首が論戦を展開する．45分（当初は40分）の討論時間が会派のバランスで野党に割り振られ，1問1答を原則とし，首相の側に反問権も認められた．これまでの予算委員会での質疑を超えた，国の基本政策そのものに関わる党首レベルでの丁々発止の建設的な議論が期待される．第2の改革は，いわゆる「政府委員制度」の廃止である．閣僚に代わり省庁の官僚が政府委員として国会答弁にあたる従来の在り方が見直され，原則的に閣僚自らが答弁することとなった．以上の2つの制度改革は，ともに政治家の政策形成能力の向上を目指すもので，「国会活性化」とは官僚依存を脱却した「政治の活性化」にほかならない．

第2節　内　閣

1. 内閣の地位

（1）　内閣と行政権

　日本国憲法は，「行政権は，内閣に属する」（第65条）と定め，行政権を担

う政府機関として内閣を設けている．現代は，**夜警国家**の時代と異なり，政府には，秩序の維持や国防の任務を越えて，経済の発展や国民生活の向上のために積極的な役割が期待されている．産業助成，輸出検査や製品の規格検査，電気・ガスの供給事業，学校・医療法人の監督，独占禁止や消費者保護のための監視，環境保全，文化財保護，都市計画などの土地利用調整，河川工事，道路やダムの建設管理，図書館・博物館や福祉施設の運営管理，社会保険，費用・現物の支給や医療給付その他，**福祉国家**の政府が担う行政活動は，多様な領域で種々の性格・態様の下に展開されている．「**行政権**」とは，法律による行政の原理に基づき，法律の設定した基本的な国家目的を具体的に現実化する，法律の執行権限と解されよう．行政権が「内閣に属する」ことから，国会や裁判所など他の機関は，原則として行政権を行使できない．もっとも，内閣がすべての行政事務を自ら行うべきとされるわけでもない．広範な行政事務は，重要なものが内閣によりつつも，多くは直接的には下位の行政組織，すなわち各省庁といった行政各部によって遂行される．行政組織のなかには，人事院・国家公安委員会・公正取引委員会など，その職務の性質から内閣の指揮監督権に服さずに事務を遂行する**行政委員会**も法律で設けられている．しかしこれも，人事・財務・会計などを通じて内閣の統轄下にある．

　内閣は，憲法および法律に依拠して重要政策を総合的に決定し，それに則って，行政事務を，自ら果たし，また行政各部による遂行を全体的に統轄する，行政組織系列の最高の権限・責任主体なのである．

（2）　議院内閣制

　内閣は，国会と並んで国民意思の積極的な実現にかかわる**政治部門**といえる．この政治部門をなす立法部と行政部につき，権力機関として分立させつつ，立法部の優位を前提に，相互に連携と反発の関係性を組み込むシステムが**議院内閣制**である．両者が対等の地位で厳格に分離される**大統領制**とは国政運営のあり方が異なってくる．

　行政権を担う内閣は，その構成方法につき，内閣総理大臣が，国会議員の中から国会の議決で指名され（第67条1項），天皇により任命される．国務大臣は，内閣総理大臣によって任命されるが，その過半数は国会議員でなければならない（第68条1項）．そして，「内閣は，行政権の行使について，国会に対

し連帯して責任を負ふ」（第66条3項）．衆議院が内閣不信任決議案を可決したとき，または，信任決議案を否決したときは，内閣は総辞職するか衆議院を解散するかしなければならない（第69条）．こうして内閣は，国会に依拠して構成されるのみならず，在職も国会の信任を要件とし，権限の行使をめぐり国会から政治的責任を追及される．憲法はこのような形で議院内閣制を制度化している．

2．内閣の組織と権限
（1）内閣

　憲法は，内閣につき「その首長たる内閣総理大臣及びその他の国務大臣でこれを組織する」と定め（第66条1項），「**内閣法**」で国務大臣の員数が「14人以内」（特別に必要がある場合，17人以内）とされている．内閣は，内閣総理大臣とその他の国務大臣という部分機関からなる合議制機関である．そして，「内閣総理大臣その他の国務大臣は，文民でなければならない」と**シビリアンコントロール**（**文民統制**）の原則が採用されている（第66条2項）．

　内閣の活動方法は，**閣議**によると内閣法で定められており，内閣総理大臣が主宰する．閣議には，定例閣議，臨時閣議そして持回り閣議の3つの態様がある．全員出席が建前とされ，内閣が合議制機関であることから，閣議における構成員の発言権は対等であり，内閣総理大臣が他の国務大臣に対して命令権を持つわけではない．閣議は非公開で，構成員には審議内容の秘密の保持が求められる．意思決定の議決については，内閣の統一性及び国会に対する連帯責任との関連で，全員一致制が慣例となっている．閣議で意見が一致しない場合は，総辞職しない限り，意見を異にする大臣自らの辞職，または内閣総理大臣による罷免という形で最終的な収拾が図られる．閣議決定がなされれば，全構成員は当該事項について一体として行動すべきものとされる．

　内閣は，一体的に構成されることから，その消滅も，すべての国務大臣が同時に辞職する**総辞職**の形が採られる．衆議院で内閣が不信任され，衆議院が解散されない場合（第69条），内閣を統率する内閣総理大臣が，死亡・議員の地位の喪失などを理由に欠けた場合（第70条前段），衆議院議員総選挙の後に初めて国会の召集があった場合（第70条後段）などは，憲法で求められる必要

的総辞職である．これら以外に，内閣は，自らの判断による任意的総辞職も可能と解されている．議院内閣制であっても，国会から相対的に自立して行政権を担当する内閣が，場合によってはその政策的立場の貫徹を総辞職に訴えてでも図ろうとする可能性が残されていることは重要である．

（2） 内閣総理大臣

内閣総理大臣は「**首長**」としての立場から，内閣の一体性を確保しつつ，これを統率する．この地位は，明治憲法期の内閣総理大臣が，内閣官制上「首班」とされ，単なる「同輩中の首席」と解されたこととの対比で強大性が指摘される．しかし，首長との位置付けは，行政権に関する独任制の採用とは明確に区別されよう．行政権を合議制の内閣に帰属させた上で，内閣総理大臣と他の国務大臣の同格性を否定するのが憲法の構造である．

内閣総理大臣は，内閣を代表して議案（法律案，予算その他）を国会に提出し，一般国務及び外交関係について国会に報告する（第72条前段）．また，行政各部を指揮監督するが（第72条後段），これも専権ではなく，あくまで内閣を代表してなされるものである．

内閣総理大臣は，議院への出席・発言権を有する（第63条）．そして，法律・政令への連署により，内閣の代表として執行責任・制定責任を明らかにする（第74条）．

内閣総理大臣は，国務大臣について，任命・罷免権（第68条）と，その在任中の訴追に対する同意権（第75条）を有する．いずれも内閣の統一性を確保する基盤となる権限であるが，任免権の行使は，内閣総理大臣の責任問題を惹起する側面も持っている．

内閣総理大臣はまた，上級行政官庁としての地位も有する．内閣府の長となり，さらには自ら各省大臣になることもできる．その他，種々の法律で諸権限が認められている．

（3） 国務大臣

国務大臣は，内閣の構成員として，閣議に参加し，発言し，その決定に関わる．閣議を内閣総理大臣に求める要求権ももつ．そして，議院への出席・発言権を有する（第63条）．また国務大臣は，**主任の大臣**として，行政事務の分担管理にあたる．その関係する法律・政令に署名して執行責任を明確化する（第

74条)．もっとも，行政事務の分担管理にあたらず，内閣の構成員としての地位のみを有する**無任所大臣**も存し得る．

（4） **内閣の権限及び機能強化**

　憲法上，内閣には行政権が付与されているが，第73条で，とくに重要な事務が列挙され，明確に権限付けられている．具体的には，① 法律の執行と国務の総理，② 外交関係の処理，③ 条約の締結，④ 官吏に関する事務の掌理，⑤ 予算の作成，⑥ 政令の制定，⑦ 恩赦の決定などである．この他に内閣は，天皇の国事行為への助言と承認（第3，7条），国会との関係での諸権限，最高裁判所の長官の指名（第6条2項）とそれ以外の裁判官の任命（第79条1項），下級裁判所の裁判官の任命（第80条1項）権限，財政関係の諸権限を有する．

　こうした内閣の憲法上の権限や位置付けにも関わらず，国の行政作用は必ずしも内閣主導で実施されてこなかった．行政の基本政策は，各省庁別に，その所掌分野ごとに担当部局の官僚たちによって企画及び立案された．原案は，省庁間の連絡協議を経て，**事務次官会議**での最終調整に至るが，同会議が実質的な政策決定機関となってきた．閣議は，事務次官会議を経た案件のみを扱い，その形式的な追認機関となっていたのである．

　官僚主導のこのような問題状況は，「**行政各部中心の行政体制**」と形容され，90年代半ば以降の行政改革論議においてその抜本的な変革が企図された．「**内閣中心の行政体制**」構築の基点として重視されたのが，内閣の「国務の総理」権限である．従来この権限は，内閣が行政事務一般を統轄することのみ捉えられてきた．それに対し，内閣が国の総合的・一般的な政策の在り方を配慮決定し，行政全体の総合調整を図る権限として，より能動的かつ広範な国政権限へと再解釈された．

　そして，内閣の機能強化に向けて，その補佐・支援体制が強化された．内閣中心の行政体制とは，具体的には，内閣が自らその重要政策を提示して，行政各部の施策の統一を図るべきものとされる．内閣がそのような主導性を発揮するのに必要となる企画及び立案並びに総合調整に関して内閣を補助する既存の機関が「内閣官房」であり，その組織強化がなされた．さらに，内閣の重要政策に関する強大な補助機関として，省庁とは別格の位置付けで，内閣に「**内閣**

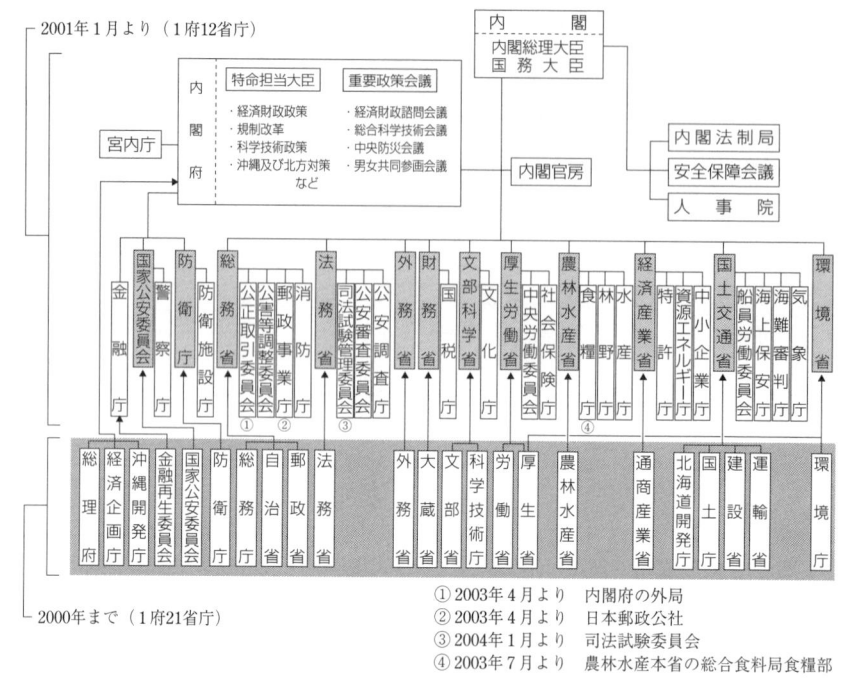

図3-1 行政機構［省庁再編］

府」が新設された．内閣府には，省庁横断的な重要政策課題を担う「**特命担当大臣**」が置かれ，国務大臣が充てられる．また，内閣の「重要政策に関する会議」も設置される．これは内閣総理大臣又は内閣官房長官を長とし，関係大臣や学識経験者らで構成される合議機関である．具体的には，経済財政諮問会議，総合科学技術会議，中央防災会議，男女共同参画会議等がある．こうした内閣府の組織により，内閣の重要課題への弾力的な対応が目指される．以上のようなスタッフ組織の強化を通じて，内閣主導のトップダウン型行政体制の確立が図られたのである．

3. 内閣の責任と解散権

行政権を担う内閣は，行政組織系列の最高の権限主体であると同時に，その責任主体でもある．そして，「内閣は，行政権の行使について，国会に対し連帯して責任を負ふ」（第66条3項）とされ，内閣は，議院内閣制の下，国会に

よって政治的責任を問われ得る．国民代表機関である国会との関係での，**民主的責任政治の原則**である．

　こうした内閣の対国会責任が議院内閣制の本質とされるが，民主的責任政治の原則も，究極的には国民主権の原理に基づくもので，そこから内閣の**解散権**も正当化される．衆議院が内閣を不信任した場合，内閣は総辞職せずに衆議院を解散することができる（第69条）．さらにそれ以外でも，内閣は独自の判断で第7条3号に基づき衆議院を解散し得るとされる．1950年代以降の解散は多くがこの第7条3号解散である．これらの内閣の解散権は，議院内閣制ではあっても，国会から相対的に自立して行政権を担い，国政運営の点で国会と見解を異にするに至った場合，その最終的な政治判断を国民自体に求める必要性から行使されなければならない．国民代表機関である国会も，場合により国民との関係性を問われうる．その意味で，内閣の解散権は，国会と内閣の相互抑制機能を越えて，国民との応答関係を政治部門が結び直すきっかけを提供するものといえる．こうした政治的コミュニケーション過程の観点から民主的に正当化されうる解散としては，衆議院で内閣の重要案件が否決・審議未了とされた場合，内閣が基本政策を根本的に変更する場合，総選挙の時点で予測されなかった重要課題が発生した場合などがあげられよう．

発展：首相公選論の問題提起

　内閣総理大臣を，国会の議決による指名から，国民の選挙による直接的な選任に変える制度改革が，いわゆる「**首相公選論**」である．時々の首相により，アメリカ型大統領制への羨望の表出として，また，与党内の支持基盤の弱さを自身の国民的人気でカバーするために，政治的言説として主張されてきた．象徴「天皇制」への配慮から，大統領制そのものの採用ではなく，議院内閣制を前提とする改革論であるところに特徴があろう．

　公選により，首相の民主主義的正当性を強化し，政治的主導力を高めることが企図されている．しかし首相公選制は，憲法理論的・実践的レベルでさまざまな問題をはらんでいる．公選の首相を通じて内閣が，国会と同様の民主的正当性を確保することは，必ずしも首相・内閣の政治的主導力の強化，「強い政府」の実現にはつながらない．国会を支持する民意と首相のそれにズレが見られる場合，首相・内閣は安定した議会多数派の協力を得られず，「弱い政府」に留まらざるをえない．公選の首相・内閣に対する国会の不信任決議等の理論的説明も課題となる．大衆迎合的なポピュリスト首相の招来は，今日の有権者の

政治判断能力からして現実性を欠こう．いずれにせよ，憲法改正を不可欠とする首相公選論は，前提をなす議院内閣制という統治システム自体の真価を問うインパクトを持っている．

参考文献
（1） 野中俊彦・中村睦男・高橋和之・高見勝利『憲法II [第3版]』有斐閣，2001年
（2） 芦部信喜（高橋和之補訂）『憲法 [第3版]』岩波書店，2002年
（3） 松井茂記『日本国憲法 [第2版]』有斐閣，2002年
（4） 渋谷秀樹・赤坂正浩『憲法2統治 [第2版]』有斐閣，2004年

第3節　裁　判　所

1．裁判所と司法権

日本国憲法は，「すべて司法権は，最高裁判所及び法律の定めるところにより設置する下級裁判所に属する」と定める（76条1項）．これは，①「**最高裁判所**」と「**下級裁判所**」が設置される（下級裁判所の種類・管轄・審級制は法律で定める）こと，②最高裁判所を頂点としその系列に属する裁判所（通常裁判所あるいは司法裁判所と呼ばれる）だけが司法権を行使すること，③司法権は国が独占する（地方公共団体は司法権を有しない）こと，を規定する．

（1） 司法権の意味

司法権とは，具体的な争訟に法を適用しこれを裁定する国家の権限をいう．明治憲法では，司法権は民事・刑事の裁判権のみを意味し，行政事件の裁判は行政権と把握され，特別の行政裁判所の管轄とされていた．日本国憲法は，民事・刑事事件のみならず行政事件の裁判権も含むように司法権の範囲を拡大し，すべての裁判権を通常裁判所に帰属させた．

もっとも司法権は具体的な争訟の裁判権であるから，その本質上，「具体的な争訟」の存在が，司法権が行使されるための前提要件となる（**事件性の要件**）．具体的な争訟（裁判所法では「法律上の争訟」と呼ばれる）とは，①当事者間の具体的な権利義務または法律関係の存否に関する紛争であって，か

つ，②それが法律の適用によって終局的に解決できるものを指すと理解されている．それゆえ，抽象的な法令の解釈・効力，個人の主観的意見の当否，学問上・技術上の事柄，宗教上の教義等の争いは，法律上の争訟ではないため司法権行使の対象とはならない．

　また，法律上の争訟を備えていても司法権行使の対象外とされる場合もある（**司法権の限界**）．それには，①議員の資格争訟の裁判（55条），裁判官の弾劾裁判（64条）のように憲法が明文で裁判権を他の国家機関に委ねたもの，②外交使節の治外法権や条約に基づく裁判権の制限のような国際法上の例外，③議員の懲罰・議事手続や閣議決定等の国会・内閣の自律権に属する事項，④衆議院の解散・安保条約等の**統治行為**（国家統治の基本に関する高度に政治性のある国家行為）に関わる事項などがある．

（2）　裁判所の組織

　最高裁判所は，その長たる裁判官（最高裁判所長官）と14人の裁判官（最高裁判所判事）で構成される．最高裁の審理・裁判は，**大法廷**（15人全員の裁判官の合議体，定足数9人），または第1から第3までの**小法廷**（5人の裁判官の合議体，定足数3人）で行われる．事件はまず小法廷で審理されるが，新たに憲法判断を行う場合，違憲判断を行う場合，判例を変更する場合は大法廷での審理・裁判が義務づけられ，さらに小法廷で裁判官の意見が同数に割れた場合や小法廷が大法廷での裁判を相当と認めた場合も大法廷に回付される．最高裁長官は大法廷の裁判長や裁判官会議の議長になるが，長官とその他の裁判官はともに合議体である最高裁の構成員として平等な地位を有する．

　最高裁判所の長官は，内閣の指名に基づいて天皇が任命し（憲法6条2項），その他の裁判官は内閣が任命する（憲法79条1項）．また最高裁の裁判官は，任命後最初に行われる衆議院議員総選挙の際およびその後10年毎に**国民審査**を受け，この審査において投票者の多数が罷免を可とするときは，その裁判官は罷免される（憲法79条2・3項）．なお，国民審査の判断資料を提供するため，最高裁の判決では，裁判書に，最高裁の見解となる「多数意見」のほか，各裁判官の少数意見が表示される．それには，多数意見に賛成の立場からさらに補足する「補足意見」，多数意見の結論に賛成だが理由を異にする「意見」，多数意見の結論に反対する「反対意見」がある．

裁判所法は，**高等裁判所，地方裁判所，家庭裁判所，簡易裁判所**の4種類の下級裁判所を定める。裁判所間の上下階級は，下級審の裁判に不服のある当事者が上級審に上訴し，上級審が理由ありと認めるときはそれを取消・変更できるという審級関係の意味にすぎず，各裁判所はそれぞれ独立して司法権を行使する。民事・刑事・行政事件のいずれでも地方裁判所が原則的に第1審の裁判所であり，通常は，地裁，高裁，最高裁の順に上訴される（**三審制**）。内乱罪や一部の行政事件（選挙無効訴訟等）では高等裁判所が，140万円以下の少額の民事事件・罰金刑以下の軽微な刑事事件では簡易裁判所が第1審となる。家庭裁判所は，家事事件の調停・審判，少年保護事件の審判や，少年に関する成人の犯罪（未成年者喫煙禁止法の罪等）についての第1審の裁判を担当する。

　下級裁判所の裁判官は，最高裁判所の指名した者の名簿によって，内閣が任命する（憲法80条1項）。これは，下級裁判所裁判官の人事権を実質的に最高裁に委ねる趣旨である。また下級裁判所裁判官の任期は10年であり，再任されることができる（憲法80条1項）。最高裁はこれを文字通りの任期制と捉え，再任・不再任は任命権者（指名権者）の裁量に委ねられていると理解するが，これでは裁判官の身分が著しく不安定になるため，特段の事由のない限り再任を原則とすべきであろう。

2. 司法権の独立

　裁判が公正に行われるためには，司法権が，政治的な圧力・干渉を受けずに独立していることが必要である。この司法権の独立には，実際に裁判を担当する**裁判官の職権の独立**と，他の国家機関（立法府・行政府）からの**裁判所組織（司法府）の独立**という2つの意味がある。

（1）　裁判官の職権の独立

　憲法は，「すべて裁判官は，その良心に従ひ独立してその職権を行ひ，この憲法及び法律にのみ拘束される」と規定し（76条3項），裁判官の職権の独立を定める。これは，裁判官が法以外の何ものの指示・命令も受けずに自らの判断で裁判を行うことを保障するものであり，したがって，立法権・行政権はもとより，司法権内部の指示・命令もまた排除される。なお，ここにいう「良心」は，個人的主観的良心ではなく，裁判官としての客観的良心を意味する。

裁判官の職権の独立を維持するためには，裁判官の身分の安定すなわち**身分保障**が不可欠である．憲法は，最高裁判所裁判官の国民審査以外に裁判官が罷免される場合を①公の弾劾と②執務不能の裁判に限定し（78条），さらに定期的報酬の保障およびその減額の禁止を規定する（79条6項・80条2項）．

「**公の弾劾**」は，裁判官訴追委員会（両議院の議員各10人で構成）の罷免の訴追を受けて，国会に設けられた弾劾裁判所（両議院の議員各7人で構成）が行う（憲法64条）．弾劾による罷免の事由は，「職務上の義務に著しく違反し，又は職務を甚だしく怠ったとき」と「職務の内外を問わず，裁判官としての威信を著しく失うべき非行があったとき」に限られる．**執務不能の裁判**は，最高裁・高裁の裁判官については最高裁大法廷で，その他の裁判官については高等裁判所で行われ，「回復の困難な心身の故障のために職務を執ることができないと裁判された」裁判官は罷免される．なお，裁判官の定年は，最高裁・簡裁の裁判官が70歳，その他の裁判官が65歳である．

(2) **規則制定権・司法行政権**

裁判所組織を他の国家機関から分離・独立させ，その運営を司法府の自主性に委ねるための制度として，規則制定権と司法行政権がある．まず憲法は，最高裁判所に，「訴訟に関する手続，弁護士，裁判所の内部規律及び司法事務処理に関する事項」について，**規則制定権**を付与する（77条）．ただ憲法77条所定の事項を法律で定めることもでき，そして法律と最高裁判所規則が矛盾する場合には法律が優先すると理解されている．

また憲法が下級裁判所裁判官の指名権・規則制定権を最高裁に認め，行政機関による裁判官懲戒を禁止する（78条）ことから，裁判所自身に，人事や予算等の内部的事項を自主的に決定する権限（**司法行政権**）が憲法上付与されていると理解されている．下級裁判所裁判官の指名・規則制定を含め最高裁の司法行政事務は，全員の裁判官で組織される**裁判官会議**の議を経て行われる．

3. 違憲審査制と憲法訴訟
(1) **違憲審査制**

日本国憲法は明文で，「一切の法律，命令，規則又は処分が憲法に適合するかしないかを決定する権限」すなわち**違憲審査権**を，裁判所に付与する（81

条)．この違憲審査制は，裁判所による法律等の違憲審査を通じて，憲法の最高法規性を担保し，国民の基本的人権を保障する制度である．

　各国が採用する裁判所による違憲審査の制度にも，① 通常の裁判所が具体的な争訟事件を裁判する際に，その前提として事件の解決に必要な限度で適用法令の違憲審査を行うアメリカ型の司法審査制（付随的違憲審査制）と，② 特別に設けられた憲法裁判所が，一定の提訴権者（政府または一定数以上の議員）の申し立てを受けて，具体的事件と関係なく抽象的に法令の違憲審査を行うドイツ型の憲法裁判所制度（抽象的違憲審査制）の2つのタイプがある．わが国の違憲審査制は，裁判所が憲法76条で付与された司法権（具体的な争訟の裁判権）の行使に付随して違憲審査を行うものであるから，**アメリカ型の付随的違憲審査制**である．そして最高裁判所のみならず下級裁判所もまた，司法権の行使に付随して違憲審査権を行使できる，と理解されている．

（2）　**憲法訴訟**

　通常の民事訴訟・刑事訴訟・行政訴訟として提起された訴訟のうち，当事者がその事件に適用される法律等の違憲性を主張している訴訟を総称して，**憲法訴訟**と呼ばれる．憲法訴訟で当事者の違憲の主張に対して，裁判所は常に憲法判断を下すわけではない．付随的違憲審査制は，具体的事件の解決に必要な限度でのみ憲法判断を行うものである．それゆえ裁判所が，**憲法判断の回避**（憲法判断をせずに事件の解決が可能な場合には，憲法判断を回避する）や，**合憲限定解釈**（争われている法律等の規定について合憲・違憲の複数の解釈が成立する場合には，その規定を憲法に適合するように限定を加えて解釈し，違憲判断を回避する）の手法を用いる場合もある．

　また裁判所が違憲判決を下す場合にも，法律等の規定そのものを違憲と判断する**法令違憲**と，法律等の規定そのものを違憲とせずに，争われている事件に適用される限度において違憲とする**適用違憲**の手法がある．そして最高裁判決・下級審の確定判決を問わず，違憲判決が下されると，その法律等の規定はその事件に関して当然無効となり，その規定の適用が排除される．さらに最高裁が法令違憲の判決を下した場合，その規定を一般的に無効とする（その規定を廃止する）強い効果はないものの，その規定は一般的に執行されない状態に置かれると理解されている．最高裁の法令違憲判決には出席裁判官の数にかか

わらず8人以上の裁判官の意見の一致が要求され，そして最高裁が法令違憲の判決を下したときは裁判書の正本が内閣に送付され，法律を違憲としたときはその正本が国会にも送付される．

最高裁判所は違憲判断にきわめて消極的な姿勢を示し，これまでに法律を違憲とした最高裁判決は次の5種6件にすぎない．①1973年の刑法の尊属殺人重罰規定違憲判決（憲法14条1項［法の下の平等］に違反），②1975年の薬事法の薬局開設距離制限規定違憲判決（憲法22条1項［営業の自由を含む職業選択の自由］に違反），③1976年と1985年の公職選挙法の衆議院議員定数配分規定違憲判決（憲法14条1項に違反），④1987年の森林法の共有林分割制限規定違憲判決（憲法29条［財産権の保障］に違反），⑤2002年の郵便法の損害賠償制限規定違憲判決（憲法17条［国家賠償請求権］に違反）．①を除き，これらの判決で違憲とされた規定は，判決後速やかに法改正により削除または変更された（なお③の1976年判決では，判決前にすでにその規定が改正されていた）．①でも判決後直ちに実務では尊属殺人事件を普通殺人に切り替える措置が採られたが，尊属殺人罪の規定は1995年まで削除されなかった．

第4節　地方自治

1. 地方自治の保障

　地方の政治や行政を処理する方式には，それを中央政府（国）が自らの出先機関・職員に処理させる方式（官治）と，地方の住民が自ら組織する機関・職員によって自主的に処理する方式（自治）がある．明治憲法には地方自治に関する規定はなく，戦前の地方制度は，1888年の市制・町村制と1890年の府県制・郡制により整備されたが，中央政府の任命する官吏である府県知事が市町村を監督するという中央集権的な官治的色彩の強いものであった．

　日本国憲法は，地方自治の章を新たに設け，「地方公共団体の組織及び運営に関する事項」は法律で定めるが，その内容は「**地方自治の本旨**」に基づかなければならないことを要求し（92条），地方自治の制度を憲法上保障した．

　「地方自治の本旨」には，住民自治と団体自治の2つの要素がある．**住民自治**とは，地方の事務は住民の意思に基づき処理されるべきであるとする民主主

義的要素であり，**団体自治**とは，地方の事務処理が国から独立した団体（地方公共団体）の権限に委ねられるべきであるとする自由主義的・地方分権的要素である．要するに地方自治には，「民主主義の学校」としての役割と，中央集権を防ぎ，地方に権力を分散させる役割が期待されている．

2. 団体自治
(1) 地方公共団体の意味

地方自治法は，**普通地方公共団体**（都道府県，市町村）と**特別地方公共団体**（特別区［都の23区］，地方公共団体の組合，財産区，地方開発事業団）の2種類の地方公共団体を定める．憲法は地方自治の主体である「地方公共団体」を明記しないが，それは住民自治・団体自治を備えた地域的統治団体と理解されるから，普通地方公共団体だけが憲法上の地方公共団体に該当する．

また地方自治法は，市町村を「基礎的な地方公共団体」，都道府県を「市町村を包括する広域の地方公共団体」と位置づけ，市町村と都道府県という**地方公共団体の二段階制**を採用する．住民自治・団体自治の実現には基礎的団体に加え，広域的団体の存在が不可欠である（市町村だけでは適切に処理できない広域的な地域の事務もあるし，国による地方自治への干渉を防止できない）ため，この二段階制も憲法上の要請であるとみる見解が有力である．

なお特別区について，かつて最高裁判所は憲法上の地方公共団体に該当せず，1952年の地方自治法改正に基づく区長公選制の廃止は違憲でないと判示した（最大判1963.3.27）．だがその後の同法改正で1974年に区長の公選制が復活し，1998年には特別区も市町村とほぼ同等の「基礎的な地方公共団体」という位置づけになり，現在では特別区も憲法上の地方公共団体と考えられる．

(2) 地方公共団体の組織

憲法は，地方公共団体の組織について，議事機関である議会の議員と執行機関の長がともに住民の直接選挙で選ばれるという**大統領制（首長制）**を採用する（93条）．これを受けて地方自治法は，議会（都道府県議会，市町村議会）と長（知事，市町村長）が相互に対等の関係であることを踏まえ，長に対し拒否権（長が議会の議決を拒否して再議を求める）や専決処分（議会の権限に属

する事項を長が代行する）を認めるが，他方で，議会と長との対立を解消するため，議会の長に対する不信任議決とそれに対応する長の議会解散権を定め，議院内閣制の要素も採り入れている．なお長以外にも執行機関として，教育委員会，選挙管理委員会，監査委員等の委員会や委員が置かれ，それぞれが独立に権限を行使する（**執行機関の多元主義**）．

（3） **地方公共団体の権限**

　憲法は，地方公共団体の権限として，「その財産を管理し，事務を処理し，及び行政を執行する」自治行政権と，「法律の範囲内で**条例**を制定する」自治立法権を規定する（94条）．国と地方公共団体の間で事務をいかに配分するかは，憲法が保障する地方自治権の中身を左右する．地方自治法は，国と地方公共団体の役割分担について，国においては「国が本来果たすべき役割を重点的に担い，住民に身近な行政はできる限り地方公共団体にゆだねることを基本」とするとしたうえで，地方公共団体の事務を「自治事務」（地方公共団体の自主的判断に委ねる事務）と「法定受託事務」（特に国の関心が高く，特別の法的仕組を作る必要がある事務）に区別し，国が地方公共団体の事務処理に関与する場合の原則や手続（関与法定主義，必要最小限度の原則）を定めている．

3．住民自治

（1） **憲法上の住民の権利**

　憲法は，「地方公共団体の長，その議会の議員及び法律で定めるその他の吏員」を直接選挙する権利（93条2項）と，「一の地方公共団体のみに適用される特別法」（**地方自治特別法**）に対する住民投票権（95条）を規定する．

　議員・長の選挙権は，引き続き3カ月以上市町村の区域内に住所を有する日本国民で，20歳以上の者が有するものとされているが，最高裁判所は，いわゆる定住外国人に対し，法律によって地方公共団体の選挙権を付与することは憲法上可能であると判示する（最判1995.2.28）．議員・長の任期はともに4年であり，被選挙権は，議員の場合は議員の選挙権を有する25歳以上の者，知事の場合は30歳以上の日本国民，市町村長の場合は25歳以上の日本国民が有するものとされているので，議員の被選挙資格として住民であることが要求されるのに対し，長は住民であることを要しない．なお，憲法は，長のほか

「法律の定めるその他の吏員」の選挙も規定するが，1956年の教育委員公選制の廃止以降，それに該当する地方公務員は存在しない．

また国会が地方自治特別法を制定する場合，住民投票に付し，その過半数の同意を得なければならないが，これは特定の地方公共団体が国会の法律によって不利益に取り扱われることを防止するものであり，憲法が例外的に認めた直接民主制の制度である．広島平和記念都市建設法など15件の法律（いずれも1949年〜1951年に成立）でこの住民投票が実施されたが，その後，実施された例はない．

（2） 地方自治法上の住民の権利

地方自治法でも直接民主制の制度が広く採用されており，それには，町村総会と住民の直接請求がある．まず町村に限り，条例で議会に代えて有権者の総会を設置できる．現在，この町村総会の実例はないが，これは議会以上に住民自治に適合し，議会の設置を定める憲法に違反しないと理解されている．

また直接請求には，① **条例の制定・改廃請求**，② **事務の監査請求**，③ **議会の解散請求**，④ **議員・長・主要公務員の解職請求**がある．条例の制定・改廃は，有権者の50分の1以上の連署で長に請求し，長が議会に付議する．この条例案の採否は議会に任されており，住民が発案し住民投票で採否を決定する本来のイニシアチブとは異なる．事務の監査は，有権者の50分の1の連署で監査委員に請求する．議会の解散および議員・長の解職は，有権者（議員の場合は選挙区の有権者）の3分の1以上の連署で選挙管理委員会に請求し，同委員会が選挙人の投票に付し，その投票において過半数の同意があったときは，議会は解散しまたは議員・長は失職する．主要公務員（副知事，助役，出納長，収入役，選挙管理委員，監査委員，公安委員会委員）の解職は，有権者の3分の1以上の連署で長に請求し，長が議会に付議し，議会の議員の3分の2以上の者が出席しその4分の3以上の者の同意があったときは，その主要公務員は失職する．なお解散・解職の請求（リコール）については，有権者が40万人を超える場合，40万を超える数に6分の1を乗じた数と40万に3分の1を乗じた数を合算した数に，署名要件が緩和されている．

そのほか，直接民主制の制度ではないが，地方自治法は，住民個人に，長・職員の違法・不当な財務会計上の行為に対する**住民監査請求**とその監査結果に

不服のある場合に**住民訴訟**を提起する権限を認めている．

(3) 条例に基づく住民投票

1996 年の原発立地をめぐる新潟県巻町の住民投票以降，地域社会の重要な政策の賛否について住民の意思を確認するため，地方公共団体が独自の条例を制定して住民投票を実施する動きが見られる．こうした条例に基づく住民投票は，投票結果が長や議会を法的に拘束しない諮問的住民投票にとどまる限り，長や議会の権限を定める地方自治法に違反しないと理解されている．だが住民投票には本来，その投票事案を住民が十分理解せずに投票したり，住民の多数派の偏見による少数派の人権侵害を招くなどの問題もある．

発展：裁判員制度の導入

2004 年 5 月，一般の国民が裁判官と共に刑事裁判に参加する**裁判員制度**を 5 年以内に導入する法律が成立した．その対象は重大な刑事事件（死刑・無期事件と故意による死亡事件）に限られ，原則として裁判官 3 人と裁判員 6 人が合議により有罪・無罪と量刑を多数決で判断する．裁判員は，衆議院議員の選挙人名簿から 1 年毎に抽選で裁判員候補者名簿が作成され，その名簿から事件毎に抽選で選ばれたその事件の裁判員候補者の中から選任される．外国では，市民（選挙人名簿等から事件毎に抽選で選任）が有罪・無罪を判断し，量刑は裁判官に任せる**陪審制**（英米），市民（推薦・自薦によっても選任され，また任期制とし任期中数件の事件に関与する）が裁判官と共に有罪・無罪と量刑を判断する**参審制**（欧州諸国）があり，わが国の制度は裁判員と裁判官が一緒に裁判するため参審制の一種であるが，裁判員を広く国民から事件毎に選任する点で陪審制の特徴も有する．裁判員制度については，憲法が保障する「裁判所」の裁判を受ける権利（32 条・37 条 1 項）の理解の違いから，憲法は職権の独立と身分の保障された専門の裁判官のみで構成される裁判所を予定しており，素人の裁判員の参加は憲法に違反するとみる違憲説と，憲法は裁判官の裁判ではなく裁判所の裁判を保障するにすぎず，裁判官以外の裁判員を構成員とする下級裁判所も憲法上許されるとみる合憲説が対立している．

参考文献
(1) 兼子一・竹下守夫『裁判法〔第四版〕』有斐閣，2002 年
(2) 高田敏・村上武則（編）『ファンダメンタル地方自治法』法律文化社，2004 年

第4章 日本の政治状況と課題

第1節 行政機能

1. 行政機能と公務員

　自分で自分の生活を営むだけでは，私たちの生活は成立しない．私たちの共同生活を営むためには，秩序を維持する警察活動から，水道の供給や下水処理，さらには社会福祉・年金などの社会保障まで，さまざまな事業が必要である．これらの事業は，人々と共同して営まれる場合もあれば，民間企業によって営まれる場合もあるだろう．これらの事業のうち，**行政**とは，共同作業を営む国民や住民の意思に基づいて，国民や住民が雇った人たちによって担われる共同生活のために必要な事業である．そして共同生活の事業を担うために雇われた人たちが公務員である．

　現代社会では，共同生活のために必要な事業のうち，どのような事業を行政が担い，民間企業に任せ，あるいは人々が共同して担うのか，改めて役割分担が問題となっている．また，国民や住民の意思に基づいて公務員をうまく監督・管理していくことも，民主主義にとってますます重要となっている．

2. 行政権の拡大

　近代市民革命を経た時代，自由主義思想を背景として「**小さな政府**」が理想とされた．国家の介入や保護を最小限にとどめることによって，個人の自由が可能になると考えられていた．このように社会秩序の維持や外敵からの防衛に役割を限定された国家は，「**夜警国家**」とも呼ばれた．「夜警国家」の時代には，行政も最小限のものであった．

　資本主義の発展に伴って，貧困や失業，生活環境の悪化など，個人の努力で

は解決できない社会問題が生じたために，社会問題を解決する役割を国家が担うようになった．こうして国民の最低限度の生活を保障し，社会保障を充実させる「**福祉国家**」が形成された．しかし，現代国家は，社会保障を充実させただけではなく，公共事業を実施し，景気対策や雇用対策も実施することを通して，行政機能を拡大させている．このような現代国家は，「**行政国家**」とも呼ばれている．行政国家においては，共同生活のために必要な事業が，ますます行政によって担われるようになっている．したがって，国民が行政をチェックすることが，現代の民主主義にとってますます重要になっている．

3．日本の行政と公務員制度

「公務員」という用語は，日本では，日本国憲法で「全体の奉仕者」（第15条）と定められてから，広く使用されるようになった．これに対して，大日本帝国憲法のもとでは，「官吏」という用語が使用されていた．官吏は，「天皇の官吏」として，天皇に一方的に服従するとともに特権的身分を保障され，国民に対しては「お上」として優越した地位にあった．日本国憲法のもとで天皇主権から国民主権へと変化するとともに，公務員も，「天皇の官吏」から「全体の奉仕者」へと役割を大きく変化させた．

　それにもかかわらず，「**官僚**」と呼ばれる高級公務員は，政策の立案や実行において大きな影響力を維持している．官僚機構は，戦後復興から高度経済成長にいたるまで多くの政策を立案し実行し，欧米諸国に追いつくという明治維新以来の国家目標を効率的に実現することに寄与した．ある目的を効率的に実行するために合理的に組織された組織を指す場合，「**官僚制**」という用語が使用される．近代化という国家目標を実現してきた日本の中央官庁は，合理的な官僚制組織であった．

　しかし，日本の官僚制には合理的とは言いがたい別の側面もある．中央官庁は，誰に対して許認可を与えるか，どの自治体に対して補助金を配分するか，どのような行政指導を行うか，などの権限と財源を手にすることで社会に対して大きな影響力をもっている．このように官僚が大きな影響力をもっている政治のあり方は**官僚支配**と言われている．

　官僚は，明確なルールに基づくのではなく，ある程度自らの判断で決定でき

る．そのため，政治家，企業などの利益集団，自治体は，大きな権限をもつ官僚に働きかけている．これが官僚の汚職など多くの腐敗の原因となっている．また，官僚が民間の活動を手厚く保護・育成してきたことも，官僚と業界の癒着を生み出している．

今日わが国は欧米諸国に追いつくという近代化の目標を一応達成したが，グローバリゼーション，少子・高齢化社会，長期不況，環境悪化などの問題に対処するためには，これまでの政策を見直し，新たな目標を設定しなければならない．目標を効率的に実行するのではなく，目標を見直し，政策を大胆に変更するためには，民主主義的手続きに基づいて新たな目標を設定し，新たな政策を立案することが求められている．

4. 行政改革と行政の民主化

行政権の優位や官僚支配は多かれ少なかれ現代国家に共通して見られるが，日本の場合とりわけ大きな弊害となっている．国の基本ビジョンの見直しが必要とされる今，これまで国家の基本的な政策を立案・実行してきた官僚機構をどのように民主化し，コントロールしていくかは重要な課題である．

まず第一に，「国権の最高機関」（憲法第 41 条）たる国会は，立法権を行使するだけではなく，行政権をチェックする必要がある．**議院内閣制**を採用している日本国憲法は，国民が選出した国会による行政権のチェックを想定している．そのためには**国政調査権**をさらに活用することも必要である．しかし，議院内閣制の下では，国会の多数派が与党として内閣も担当しているので，内閣を担当していない野党が行政をチェックすることには限界がある．民主主義諸国では，政権交代のたびに基本的政策が見直されて，政治が行政をチェックしている．しかし 38 年間にわたって政権交代がなかったために，官僚機構と政権党が一体化し，政策の変更だけではなく，政権交代による行政のコントロールも困難であった．

第二に，内閣総理大臣と各国務大臣が官僚を指揮・監督するならば，政治家が行政をコントロールすることになる．大臣の他に副大臣や政務官というポストが設けられたり，官僚が国会で大臣に代わって答弁することが原則的に禁止されたりして，政治家主導のための制度改革がおこなわれている．

第三に，国民が行政を直接に監督するためには，行政が透明でなければならない．行政を透明なものにして，国民の知る権利を実質的なものにするために，情報公開制度が欠かせない．多くの地方自治体で情報公開条例が制定されるとともに，国政レベルでも情報公開法が制定されている．さらに，行政の活動を調査し，監視・是正する制度として**オンブズマン**制度がある．オンブズマン制度はもともとスウェーデンで始められ，日本でもいくつかの地方自治体で導入されている．市民運動の中で市民オンブズマンが結成され，情報公開条例を利用して行政の監視を強め，官官接待の告発など多くの成果を上げている．

　第四に，国民が行政を監視するだけではなく，行政への参加も重要である．政策形成するときに行政が国民の意見を募る**パブリック・コメント**制度が設けられている．地方自治体では，審議会や委員会に公募によって選ばれた市民が参加する仕組みが設けられている事例も見られるようになった．

　第五に，行政を簡素化し，財政を立て直すために，行政改革が課題となっている．「小さな政府」を理念として，国鉄などが**民営化**されたり，中央官庁の許認可権限を削減する**規制緩和**が実行されたりしている．実際に民営化されない場合でも，民間の経営手法を行政に導入して，具体的な数値目標を定めて達成することが求めるようになってきた．数値目標はアメリカが民営化に当たって取り入れた手法で日本政府（小泉内閣）もそれを採用・実行しようとしている．これらの動きの中で2004年国立大学や国立高専も独立行政法人となって，具体的な数値目標の実現が求められている．民間手法（市場原理）を教育現場に導入することは功罪両面があるので，教育現場で十分議論し，上からの押し付けであってはならない．

　さらに福祉の領域においても，「小さな政府」を理念として，福祉という共同生活のための事業が，行政の責任で提供されるばかりではなく個人で自助努力すべきであると主張されるとき，行政の役割自体を縮小すべきなのか維持・拡大すべきなのかが問われている．私たちは，行財政改革の名のもとで，私たちの生活を大きく左右する選択肢の前に立たされている．

第2節　政党政治

1. 民主主義と政党政治

　民主主義は，国民の意思が政治に忠実に反映されることを前提とする．議会制民主主義では，政党が国民のさまざまな意思を吸い上げて，政策にまとめ上げることによって，政治に反映させる上で重要な役割を果たしている．こうして政党を中心としておこなわれる政治が政党政治である．

　しかし，政党が公約を守らなかったり，離合集散を繰り返したり，有効な政策を打ち出さなかったりすると，政党に対する不信が高まる．選挙のときに投票しても自分たちの意思が生かされないと考えて，棄権する人びとも多い．政党政治が民主主義にとって本来の役割を回復するためには，どうしたらよいだろうか．

2. 政党と政党政治

　政党とは，共通の理念をもちその理念を実現するために政権の獲得を目指す団体である．政党や政党政治のあり方は，選挙制度やその国の歴史によって異なる政党システムを形成している

　複数の政党が競合していない政治体制のもとでは，**一党制**という政党システムが形成される．旧ソ連やナチス・ドイツなどがその例である．議会制民主主義が採用されている国では，イギリスやアメリカに見られる二大政党制，イタリアなど多くの政党が競合している多党制がある．

　一選挙区から1名が当選する小選挙区制を採用している国は，**二大政党制**になりやすい．二大政党制では，選挙のときに2つの政党から選ぶことになるので，多様な意見や少数意見が政治に反映されにくいが，政権交代の可能性が大きいとされる．一選挙区から2名以上が当選する大選挙区制や得票数に比例して議席が配分される比例代表制を採用している国は，**多党制**になりやすい．多党制では，多くの政党が存在するので，多様な意見や少数意見が政治に反映されやすいが，政権はいくつかの政党による連立政権になりやすい．

3. 日本の政党政治

　戦後日本の政党政治の特徴は，第一に，1955年から38年間にわたり政権交代がないまま，自由民主党が政権を担っていた点にある．1955年以降，自由民主党と社会党という保守政党と革新政党が対立しながらも，保守政党が優位な体制（**55年体制**）が続いていた．55年体制では，革新政党は保守政党の2分の1しかなく，二大政党制からほど遠かった．70年代以降，野党が多党化して形式的には多党制になったが，自由民主党の**一党優位制**の政党システムであった．

　93年の総選挙で，自由民主党が過半数を割り，非自民の連立政権が成立して38年ぶりに政権交代が実現したが，再び96年に自民党中心の連立政権が成立した．その間，衆議院の選挙制度が中選挙区制から小選挙区比例代表並立制に変更になり，その結果として日本の政党システムは，自由民主党と民主党を中心とする二大政党制に近づいている．

　第二に，日本では戦前から官僚機構が一貫して優越しているために，政党の影響力は限られたものになっている．長期政権を担った自由民主党でさえも，政策形成能力は限られており，政策形成では官僚機構に依存している．

　第三に，日本では，政党の党員数が少ないなど，政党の組織が未発達である．そのため日本の政党の多くは，得票や資金に関して財界や労働組合や宗教団体などの**利益集団**に依存している．日本の政治では，官僚が基本的な政策を立案し，政党は地元や特定の利益集団の利益を擁護するため官僚に働きかける．とくに有利な立場にある与党の政治家は，特定の業界の利益を擁護することによって，その業界から政治資金と支持を調達する．こうした議員は**族議員**と呼ばれる．また議員は，選挙時の集票組織として個人後援会を維持するために，族議員としてますます多額の政治資金を獲得する必要に迫られる．こうして日本の政党は，国民の意思をまとめ上げて国の基本的方針を立案・決定するというよりも，官僚機構に依存しながら，特定の利益を擁護し，利益配分に奔走する組織になりがちである．

　55年体制のもとでは，政権交代の可能性は低かったが，二大政党制への傾向が強まっている現在，政党間の競争，政権交代の可能性が高まることによって，政党が国民の意思を吸い上げ政策としてまとめ上げる役割を果たすように

なるという期待も高まっている．二大政党制のもとでは，政党は得票数を増やして政権を獲得するために，特定の社会層，地域，宗教などの支持だけではなく，あらゆる有権者から支持を集めようとする．しかし，政党は，新しい支持基盤を獲得しようとすると，従来の支持基盤からの支持を失うことになりかねず，今日，日本の政党は，従来の支持基盤である特定の利益集団を重視するか，あるいは，無党派層を重視するか，というジレンマに立たされている．また2つの政党が，同じようにあらゆる有権者から支持を集めようとして，政策自体も似通ってくると，逆に，特定の争点に的を絞って支持を集めるタイプの小政党も支持を集める可能性も出てくる．

今後，二大政党制のもとで政権交代が実現して政党不信が払拭されるのか，それとも，小政党を含めて国民の多様な意思が政治に反映されるような政党システムが形成されるのか，私たちの選択次第である．

発展：パートナーシップ

「小さな政府」から「大きな政府」へと政府のあり方が変化するとともに，行政機能も拡大してきたが，共同生活のための事業をすべて行政が担うのがいいか，問われている．一方では，行政機能を縮小する試みもあり，他方では，「行政と市民のパートナーシップ」のもとで行政を実行しようという動きもある．市民が意見を表明するだけではなく，政策を形成する審議会や委員会への市民参加，政策を実行するときに市民やNPOが参加するなど，行政への市民参加の重要性が「パートナーシップ」という言葉で重視されている．「パートナーシップ」がどこまで実質的なものになるのかは，今後の大きな課題である．

発展：ネットワーク

政治や政党というと，よそよそしいイメージが強い．権力や組織によって行動が左右されるというイメージである．しかし，政治における「ゆるやかな人と人のつながり」＝「ネットワーク」にも注目が集まっている．自分で関心のある事柄に自主的に取り組み，人と人のつながりを形成していく活動は，政治の世界でも見られるようになっている．選挙のときのインターネットを駆使した応援，演説会の企画から，市民グループが中心となったネットワーク型政党の形成までさまざまある．ネットワークを政治への入り口にしてさらに，議員インターンとして政治に触れたり，実際に議員秘書になったり，選挙に立候

補する若者も少なくない．

引用・参考文献
（1） 山口二郎『戦後政治の崩壊』岩波書店，2004年
（2） 丸楠恭一ほか『若者たちの《政治革命》』中央公論新社，2004年
（3） 篠原一『市民の政治学』岩波書店，2004年
（4） 中邨章編『新版　官僚制と日本の政治』北樹出版，2003年
（5） 平野浩・河野勝編『アクセス日本政治論』日本経済評論社，2003年
（6） 石川真澄『戦後政治史　新版』岩波書店，2004年

第3節　選　挙

1．選挙の原則

　現代において国民が政治を最も身近に感ずるもののひとつに選挙が挙げられるであろう．選挙は，歴史的には近代以降の議会制民主主義（代議制）の発展と密接不可分に結びついてその意義を増してきたが，今日，民主政治を標榜する社会においては，選挙は国民の意思や利益を政治的に実現する最も重要な手段と見なされている．

　ところで，民主政治を実現してゆくには選挙を民主的に行う必要がある．そして今日，多くの国々において，選挙は次の4つの原則に基づいて実施されている．

（1）　普通選挙

　普通選挙の原則とは，身分，階級，人種，宗教，性，財産の所有，納税額などの点に関する条件を設けず，一定の年齢に達した者すべてが選挙権をもつという原則であり，「制限選挙」に対置される原則である．わが国も，1890（明治23）年の第1回衆議院議員選挙実施時には，「直接国税15円以上を納める，25歳以上の男子」という要件があったため，選挙権を持つ者は全国で45万人（全国民の1.1％）に過ぎなかった．その後，要件が緩和され，1925（大正14）年に男子のみ納税要件がはずされ，男子普通選挙制が導入された．女子が普通選挙権を獲得するのはさらに20年後の，第2次世界大戦直後の1945（昭

和20)年であり，その際，選挙権年齢も5歳引き下げられた．なお，選挙権年齢に関してわが国では依然20歳であるが，現在主要国では多くが18歳となっている．

(2) 平等選挙

平等選挙とは，すべての有権者が等しく1票を持つ「一人一票」(one man, one vote) を原則として行われる選挙である．かつては，財産や教育を有する者に2票以上を与える複数投票制度や納税額の多寡で選挙人を等級分けする等級選挙などの不平等選挙が行われていたが，現代では「一人一票」という意味での平等選挙はほぼ実現されている．しかし，現状ではそれぞれの1票が同じ価値を有しているわけではなく，「一票一価」(one vote, one value) という意味での平等選挙はまだ不完全にしか実現されていない．1票の価値の格差（不均衡）がどこまで許容されるかについては議論があるが，2倍以内というのが大方の見方であり，アメリカ・イギリス・ドイツなどはこれを厳格に維持する姿勢を示している．

(3) 直接選挙

これは，有権者自身が代表を直接選出するという原則である．反対に，有権者は代表を選ぶための選挙人を選ぶだけでその選挙人が代表を選ぶ，という方法は間接選挙といわれる．今日，間接選挙の方法を採用している国はほとんどなく，その外見を留めているアメリカ大統領選挙も，実際には各大統領選挙人はどの候補者に投票するかを事前に有権者に明らかにしているので，実質的には直接選挙となっている．

(4) 秘密選挙

これは，有権者の投票の秘密が守られる形で行われなければならないという原則であり，「公開選挙」に対置される原則である．わが国でも明治初期の衆議院議員選挙は，住所・氏名を書き捺印する記名公開制の選挙であったが，現在では憲法が「すべて選挙における投票の秘密は，これを侵してはならない．選挙人は，その選択に関し公的にも私的にも責任を問われない．」（第15条4項）とし，さらに公職選挙法が無記名投票（第46条3項），投票用紙公給主義（第45条），投票の秘密保持（第45条），投票の秘密侵害罪（第227条）等の規定を設けて，秘密選挙の徹底を図っている．

2. 代表制と選挙制度

　代表を選出するのが選挙であるが，そもそも代表には**多数代表制，少数代表制，比例代表制**という 3 つの制度がある．多数代表制は，社会内の多数派の意思を重視し，それを過大に代表に反映させる制度である．一方，少数代表制は社会内の少数意見を尊重し，多数党派が独占的に代表されるのを抑えて少数党派にもできる限り代表の機会を与える制度である．これらの制度は意図的に多数党派・少数党派に有利に代表選出を行おうとするものであるため，多数代表制では少数党派の意思が反映されにくいという欠点，また少数代表制では一定の制度的保障がなければ少数党派の意思が過剰に代表されるという欠点をそれぞれ抱えている．これらに対し，比例代表制は多数党派・少数党派に関係なく，社会内の意見の分布を忠実に代表に反映させようとする制度であり，各党派の実勢力を可能な限り機械的に代表に結びつけようとする制度である．

　そしてこうした代表制を具体的に実行するのが選挙制度であり，これは主に選挙方法（選挙区制）と投票方法から成り立っている．選挙方法には，大別して**小選挙区制**と**大選挙区制**がある．小選挙区制は一選挙区から 1 名の当選者を出す方法であり，多数代表制を現実化する制度といわれる．しかし，この制度では当選者が一人であるため，議席を得ることのできるのは全般的に強力な 2, 3 の大政党に限られてしまう点や，議席に反映されない死票を多く作り出すなどの欠点がある．一方，大選挙区制は一選挙区から 2 名以上の当選者を選出する方法であり，当選者が複数になることで比較的小さな政党や党派でも代表を出しやすくなる．しかし，この制度は少数党が過剰に議席を得ることで小党分立という事態を招き，政局が不安定になるという欠点を抱えている．

　また，投票方法には**単記制**と**連記制**があり，単記制は投票用紙に候補者中の 1 名を書く方法であり，連記制は複数書くことのできる方法である．連記制は，さらに定数いっぱいまで書けるか否かで，完全連記制と制限連記制とに分けられる．そして多数代表制を具体化する選挙方法として小選挙区制，あるいは小選挙区制と似た効果をもつ大選挙区制・完全連記制が挙げられる．これに対し，少数代表制が実現する確率が高いのは大選挙区制・単記制か，効果は減少するが大選挙区制・制限連記制である．

　なお，比例代表制は各政党の得票数に応じて議席を配分するという方法をと

り，他の代表制に比べて死票が少ない，国民の利益や意見の分布が比較的正確に議会に反映される，などの長所をもつ．しかし，その反面，小党分立の傾向を助長する，議席配分の方法が複雑である，有権者が直接候補者を選択できない，などの短所も抱えている．

3. 日本の選挙制度

現在，わが国の選挙は**一般選挙**と**特別選挙**に大別される．一般選挙は，さらに国会議員を選ぶ**国政選挙**と，地方議会の議員及び知事・市区町村長などの首長を選ぶ**地方選挙**とに分けられる．国政選挙とは衆議院議員選挙と参議院議員選挙のことであり，前者は4年の任期満了時あるいは解散時に一斉に全議員を選ぶことから総選挙とも，また後者は3年ごとに半数ずつ改選するために通常選挙とも呼ばれている．他方，地方選挙としては，4年に一度，全国の自治体が一斉に実施する統一地方選挙があり，さらに特別選挙としては，議員の死亡や退職などによって欠員が出た場合に実施される補欠選挙や，立候補者の不足などにより，当選者が定数に満たなかった場合に実施する再選挙がある．

日本は1993（平成5）年まで衆議院議員選挙には**中選挙区制**を採用してきたが（一選挙区3～5名が定数），現在では小選挙区制と比例代表制を同時かつ別々に実施する**小選挙区比例代表並立制**が導入されている．これにより，衆議院の定数480のうち（2000年改正），300議席は小選挙区から選出され，残りの180議席は比例代表で選出される．なお，比例代表の選挙では全国を11ブロックに分け，それぞれのブロックごとに各党が候補者名簿を選挙管理委員会に提出しておき，有権者は政党名で投票する．小選挙区の選挙では，有権者は候補者名で投票し，一選挙区から1名ずつ議員が選出される．

他方，参議院は定数が242で（2000年改正・3年ごとに半数改選），そのうち96議席が全国から比例代表で，146議席は都道府県単位とする選挙区からそれぞれ選出される．また，参議院の比例代表制は**非拘束名簿式比例代表制**（有権者が政党名か候補者名のどちらかに投票できる制度）であり，衆議院の比例代表制は**拘束名簿式比例代表制**（有権者が政党名で投票する制度）である．議席配分は，衆参ともに**ドント式**（各政党の得票数を1・2・3…と整数で割り，商の大きい順に，定数まで各政党の獲得議席数を決める方法）によって

決定される.

しかし,こうした選挙制度であっても,選挙を巡る問題は解消されてはいない.たとえば,議員定数不均衡の問題や,金権選挙是正の問題,また投票率低下の問題などがあり,衆議院の小選挙区比例代表並立制に関しても,死票が多いこと,得票率と議席数(議席占有率)との間に大きなアンバランスがあること,などが問題点として挙げられている.

第4節　政治参加と世論

1. 世論とマスメディア

　民主政治とは,国民の意思が政治に反映される制度であるから,古来,「民の声は神の声」と言われるように,国民の動向や世論を無視して政治は行われ得ない.それでは,世論とは一体何であり,また世論はどのようにして測定することができるのだろうか.

　一般に,**世論**とは,ある国や社会における普通の人々の意見の集合体のことをいう.この場合,個々人の意見の集合体とは,公共の領域の事柄についての意見の集合体のことであり,私的な領域の事柄についての意見の集合体は(たとえそれを調べることが可能であっても)世論とは呼ばれない.つまり,世論とは,政府や自治体が実施する公共政策にかかわる人々の意見の集合体のことである.

　そして世論は,選挙のときに誰に投票するかという国民の意思表示によって表明される.しかし,世論は選挙における国民の投票行動だけを通じて表明されるものではない.現在では,新聞や雑誌,テレビなどのマスメディアを通じても世論は表明されるし,また利益団体(圧力団体)や市民運動の活動が世論として表明される場合もある.

　ところで,**マスメディア**は世論を表明する手段である一方で,大量の情報を不特定多数の受け手に伝達(**マス・コミュニケーション**)することにより世論そのものの形成に大きな影響を与えている.たとえば,マスメディアは事件や事故などの事実だけではなく,新聞での投書欄やテレビやラジオの視聴者参加のように,幅広く国民の意見を集約して報道するし,また解説や論説,あるい

は特定の問題についての調査結果を独自に発表している．しかし，その一方で，マスメディアの影響力を権力者が利用し，世論をある方向に意図的に導くという**世論操作**が行われることも考えられる．したがって，マスメディアに対しては**報道の自由**が保障されることが何よりも重要であるが，同時にまたわれわれがマスメディアの伝える情報を妄信することなく，それを批判的に検討することも重要である．

2．利益団体（圧力団体）

ところで，有権者のうちで職業に携わっている人は，自己の所属する企業や業界団体を組織して，中央の政界・官界に向かって自分たちの利益に有利な政治的決定を引き出そうとする．ここに，政治に関心をもつ集団としての利益集団，とりわけ人々が職業的な利益のもとに組織される**利益団体**が成立する．また，この利益団体が自らの利益を擁護もしくは推進するために議員・政党・官庁に働きかけを行う時，この団体は**圧力団体**となる．そして世論は，この利益団体（圧力団体）の活動によっても表明される．

利益団体は，選挙に際してある特定政党の候補者に対し資金援助を行い，また議会や行政に直接接触して利益の増進を図ろうとする（**ロビー活動**）．しかし，利益団体は，政権獲得の意志をもつ政党とは異なり，団体として政権獲得の意志をもってはおらず，選挙に際しても候補者を直接送り出すような表立った行動はとらない．また，利益団体は全国民的な利益ではなく特定の利益のみを代表している点で，政党と比べ閉鎖的な性質をもっている．

利益団体の活動は，選挙やマスメディアでは表現が不完全である世論を，より十全に表明する役割を果たしている．しかし，利益団体の活動が過度になれば，国民の公共的・全国的利益が利益団体の特殊利益よりも下位に位置づけられることもあり得る．利益団体の主張する要求が，必ずしも国民全体にとっての利益とはならないことに注意する必要がある．

3．日本の利益団体

わが国の利益団体には，日本医師会などの専門家団体，全国市長会などの地方団体のほかに，経済団体，労働団体，農業団体がある．

（1） 経済団体

　経済団体は，産業ごとに形成されている**業界団体**と，業界を横断・包括するような形で形成された**財界団体**の二つに分けられる（包括的な団体は**頂上団体**とも呼ばれる）．財界団体には，かつては経済団体連合会（経団連），日本経営者団体連盟（日経連），日本商工会議所（日商），経済同友会（同友会），そして関西経済団体連合会（関経連）の5つがあった．しかし，このうち経団連と日経連は2002（平成14）年5月に統合され，新たに日本経済団体連合会（日本経団連）として出発した．

（2） 労働団体

　労働団体は労働組合を柱としており，日本の場合，その基本単位は**企業別組合**である．そして企業別組合は**産業別組合**をつくっており，自動車業界でいえば，トヨタや日産などの各企業の組合が連合して全日本自動車産業労働組合総連合会（自動車総連）をつくっている．なお，労働団体（労働組合）の頂上団体は，1950（昭和25）年に日本労働組合総評議会（総評）が組織された後，分裂等を経て総評のほかに日本労働組合総同盟（同盟），中立労働組合連絡会議（中立労連），全国産業別労働組合連合（新産別）が組織されていた．その後，1987（昭和62）年に，民間の労働組合の新しい連合体として**日本労働組合総連合会**（連合）が組織され（同盟，中立労連，新産別は解散），1989（平成元）年には総評も解散された．現在は，連合のほかに，連合の労使協調路線に反発して組織された全国労働組合総連合（全労連），全国労働組合連絡協議会（全労協）がある．

（3） 農業団体

　農業団体の代表は**農業協同組合**（**農協**）である．農協には総合農協と専門農協の2種類があり，総合農協は各種の事業を兼営しているのに対して，専門農協は果樹や酪農など一定の作物に専門化している．また，どちらの農協にもおおむね市町村レヴェルに単位農協があり，総合的な単位農協は県単位で事業別の連合会を形成し，専門的な単位農協もこれとは別に県単位で連合会を形成している．さらに，連合会はそれぞれ全国組織をつくっており，総合農協の全国組織には全国農業協同組合中央会（全中），農林中央金庫（農林中金），共済連全国本部などがある．そしてこれらのすべての組織をまとめて農協あるいは

JA グループと呼ぶ．

4. 市民運動

　世論は市民団体の活動によっても表明される．利益団体はおもに特殊利益の実現を目指して活動するものであったが，市民団体はより公共的な利益の実現を目指して活動するものである．

　従来は一定の地域コミュニティに所属する住民同士が，地域共同の公共的利益を実現することを目指して組織される運動の形態が多かった．こうした運動を**住民運動**という．しかし，近年では地域住民の利益だけではなく，より広い範囲での公共利益の確保を目途とする運動も活発になってきている．こうした運動を**市民運動**といい，環境，福祉，女性問題，人権，まちづくりなど，公共の利益の実現を掲げた市民団体が国際，国内，地域社会で自発的な運動を展開している．

　また，最近では市民運動及びその団体の重要性が行政にも認識されはじめ，1998年には民間の**非営利組織（NPO）**の活動促進を目的とした**特定非営利活動促進法（NPO法）**が制定された．また，海外へ向けた市民運動団体の役割も重要になってきており，「草の根外交」とも言われる**非政府組織（NGO）**の活躍にも大きな期待が寄せられている．さらに，1999年には**情報公開法**が制定され，行政機関のもっているすべての情報の開示を請求することができる制度（開示請求権制度）が確立された．これにより，国民や市民運動団体は，役人が逸脱した行動をしているという情報を容易に得ることができ，国民の政治に対する監視の眼もまた一層強化されることになった．

　行政と市民運動及びその団体との積極的なパートナーシップの構築が模索されている現在，選挙，マスメディア，そして利益団体といった正統的・伝統的な世論表明のルートとともに，市民団体・市民運動の意義もまたますます大きくなっていくことだろう．

発展：無党派層

　一般に，支持する政党を持たない有権者の層のことを指し，支持（政党）なし層とも呼ばれる．この無党派層は近年増大の傾向にあり，有権者の政党離れ

は世界的にも広く見られる現象である．しかし，この無党派層をそのまま政治的無関心層に結びつけることは必ずしも妥当ではなく，実際には無党派層は政治的な争点によって投票を決める傾向が強い．なお，現在の日本の政治状況でも，この無党派層の躍進が大きな特徴となっている．

発展：政治参加と「ガバナンス」

　これからの政治・行政は，次の4つの要件を満たすことが求められる．すなわち，「透明性」（行政が外部に向かって行政に関わる多くの情報を公開し，政策の策定やその実施を進める過程をガラス張りにすること），「説明責任＝アカウンタビリティ」（行政の責任の所在を明らかにすること），「参加」（通常の政治や行政への市民参加に加え，政策が実施されてからも市民の関与を許すこと），そして「公平性」（行政の目標である市民の安全・幸福の保障の成果が市民の間に公平に浸透すること）である．これらを満たすように政府や自治体を従来と異なる新しい形に改めることができれば，中央政府が一手に「統治」を引き受けるような強力な管理組織社会＝「ガバメント」社会ではなく，中央政府が市民―自治体―NPO―企業の間の協力関係を生み出す調整機関となる社会＝「ガバナンス」社会が出現する．「協治」「共治」とも訳され得る「ガバナンス」の実現により，政府・自治体・企業・市民が，それぞれ同一の目線に立ち，足並みをそろえて社会問題の解決に当たる，という協調型政治の実現が期待されるのである．そのためにも，NGOやNPOの役割を重視し，政府や自治体に代わってそれらの団体に各種のサービスを委ねることが今後ますます求められる．

引用・参考文献
（1）　久米郁夫（他）『政治学』有斐閣，2003年
（2）　秋山和宏（他）『現代政治の理論と諸相』三和書籍，2002年
（3）　加藤秀治郎（他）『新版スタンダード政治学』芦書房，2001年
（4）　伊藤光利（他）『政治過程論』有斐閣，2000年
（5）　川人貞史（他）『現代の政党と選挙』有斐閣，2001年
（6）　三宅一郎『選挙制度変革と投票行動』木鐸社，2001年
（7）　村松岐夫（他）『戦後日本の圧力団体』東洋経済新報社，1986年
（8）　龍円恵喜二『日本政治過程論』北樹出版，1999年
（9）　内田満『政党・圧力団体・議会』早稲田大学出版部，2000年
（10）　中邨章『自治体主権のシナリオ』芦書房，2003年

第 5 章
現代社会と人権

第1節 新しい人権

　現代社会の進展や社会状況の変化により，日本国憲法が制定された時には想像されなかったような人権侵害の問題が発生している。社会情勢の推移や裁判などで争われ判例により，憲法には規定されていないが，解釈上認められるようになった権利のことを新しい人権という。新しい人権は，憲法にまだ明記されていないため，憲法上保障されうるかの問題がある。一般には，憲法13条「すべての国民は，個人として尊敬される。生命，自由及び幸福の追求に対する国民の権利については，公共の福祉に反しない限り，立法その他国政の上で最大の尊重を必要とする」の幸福の追求権を根拠としている。新しい人権として認められるためには，以下のような要件を満たしていることが必要とされている。個人の人格を形成していくうえで不可欠であること，国民において長い間基本的なものであること，多くの国民がしばしば行使できる普遍性を持つこと，その人権を行使しても他人の基本的人権を侵害する恐れが少ない公共的性格を有することなどである。

　新しい人権として認められているものとしては，環境権・プライバシーの権利・知る権利があり，ことにインターネットの発達によりプライバシーの権利や肖像権，知的所有権などの今までとは質的量的に異なる問題が発生している。また，外国人・障害者・少数者・ジェンダーなどの基本的な人権問題も以前にもまして重要問題となっている。

1. 環境権

　個人は大気・水・日照・静穏な自然環境・文化遺産などの良好な環境を享受

することができると主張できる権利である．安全で快適な環境を享受する権利とさらに，その環境を確保するために国や地方自治体に積極的に要求できる生存権的権利と，環境が破壊されようとしているとき環境に対する権利侵害の差し止め請求権である．人間らしい生活を維持するために不可欠な自然の恵みを享受する権利である「自然享有権」，生態系と共存することを求める「自然権」，そこから派生する「日照権」「眺望権」「入浜権」などの権利である．

　日本では，1960年代の公害訴訟のなかで憲法第13条（個人の尊重・幸福追求権）や，第25条（生存権）を根拠に主張されるようになったが，最高裁では憲法上の権利としては認められてはいない．

　また，1981年大阪空港公害訴訟の最高裁判決の流れを受けた2002年新横田基地騒音公害訴訟の東京地裁支部判決では，過去の損害賠償は認められたが，飛行差し止め請求は不適法とされた．

　世界的には欧米やアジア（韓国，インドネシア）などで環境権が規定されており，日本においても1997年に環境アセスメント（環境影響評価）法が制定されたものの，実質的な環境権の確立はまだまだである．具体的な項目として日照権・静穏権・嫌煙権などは権利としてほぼ定着した（裁判で認められるかは個々のケースにより異なる）が，入浜権・景観権及び動植物を含む環境全般に関してはその道のりは遠い．

2．プライバシーの権利

　人格権として，人の生命・身体・自由・名誉・氏名・信用などの人格的な利益を他人の侵害から保護される権利が認められている．

　1964年，三島由紀夫の小説「宴のあと」に対し，モデルとされた元外務大臣が出版社と著者に慰藉料と謝罪広告を請求した事件がある．東京地裁は初めて，「私生活をみだりに公開されない」としてプライバシーの権利を認めた．そして，プライバシーの権利としては，純然たる私生活，私事を他人の干渉や覗き見から保護する権利がある．これらの権利には自分の肖像（写真・絵画・彫刻）をみだりに他人から映されたり，使用されない権利である肖像権，人の人格的存在にかかわる重要な私的事項を公権力の介入や干渉なしに自律的に決定できる権利，人の名声に対する社会的評価（名誉）を侵害されない権利（名

誉毀損）が含まれる．

　2002年には，柳美里の小説「石に泳ぐ魚」の出版差し止め訴訟が起こった．表現の自由の保障とプライバシーの権利侵害との関係が争点となった．公的な立場にない女性の名誉・プライバシーが小説の出版により侵害され，精神的苦痛が増加する点から，単行本化や戯曲・映画化等の差し止めと慰謝料の支払いを認めた東京高裁判決を最高裁が支持した．最高裁が，芸術性や文学性が高い作品であっても，個人の人格的尊厳を侵してはならないとし，小説の出版差し止めを初めて認定した判決であった．

発展：知る権利

　国民が国政に関する情報を得ることができる権利を知る権利という．国家の制限を受けずに情報を得ることができるという自由権的な面と，国家が国民に情報を開示することを保障する社会権的な面を持つ権利である．

　1972年，沖縄返還交渉に関する極秘電信文が，衆議院外務委員会で暴露された．電信文を漏らした事務官とそれを入手した新聞記者が起訴された外務省公電漏えい事件では，この事件の取材方法は不適切であるが，国民の知る権利に奉仕する報道・取材の自由は尊重すべきと最高裁は判決を下した．

　1980年代から地方公共団体で情報公開制度による条例の制定がすすんだが，国の対応は遅れ，2001年4月に情報公開法が施行された．しかし，将来にわたり個人情報保護と絡んで公開内容・対象・方法など現実的な改善が常に必要である．

　知る権利が受け身であるのに対して，能動的な権利としてアクセス権が主張されている．市民がマスメディアを利用して意見を表明したり，反論したりできる権利であり，場合によってはマスメディアの表現の自由を制限することにもなる．

　1990年代後半から情報化のさらなる進展はインターネット時代をもたらした．これに伴う新しい人権問題が生まれた．容易に個人の映像が撮られたり，個人財産や生活状況などの記録がネット上で取得される問題が生じている．また，知的所有権・知的財産権の問題がIT技術の進歩により問題化し，その保護が重要性を増している．

第2節　情報化社会の諸問題

1. 情報化社会の登場

　現代の社会は，情報社会であるとよく言われる．情報社会または情報化社会という言葉は，1960年代後半のわが国においてはじめて登場した．情報（化）社会とは，現在もなお多義的に用いられるが，一般的には情報に対してモノやエネルギーと同等の，あるいはそれ以上の価値が付与され，情報の処理，利用，伝達通信などが社会システム的に高度に機能しているような社会である．情報化以前の社会と比べて，情報がほかのさまざまな社会システムを変換していく中心的な役割を果たすのであれば，その意味では，情報化社会はまさに脱産業社会とかポスト工業社会とか呼ばれるにふさわしいともいえるであろう．もちろん1960年代は，現在のような，高度な情報処理能力をもつコンピュータはまだ開発の緒についたばかりであり，情報端末機を手軽に接続して情報のやりとりが瞬時にできるネットワークも形成されていたわけでない．情報を伝達する主要な媒体は，新聞，雑誌，電信，電話，郵便，ラジオ，テレビ，などであった．そうした状況の下で「情報（化）社会」という言葉が発明され，今や世界的に認知される概念になっているのである．

　このような従来の，とくに近代技術が可能にした情報媒体の特性について再検討してみよう．たとえば新聞・雑誌などは，紙面を活字や写真によって，大量の情報を多数のひとびとに配信する能力をもっている．ラジオは音声を電波に乗せて同じく多くのひとに送信する．テレビは音声とともに動く画像を送ることができる．これらの媒体は，多数の者に，同時に，大量の情報を送ることができるのである．しかし情報の送り手と受け手が常に固定され片方向の通信しかできない．またラジオやテレビなどの情報媒体は，情報がアナログのまま処理されるため，伝達されるとき電波障害などの影響を受けやすいし，情報加工にも一工夫の技術が要求される．現在，情報の伝達・通信にはコンピュータがデジタル処理化した情報を全域に張り巡らされたネットワークを通じて可能になっており（いわゆるインターネット），しかもコンピュータは今や誰でも高性能のものを低価格で手に入れることができるし，インターネットの利用も長時間低価格で利用できるようになった．そのため，このインターネット通信

は，携帯電話による同機能付与とともに急激に普及し，個人からの情報発信がより自由に実効化されるようになったのである．

ところでインターネットは，従来型の情報媒体（メディア）と決定的にちがう特質がある．従来のそれが，文字なら新聞や雑誌，音声なら電話やラジオ，画像はテレビというように，多くが情報の表現方法に応じて情報媒体も固定され，マスメディアといわれる新聞や放送は一対多の関係で片方向通信という制約をもっていた．双方向が可能な媒体は電話や郵便に限られるが，電話は音声のみの一対一であり，郵便の双方向性には時間がかかる．この点，コンピュータとネットワークのセットで実現されるインターネット通信は，一対一，一対多，多対多，片方向，双方向，同期，非同期，のあらゆる形態が可能であり，情報の表現方法も文字，音声，画像（静止画・動画）などきわめて多彩である．さらにデジタル処理化された情報は，ほとんど劣化の心配もなく，また容易に複製，変更，削除，蓄積，検索等が可能になる．しかも，家庭にパソコンがありその扱い方を知っていればだれでも家のなかでこれらを行うことができるのである．このように，インターネットに典型的にみられる現代の情報媒体は，あきらかに従来型とは異なったまさにマルチメディアだといえる．

2. 情報化社会の特質とその可能性

インターネットは，現に市民生活そのものを変化させている．たとえば軽量小型化・多機能化に成功した携帯電話では，手軽にメールや映像の送受信をおこなえる．パソコンによってチャットやフォーラムと呼ばれる電子会議室や電子掲示板などを利用すればおしゃべりをするように意見交換もできる．またインターネットは，このような電子メールばかりでなく，商品の予約・購入などもおこなえるようになっている（電子商取引（eコマース））．また家電製品にマイクロコンピュータが装置されることで，近い将来さらに生活の利便性が高まるであろうともいわれる（ユビキタス情報社会）．テレビもデジタル放送が本格化し，双方向の通信が可能となると，インターネットの需要はますます高まってくるかもしれないのである．

マスメディアが発達することによって，それ以前は一握りの少数の者だけが特権的に握っていた情報が多くの一般市民に解放されることになった．しかし

情報の受け手はそのメディアを通して情報の発信源になることはほとんどなかったし，流された情報が真実かどうか確かめる術ももたなかった．インターネットが発展した社会ではこれまで情報の受け手ばかりであった者がたとえば自己のホームページを立ち上げることによって政府機関の検閲や審査を経ずに，容易に自己の意見や見解を発することも，また所定のサイトにアクセスして意見表明ができるようになる．しかも国内にとどまらず，外国に自己の情報を発信することも可能である．逆に外国で生じた事件についても現地の人の意見や見解をマスメディアを介さないで直接入手することができる．また政治的行動としても特定の政治現象に関して意見を述べることができる．もちろん政治・行政の面から電子政府や電子民主主義の可能性が検討され，すでに納税手続や住民票交付の申請手続きは一部問題を残しているが実現されているし，政府の有する情報についてもそれぞれのHPにアクセスすれば簡単に情報を得ることができる．議会や委員会の議事録や答申などもネット上に公開されているし，また，法律もネットを通じて簡単にその内容を知ることができる．しかも法案の段階でさえそれに対する個人的な意見を政府に伝えることができるようになった．さらに国民代表を選ぶ選挙において仮に電子投票のシステムができあがれば，在宅投票も可能だし，地方自治に関する住民投票も瞬時にして各有権者の意思表明を集計することもできる．これらは，投票原理に違背しないよう技術的にもまた法制度的にクリアしなければならない問題点も多くあるが，すでに地方選挙においては電子投票の実験的な試みがなされている．

　また経済的な局面をみると，電子商取引の利用から，小売販売店までおもむいて店員と顔と顔を見合わせて売買契約を締結して，商品の引き渡しを受け代金を支払うという構図ばかりではなくなった．旅の情報もホテルの予約もインターネットを通しておこなえるし，株式情報や就職情報もインターネットで入手して自己の判断の用に供することができる．取引の決済は，電子マネーによって決済すること（電子決済）もすでに始まっている．またネットバンキング・電子バンクによる送金方法もある．そればかりではない．これまでの商取引では，企業が生産した商品を消費者が購入するというパターンであった．電子商取引では，もちろんオンライン・ショッピングにみられるようにその形態が多いのだが，消費者が常に購入者というばかりではなく，消費者が企業に対

して商取引を敢行することもできる．また消費者どうしがインターネットのサイトで運営されるオークションによって売買が可能になる．仕事の面でも，少人数の事務所で大掛かりなビジネスも可能だし，またわざわざ会社・職場まで足を運ばなくても自宅で可能となる（SOHO）．さらに次のようなこともできるようになる．消費者が現に欲しい製品を直接企業に伝え，それに応えて生産できれば，企業は在庫の心配がなくなる．しかもその企業から直送で消費者に届けられれば，現在のような複雑で仲介過程が何重もありコストがかかる流通システムにたいして大きな変動を与え，流通過程のあちこちにおいて中抜き現象が生じうるのである（流通革命）．

　このように情報化社会は，経済，政治，法制度，文化などさまざまな領域にまで影響がおよび，人々の社会意識や価値観にも大きな変化を与えるだろうと予測されている．この意味で，これからの情報（化）社会は，まさにIT（Information Technology，情報技術）による社会変革をともなうものであり，これまでの人類が経験した農業革命，産業革命に匹敵する第3の革命（IT革命）だといわれることもある．周知のように，産業革命は，蒸気機関，その後の内燃機関の発明により（動力革命），モノの生産性が飛躍的に向上したばかりでなく，経済や政治制度などの社会の諸システムに対して地殻変動を余儀なくさせた．これからの情報化は，こうした社会的変動の契機に匹敵するというのである．もちろんこの捉え方には批判もある．これまで以上に情報に対する価値が高まることは事実だとしても，市民生活や産業経済の基盤においてそんなに大きな変化を期待することは楽観にすぎ，情報化社会といっても従来の産業社会を成熟化させるだけのものであって，その本質や構造は変わらないという慎重な捉え方もできるのである．いずれにしても情報化社会は入口にたったばかりであり，これからの社会的変化に対しては理性的な冷静な観察と判断が要求されるというべきであろう．

3. 情報化社会の課題

　情報化社会は，だれもが容易に情報を発信できかつアクセスできるなど，自由平等に，また気軽に，コンピュータやインターネットを利用できることが生命線である．しかしまだ完全にそのような状況になっているわけでない．イン

ターネットによる通信・表現は，相手の顔も名前も住所も性別も年齢もわからず，またこちらの素性も相手に伝えられているわけでない（匿名性）．インターネットのこの特性に乗じた悪質な不正行為や犯罪行為も増加し，また違法・有害情報も氾濫し，本当に必要な情報の所在がわかりにくくなっている．また一方で，コンピュータに蓄積されている情報そのものに対しての不正アクセスや，またクラッキングのような情報の攪乱や破壊行為もある．さらにサイバーテロのような恐怖もないわけでない．

　社会が高度な情報化を迎え，社会状況が変わっていくのであれば，社会にはそれに対処するためにセキュリティの確保や適正なルール作りが要請される．インターネット利用をめぐっては情報通信の基盤や法制度のあり方も含め，さまざまな多くの問題を抱え込んでいるといわなければならない．すでに電子商取引に関しては，注文した商品とちがったものが送られる，注文もしていないのに商品が発送される，あるいは商品を送ったのに代金が支払われない，などのように，商取引そのものを危機に陥れるような被害が報告されている．ネットバンキングにいたっては知らぬ間に誰かによって預金を引き落とされるという事件も多く発生している．こうしたインターネットにひそむ影の面をきちんと認識して，たとえば電子署名・電子認証などについて，制度的にまた技術的にそのセキュリティ問題を確実に解消できなければ，情報化社会は空虚で信頼できないものにすぎなくなる．

　これまで情報化社会に対する取組みについて世界的な状況をみると，アメリカでは1993年に全米情報基盤（NII：National Information Infrastructure）行動計画が公表され，インターネットの普及が米国の政府政策になり，その翌年にはインターネットのビジネス利用実験が本格的に開始した．諸外国も比較的早くこの潮流に乗った．わが国の場合，本格的に着手されるのはすこし遅れ，2000年7月に，政府（森内閣）に「IT戦略本部」が設置され，IT立国を目指してIT戦略会議が発足した．同会議において，①高速の情報通信インフラの整備，②電子商取引の促進と制度整備，③電子政府の実現，④情報リテラシの向上などの諸課題が検討され，「IT基本戦略」が取りまとめられた．同年11月19日，「高度情報通信ネットワーク社会形成基本法」が制定され，IT社会実現に向けて本格的に作動するようになった．これら検討課題のなか

でとくに情報インフラと情報リテラシの2つの問題に注目してみよう．高度な情報化社会においては誰もが自由に情報通信を利用できるためにはこの問題をクリアしなければならないからである．

インターネットによる情報の通信伝達は，現在多くは銅線の既設電話回線を利用している．しかしこの方式だと情報の処理容量が限られ，より高度で高速の処理のためには別のものに代えるべき時期にきている．近い将来，情報通信専用の光ファイバによる基幹通信網が完備されて，全国のどこでも，同じ条件でかつ低価格でインターネットが楽しめるようにならなければならない．わが国は道路や港湾，上下水道など産業基盤をささえるインフラにおいて都市部と地方とのあいだで格差が大きい．情報流通におけるインフラ整備もこのような地方格差を生まないようにしなければならないであろう．

またたとえ情報インフラが整備されたとしても，パソコンやインターネットを使える知識がなければ情報化社会はたちゆかない．この操作に高度複雑な技術を要求するようでは多くの人がインターネット社会を享受できない．携帯電話による電子メールが普及したのもその使い勝手のよさに負うところが多い．使い勝手のよいハードが開発される一方で，情報端末機を操作するのに必要な基本的な知識や技能がすべてのひとに共有されなければならないのである．コンピュータを使えるように幼い頃からの家庭学習も重要だが，たとえば学校などの公的な教育機関がインターネット社会で必要な知識等を身につけさせるようなシステムが必要である．またそうしなければ，まさに使える者と使えない者に二極化されうる．使えない者は，情報化社会の恩恵を受けられなくなって，場合によれば，個人間に大きな能力格差・所得格差を生み出す要因になる．政府としてはこのような情報格差（デジタル・デバイド）を解消するため，情報リテラシの向上に努める必要があるといえよう．

第3節　情報化社会と人権

1. 表現活動と人権

情報化社会は，前節のような諸種の課題をかかえながらも，実際われわれの社会生活にはかりしれない大きな利便性や快適さをもたらし，同時に，これか

らの社会においてもさらに促進される大きな可能性をもつ．だれもが一定の条件をクリアすれば，情報の発信主体になり，表現・意見表明が自由にできるようになる．個人的な所感や意見の表明から，芸術的表現，学問研究の公表，宗教的教義や信仰，または政治に関する表現にいたるまで，インターネットを通して実現できる．これは永年多くの人びとが願い，かつ近代社会が理想とした自由な表現手段を個人が手に入れたことを意味するであろう．

　憲法はさまざまな権利・自由を保障している．人権は憲法に明文で個別的に列挙された伝統的な人権ばかりでなく，近年の憲法の解釈ではプライバシーや知る権利などの新しい人権を保障するとされ，その一部は最高裁によっても承認されている．情報化社会は，表現の自由や国民の知る権利，政治への参加のように，憲法で保障されるこうした権利・自由をより強く実効化する機会や場を提供した．しかしながらその反面，そうした自由の拡張が，プライバシー侵害や個人情報の流出にみられるように，以前にまして人権が危機にさらされる状況をも飛躍的に増大させた．すなわち，表現の自由さが別の権利・自由を侵害する危険性の増大と，情報蓄積や情報変動（情報の流通，変更，削除，アクセスなどの諸問題）にみられる本人の情報コントロールの喪失，困難さの2つが考えられる．

　インターネットは，個人的な知己に電子メールを送る場合などを別に，通常，情報通信には身元があかされない秘密性・匿名性があって自由に表現することが可能となる．これが個人の自由な意見表明にとって何の足かせもなく安心して行うのに有効な方法なのである．この匿名性は，心理的な理由のほかに，憲法上保障される通信の秘密によっても裏付けられる．通信の内容はもちろんのこと，発信人の名前や住所，電話番号，発信場所，発信時間などの個人情報はあきらかにされないのである．インターネットにおいては表現の自由と一体になって，通信の秘密や検閲からの自由が保障されていなければならない（ネットワーク基本法においても，民間主導によるインターネット発展の必要性が確認されている）．インターネットの意見表明や意見交換の場として，電子会議室（電子フォーラム），掲示板，HPなどがあるが，そこではネット利用者はその人の顔，声，名前，性別，年齢，住所，職業，など個人の識別に関する情報は隠される．ネット利用者は，顔を見せないで，性別を変え，本名と

は異なるハンドル名を使い，人格を使い分けながら，交信することができるのである．もっとも個人を識別できないことは，伝達される情報に信頼性や権威性が付与されないことも意味する．しかしネット利用者はそれを知りながら，あるいはそれゆえにネット世界をたのしむのである．ネットの世界はまさに現実の諸制約から解放されたサイバースペース（仮想空間，電脳空間）であり，ひとが自由に活動できる場と化すのである．

　しかしながらこのような仮想空間において実際人権侵害の危機が高まっているし，現実に人権侵害の事件が報告されている．たとえば，大手のプロバイダが主催する電子フォーラムにおいて，意見表明の過程で参加者のひとりが別の参加者の名誉を毀損する事件がおこり，その被害者は，同発信人，システムオペレーター，及びプロバイダに対して損害賠償を請求した著名な事件がある（ニフティ事件）．この事件に典型的にみられるように，仮想空間といっても，意見の衝突や見解の相違から，相手の人格を攻撃，誹謗，中傷する事態もないわけではないのである．HP上の掲示板においても，HP運営者個人を攻撃し人格をひどく傷つける言葉が書き込まれたり，他人のプライバシーを暴露することもおこなわれる．これらは，被害者の身元がわかっている場合もあればわからない場合もあるが，発信人の個人情報はほとんどの場合いっさいわからない．ニフティ事件判決においても確認されたように，名誉やプライバシーを侵害する表現が書き込まれていても，チェックすることは事実上不可能である．仮に事前チェックを義務付けて被害を防止するようにしても，インターネットの最大の利点である自由な意見表明，表現の自由が萎縮されかねないというジレンマを抱えている．

　また，コンピュータソフトの開発がますます盛んにおこなわれ，生活の利便性や趣味娯楽の多様性に貢献できるが，たとえば音楽や映像などネットを通じて個人間で自由に交換できるソフトが登場すると，端的に著作権侵害の可能性が問題とされ，事実，著作権侵害の訴訟が起こされている．また自己の個人的なHPに映画や雑誌のスチール写真を取り込んで掲載しても同じように著作権問題が生じる．さらに表現に関しては，性差別，少数民族・人種に対する差別表現もある．わいせつな情報の過度な流通もあり，判断能力が未熟な青少年への影響も大きい．自由な表現・情報通信の場であるインターネットは，表現

による別の権利・自由の侵害を呼び起こす危険性と常に隣り合わせであることに留意しなければならないであろう．なお，このような名誉毀損や著作権侵害について，2003年にプロバイダなどの特定電気通信役務提供者を一定の条件で免責する「プロバイダ責任限定法」が制定された．

2. 個人情報のコントロール問題

　情報化社会のもうひとつ解決しなければならない重要な検討課題に言及しよう．情報のデジタル化は電子政府の実現や電子商取引の可能性を引き出した．政府や民間施設は，大量に個人情報を保有し，見覚えのない企業からダイレクトメールが届いたり，電話がかかってきたりする．本人の知らないあいだに本人の個人情報が流れているのである．金融機関であれば，顧客の名前，住所，電話番号などのほか，与信情報をもっている．これらの情報をほかの金融機関が入手することも多く，これらの情報をもとに顧客に資金融通やクレジットカード発行の判断材料に利用する．もし誤って個人情報が伝えられた場合，利用者は思わぬ不利益を受けることがある．

　さらに一片の情報と情報が結合したときに，その人物の全体像が丸裸になる怖れも十分にあるといわなければならい．名前や電話番号，住所などの個人を識別する情報は，それだけではそんなに大きなプライバシー問題を引き起こさなくとも，別の個人情報を結合したときにたとえば，職業，職歴，収入，学歴，財産状況，与信状況や破産歴，生活記録，結婚歴，病歴，前科や補導歴などの情報にヒットするような懸念を抱えるものである．個人情報のなかにはひとに知られたくないような情報も多いのに，まさに高度情報化社会はそのような危険性を現実的に抱え込んだ社会でもある．

　どのような企業や団体が個人情報を把捉したのか，把捉された個人情報を政府や企業等がどのように管理しているのか，情報主体の知らないところで売りに出されたり，目的外に使用されたりしないか，あるいは蓄積された情報に本人がアクセスできるのかどうか，これらは情報主体となる個々の者がきちんと把握されていなければならない問題であろう．とくにさまざまな権限をもっている政府が個人情報をどのように管理しているかが重大な問題になるだろう．これらの個人情報について，重要なことは，情報の各主体（とくに個人）が自

己の情報についてアクセスできて，保有された情報がどのような内容かを正確に確認把握できること，その情報が間違っていたり知らない間に取得された情報であれば修正や削除を請求できること，情報の目的外使用についての防止またはチェックができることなど，制度的な保障が必要である．つまり自己の情報に関してどれだけ情報コントロールができるかどうかである．政府機関や企業等の民間施設にはこれまでの情報の膨大な蓄積があるし，政府機関ではすでに住民基本台帳ネットワークが開始している．政府は，高度情報化社会におけるプライバシー保護，行政サービスの向上の必要性から，法の整備を急ぎ，2002年に住民基本台帳法の改正，2003年に個人情報保護関連法（「個人情報の保護に関する法律」，「行政機関の保有する個人情報の保護に関する法律」など）を制定し，情報化社会に対応できるようにした．また，地方自治体レベルで制定されていた情報公開についてもようやく1999年に情報公開法（「行政機関の保有する情報の公開に関する法律」）を制定し，2001年4月から施行されるようになった．個人のプライバシー等保護に十分な法の整備・運用がなされているか，今後の重要な検討課題だといえよう．

参考文献
（1） 村井純『インターネットII―次世代への扉―』岩波新書，1998年
（2） 西垣通『IT革命―ネット社会のゆくえ―』岩波新書，2001年
（3） 平尾俊郎『二十年後―くらしの未来図』新潮新書，2004年
（4） 髙橋和之・松井茂記編『インターネットと法［第三版］』有斐閣，2004年

第6章

国際社会と日本

第1節 国 際 法

1. 国家論

現在までに数多くの国家が現れ，国家の分類，研究が行われてきたが，国家と認められるための要件としては，①領域，②文化，言語，人種等に基づく一体感を持った国民，③統治機構，つまり政府が存在することがあげられる．この要件を満たしたものが，国際法上，国家として権利，義務を持つ．国際社会においては，近代以後，主権国家が長らく国際社会において重要な単位として活動してきた．

しかし，多国籍企業の出現をはじめとする経済的な側面での国際的な緊密化，これに加えて，インターネットの拡大が進み，国家間の経済統合さらにはEU（欧州連合）のように政治的な統合までを目指す機構が現れると個々の国家の役割は減少してきた．他方，東西冷戦終結後，国家内部の少数民族等の自治拡大要求が強まって一部の人々が，国家よりも小さな地域に対して帰属意識を持つ傾向も現れた．また，内戦等に巻き込まれた人々の救済，難民に対する支援等の現場において，NGO等の非政府機関が大きな役割を果たし，国際会議もNGOの情報提供なしには進まないといった場合さえ出てきた．このような状況の中で，主権国家は，影が薄くなり，改めてその存在意義が問われるようになった．

とはいえ，NGOは，会議において議決権を与えられているわけではなく，決定に関わっているのは相変わらず主権国家である．また，平時において権限を行使して人権を保護し，あるいは，環境問題に取り組み，必要な資金提供をする責任を負っているのはやはり主権国家である．国家以外の存在の果たす役

割が，国際社会，国内社会において大きくなったことは否めないにしても，主権国家は，依然として重要な1つの単位である．

2. 国際社会と国際法

　国際法は，国際社会において主として国家間，そして国際機構，ごく限られた範囲で個人の関係に適用される法であって，国際社会の構造の影響が大きい．まず，国際社会には，国会のような立法機関が存在しないため構成員自身が法を作ることになる．また，国内社会の政府に当たる機関はないので，法を実際に適用していくのも国際社会の構成員である．司法についても，紛争の一方の当事者の訴えに対し，裁判所の判断で裁判を始められる強制管轄権を持つ裁判所はない．国際紛争の司法的解決は，解決方法の1つに過ぎず，両当事者間に裁判についての合意ができて初めて裁判が行われるのである．

3. 国際法の成立

　古代に国家間の関係を規律する法，たとえば条約が存在した以上，古代にも国際法は存在した，つまり古代国際法が考えられるとする説もある．しかし，一般的には，ドイツの30年戦争（1618〜48）を終結させるためのウエストファリア講和会議で採択され，当時のヨーロッパの主要な国が加盟した**ウエストファリア条約**成立以後，つまり近代国際社会が成立した後に体系化された，**近代国際法**成立をもって国際法成立と考えられている．近代ヨーロッパには，ローマ教皇，神聖ローマ帝国皇帝等の権威を打ち破って国家主権，独立，自由をとなえる多くの国家が出現したが，これらの国にとって新たな秩序の形成，そしてそのための規範が必要であった．その時期の国際法形成にとっては，**普遍性**を持つと考えられていた自然法，ローマ法が有用であった．また，地中海の海上法に関する**慣習**をまとめた「コンソラート・デル・マーレ」や13世紀，イタリア都市国家間に現れた「常駐使節」の制度等，国際間の慣習も熟成し始めていた．さらに，絶対主義国家からなる社会にあっては，国際法学者の意見が比較的実行されやすかったこと等が近代国際法の成立の要因となっている．

　もっとも，ヨーロッパを基盤とした近代国際法の規範に対して，非ヨーロッパ発展途上国の中には，その形成にかかわっていない規範の拘束力を疑問視す

る見解もある．近代国際法の形成に貢献した国際法学者としては，「戦争と平和の法」，「自由海論」を著わし，国際法の父と呼ばれるオランダの**グロチウス**（H. Grotius, 1583-1645），スペインのビトリア（F. Vitoria, C. 1480-1546），スアレス（F. Suárez, 1548-1617），アヤラ（B. Ayala, 1548-1584），イタリアのゲンチリス（A. Gentilis, 1552-1608），イギリスのズーチ（R. Zouche, 1590-1660）の外，領海着弾距離説の祖であるバインケルスフーク（C. Bynkershoek, 1673-1743），国際法の基本原則の体系化を行ったといわれるスイスのバッテル（E. Vattel, 1714-1767）等がいる．

4．国際法の法源
（1） **国際慣習法**（customary international law）

国際慣習法は，一定の場合に，多くの国家が一定の行動をとるという国際慣行の存在が前提とされる．この事実に加え，諸国間にそのような行動をとらなければならないとの信念が存在することが必要である．この信念を法的信念と言う．**法的信念**を持つ国家の割合などは明確ではなく，国際社会において影響力を持つ国家を含む大多数の国家の信念をもって足りるとされる．国際慣習法は世界中の全ての国家を拘束する．つまり，効力の普遍性という長所がある．もっとも，国際慣習法形成過程の最初から反対の意思表示をし続けた国家については例外とされる．他方，国際慣習法は，客観的には必ずしも明確でない「法的信念」という要件が，国際慣習法の存否の問題に付随すること，規範の内容が，特に細部に関して不明確であること等の短所を持つ．

（2） **条約**（treaty）

条約は，国家間の**合意**であり，基本的には条約加盟国間でのみ適用される．条約は，必ずしもその形式にこだわらないので，国家間の交換公文も条約に含められ得る．条約につけられる名称としては，条約，協約，協定，規約，憲章，規程，取極，議定書，宣言などがある．また，条約を内容から立法条約と契約条約とに分類し，前者は，多数の国家が，共通の目標を達成するための条約，後者は，諸国家間の利害を調整するための条約とすることがある．国際慣習法の法典化（条約化）の試みは，既に1930年，国際連盟主催によってハーグで開催されており，国際連合においても国際法委員会で法典化作業が継続さ

れ，その成果も上がっている．条約は明確性という長所の反面，条約非加盟国には効力が及ばないという短所を持っている．もっとも，大多数の国家が加盟した条約については，この短所がかなりカバーされる．また，強行規範（ユス・コーゲンス）の考え方は，規範の拘束力を全ての国に及ぼす可能性をもつ．

5. 国際法の変遷

近代国際法も時の経過と共に種々の分野において重要な変化を遂げている．

（1） 戦争法と人道法

18世紀後半以後，戦争原因の正，不正を問わない**無差別戦争観**が支配的になり，交戦法規と中立法規の発展が見られた．1899年，1907年と2回にわたるハーグ平和会議では，戦闘手段を規制する種々の条約が作られ，1949年のジュネーブ条約は，人道的観点からこれらの条約を内戦に適用する道を開いた．その後，化学兵器禁止条約，生物毒素兵器禁止条約，特定通常兵器使用禁止制限条約等兵器の制限に関する条約の他，ジェノサイド条約，難民条約等武力紛争犠牲者の救済に関する条約等が現れ，また，国際刑事裁判所（2002年，国際刑事裁判所規程発効）が設置されるなどこの分野の充実が進められている．

一方，戦争の開始に関する法（jus ad bellum）については，第2回ハーグ平和会議で締結された「契約上の債務回収のためにする兵力使用の制限に関する条約」（通称ポーター条約）による戦争の部分的な制限に始まり，国際連盟規約にも取り入れられた戦争の発生を一定期間遅らせるモラトリアムの考え方，自衛や制裁は別として，国際紛争解決のために行う戦争の合法性を否定する**不戦条約**（1929年発効），そして**国連憲章**によって，武力行使，武力による威嚇等を禁止する慣習法は確立したと言われている．

（2） 人権の保障

人権，人種差別そして自決権を原因とする国内紛争等を国連諸機関が取り上げた際に，当事国が援用したのが国内管轄事項であるとの主張であった．これに対する国連関与の正当化のための主張が，「**国際関心事項**」の主張であり，人道，平和に及ぼす影響を理由とするものであった．1948年の世界人権宣言

の採択をはじめ，国家に人権・自決権の尊重と差別撤廃について法的義務を課した国際人権規約（A規約，B規約共に1976年発効），人種差別撤廃条約（1969年発効）等多くの宣言，条約が採択され，成立した．ヨーロッパ，アメリカ，アフリカにおいては地域的人権条約が締結されているが，それらの条約の実施に当たる機関の権限が次第に強化され，通報権者の範囲の拡大も進み，これら条約の実効性が高まる傾向が見られる．

（3） 開発と環境

環境権は，平和への権利と並んで新たな種類の人権（第3世代の人権）ともいわれているが，1974年国連総会で採択された**新国際経済秩序（NIEO）樹立宣言**の例もあるように発展途上国にとって，発展の権利は譲ることのできない権利である．1981年アフリカ人権憲章（バンジュール憲章），1986年の国連総会決議も「発展の権利」に言及している．環境問題としては，既に1941年，トレイル溶鉱所事件の仲裁裁判所が自国工場の排出したばい煙により他国に発生した被害に対する損害賠償責任を認めた件がある．環境破壊が進む1972年に採択された**ストックホルム人間環境宣言**は，全般的な環境保護に関するもので画期的なものであった．なお，懸案の環境保全と発展途上国の発展との調整については，「持続可能な発展」という考え方が最近の指導的な理念になっている．地球温暖化防止に取り組む気候変動枠組条約の削減目標の数字を決めた**京都議定書**（1997年）の実行には多くの困難が存在している．また，先進諸国の排出した有害廃棄物の発展途上国への移送の問題があり，その移動，処分を規制するバーゼル条約（1989年）が締結されている．さらに，より進んだ考え方として環境汚染の予防という考え方を取り入れた条約も現れている．

発展：強行規範（ユスコーゲンス）

条約法条約第53条は，強行規範を，「国際社会全体によって逸脱が許されない規範として受け入れ，認められる規範」と定義し，「締約の時に強行規範に抵触する条約は，無効である」とする．国連国際法委員会のコメンタリーには，「侵略戦争，ジェノサイド，海賊行為および奴隷売買を禁止する規則は強行規範である」との合意がある．強行規範は，個別国家の利益をこえる国際社会の共通利益の尊重を基礎としており，環境問題等においては重要である．ただし，現実には，何がユスコーゲンスに該当するかの問題は解決されておらず，自国

に都合のよいように強行規範概念を持ち出す国がないとも限らない．したがって，国際社会における議論と経験を積むことによってその明確化を図ることが有用である．

参考文献
（1）　杉原高嶺他「現代国際法講義」第2版　有斐閣，1999年
（2）　松井芳郎「国際法から世界を見る」第2版　東信堂，2004年
（3）　西井正弘編「図説国際法」有斐閣ブックス，1998年
（4）　横田洋三編「国際法入門」有斐閣アルマ，1996年

第2節　国際連合

1．国際連合の成立と目的

国際連合は1945年10月に正式に発足し，そのときの加盟国は51カ国であったが，現在の加盟国数は191カ国に増えた（191番目の加盟国は，2002年9月に加盟した東ティモール）．第2次世界大戦中から，国際平和を維持し得なかった国際連盟にかわる新たな国際機構を設立する構想があり，1945年4月から6月にかけて行われたサンフランシスコ会議で**国際連合（国連）憲章**が起草されて6月26日に調印され，同年10月24日国連憲章が発効し，国連が正式に発足した．国際連合は**国際連盟**と同じように，**集団安全保障**の考え方によって運営されている．

2．国際連合の組織

国連の主要機関として，総会，安全保障理事会，経済社会理事会，信託統治理事会，国際司法裁判所，事務局の6機関がある．

（1）　総会

全加盟国で構成され，各加盟国は1票の投票権を持ち，決定は，出席し投票する加盟国の過半数で行われるが，重要事項に関しては，3分の2の多数決で行われる．総会では，広く国際連合憲章の範囲内にある問題を討議し，加盟国と安全保障理事会に対して勧告を行うことができる．

（2） 安全保障理事会

　安全保障理事会は，国際の平和と安全の維持について主要な責任を負う機関であり，実質的には国連のもっとも重要な機関であるといえ，すべての加盟国は，安全保障理事会の決定に拘束されることになる．その主な任務は，紛争当事者に対して，紛争を平和的手段に基づいて解決するための要請や適当と認める解決条件を勧告すること，紛争による事態の悪化を防ぐために，必要または望ましい暫定措置に従うよう当事者に要請すること，平和に対する脅威，平和の破壊または侵略行為の存在を判断し，平和と安全の維持と回復のために勧告を行うこと，経済制裁などの非軍事的強制措置および軍事的強制措置を決定することなどである．安全保障理事会の構成国は，中国，フランス，ロシア，イギリス，アメリカの5つの**常任理事国**と，任期2年の**非常任理事国** 10 カ国である．理事国はそれぞれ1票を持ち，実質事項の決定には常任理事国全5カ国を含む9カ国の賛成が必要であり，常任理事国は**拒否権**を発動できる仕組みになっている．これは，国連の目指す平和の実現が集団安全保障に基づいているからである．また，手続き事項の決定には少なくとも9カ国の賛成が必要である．

　国連は，2005年に創設60周年を迎える．60年の間に，加盟国数は約4倍に増え，国際社会も大きく変ぼうした．そこで，現在，国連では，高度に複雑化した現代国際社会に相応した国連組織のあり方を模索中である．とくに，安全保障理事会の構成に関しては，かなり以前から，国際社会の姿を正しく反映していないとの批判があり，現在の国連加盟国数を考慮しながら，常任理事国と

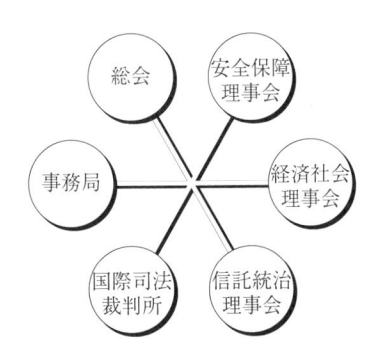

図 6-1　国際連合機構図 (1)（国連広報センター HP より）

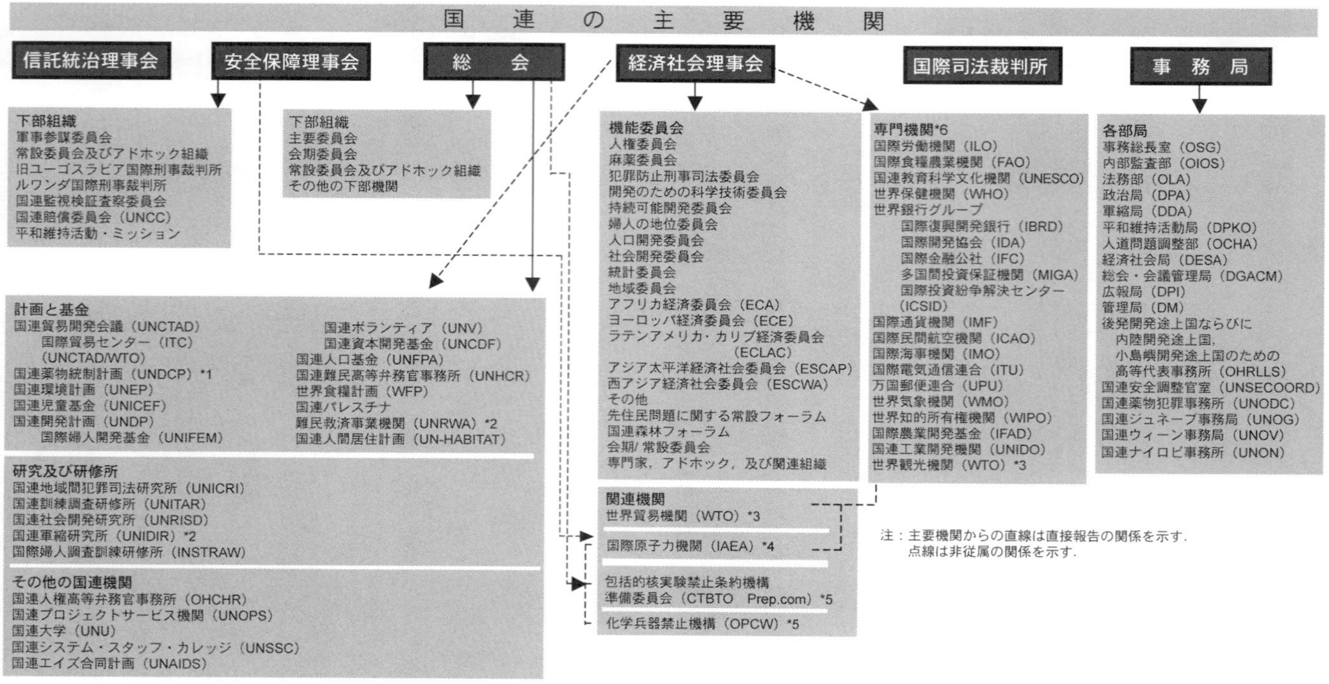

100　第6章　国際社会と日本

国連の主要機関

信託統治理事会

下部組織
- 軍事参謀委員会
- 常設委員会及びアドホック組織
- 旧ユーゴスラビア国際刑事裁判所
- ルワンダ国際刑事裁判所
- 国連監視検証査察委員会(UNMOVIC)
- 国連賠償委員会
- 平和維持活動・ミッション

安全保障理事会

下部組織
- 主要委員会
- 会期委員会及びアドホック組織
- 常設委員会及びその他の下部機関

総会

計画と基金
- 国連貿易開発会議 (UNCTAD)
  - 国際貿易センター (ITC) (UNCTAD/WTO)
- 国連薬物統制計画 (UNDCP) *1
- 国連環境計画 (UNEP)
- 国連児童基金 (UNICEF)
- 国連開発計画 (UNDP)
  - 国連開発基金 (UNIFEM)
  - 国連ボランティア (UNV)
  - 国連資本開発基金 (UNCDF)
- 国連人口基金 (UNFPA)
- 国連難民高等弁務官事務所 (UNHCR)
- 世界食糧計画 (WFP)
- 国連パレスチナ難民救済事業機関 (UNRWA) *2
- 国連人間居住計画 (UN-HABITAT)

研究及び研修所
- 国連地域間犯罪司法研究所 (UNICRI)
- 国連訓練調査研修所 (UNITAR)
- 国連社会開発研究所 (UNRISD) *2
- 国連軍縮研究所 (UNIDIR) *2
- 国際婦人調査訓練研修所 (INSTRAW)

その他の国連機関
- 国連人権高等弁務官事務所 (OHCHR)
- 国連プロジェクトサービス機関 (UNOPS)
- 国連大学 (UNU)
- 国連システム・スタッフ・カレッジ (UNSSC)
- 国連エイズ合同計画 (UNAIDS)

経済社会理事会

機能委員会
- 人権委員会
- 麻薬委員会
- 犯罪防止刑事司法委員会
- 開発のための科学技術委員会
- 持続可能な開発委員会
- 婦人の地位委員会
- 人口開発委員会
- 社会開発委員会
- 統計委員会

地域委員会
- アフリカ経済委員会 (ECA)
- ヨーロッパ経済委員会 (ECE)
- ラテンアメリカ・カリブ経済委員会 (ECLAC)
- アジア太平洋経済社会委員会 (ESCAP)
- 西アジア経済社会委員会 (ESCWA)

その他
- 先住民問題に関する常設フォーラム
- 国連森林フォーラム
- 会期・常設委員会
- 専門家、アドホック、及び関連組織

関連機関
- 世界貿易機関 (WTO) *3
- 国際原子力機関 (IAEA) *4
- 包括的核実験禁止条約準備委員会 (CTBTO Prep.Com) *5
- 化学兵器禁止機関 (OPCW) *5

国際司法裁判所

専門機関 *6
- 国際労働機関 (ILO)
- 国際連合食糧農業機関 (FAO)
- 国連教育科学文化機関 (UNESCO)
- 世界保健機関 (WHO)
- 世界銀行グループ
  - 国際復興開発銀行 (IBRD)
  - 国際開発協会 (IDA)
  - 国際金融公社 (IFC)
  - 多国間投資保証機関 (MIGA)
  - 国際投資紛争解決センター (ICSID)
- 国際通貨基金 (IMF)
- 国際民間航空機関 (ICAO)
- 国際海事機関 (IMO)
- 国際電気通信連合 (ITU)
- 万国郵便連合 (UPU)
- 世界気象機関 (WMO)
- 世界知的所有権機関 (WIPO)
- 国際農業開発基金 (IFAD)
- 国連工業開発機関 (UNIDO)
- 世界観光機関 (WTO) *3

事務局

各部局
- 事務総長室 (OSG)
- 内部監査部 (OIOS)
- 法務部 (OLA)
- 政治部 (DPA)
- 軍縮局 (DDA)
- 平和維持活動局 (DPKO)
- 人道問題調整部 (OCHA)
- 経済社会局 (DESA)
- 総会・会議管理局 (DGACM)
- 広報局 (DPI)
- 管理局 (DM)
- 後発開発途上国、内陸開発途上国、小島嶼国のための高等代表事務所 (OHRLLS)
- 国連安全保障官室 (UNSECOORD)
- 国連薬物犯罪事務所 (UNODC)
- 国連ジュネーブ事務局 (UNOG)
- 国連ウィーン事務局 (UNOV)
- 国連ナイロビ事務局 (UNON)

注：主要機関からの直線は直接報告の関係を示す。
点線は非従属の関係を示す。

*1 国連薬物統制計画 (UNDCP) は国連薬物犯罪事務所 (UNODC) の一部です。*2 UNRWA及びUNIDIRは総会に対してのみ報告。*3 世界貿易機関と世界観光機関は同じ略語を使用。*4 IAEAは安全保障理事会と総会に対して報告。*5 CTBTO Prep.ComとOPCWは総会に対して報告。*6 専門機関は国連と関係し、政府間レベルでは経済社会理事会の調整機能を通じて、また、事務局間レベルでは国連機関事務局長調整委員会 (CEB) を通じて、それぞれが互いに協力する自治組織である。

図 6-2　国際連合機構図 (2)（国連広報センター HP http://www.unic.or.jp/know/pdf/organize.pdf 参照）

非常任理事国の数をどの程度増やすか，増やすとすれば新しい常任理事国はどのように選出するか，また拒否権の扱いはどうするかなどの問題が検討されている．

これまでも日本政府は，たびたび常任理事国入りの意思を表明しており，2004年には，川口外務大臣の諮問機関である「国連改革に関する有識者懇談会」が，安全保障理事会の常任理事国の増加に関して「常任理事国に非核保有国を加えることが国連の正当性を高める」と提言した．

（3） 経済社会理事会

経済社会理事会は経済，社会，文化等の諸問題を取り扱い，その任務の範囲は非常に広い．最も重要な任務は，経済社会理事会において取り扱う問題について，研究や報告を行い勧告することである．総会によって選ばれた54の理事国で構成され，任期は3年である．

（4） 信託統治理事会

国連は，その創設時に，第1次世界大戦後の委任統治領と第2次世界大戦後旧枢軸国から分離された地域を特別の保護下において信託統治地域とし，自立のための援助をしてきた．この理事会の構成国は，安全保障理事会の常任理事国である．アメリカの信託統治下にあった最後の信託統治地域パラオが1994年に独立したため，その活動を実質的に終えることになった．

（5） 国際司法裁判所

国際司法裁判所は，国連の主要な司法機関であり，オランダのハーグに置かれている．総会と安全保障理事会によって選出された国籍の異なる15名の裁判官によって組織されており，判決を下すには9名の裁判官の同意が必要である．これまでも，国際司法裁判所は，国際紛争の解決に貢献してきた．

（6） 事務局

事務局は，事務総長と職員で構成され，彼らは国際公務員として国連に対してのみ責任を負う．国連加盟国に国際公務員業務の特殊性を尊重させるため，事務総長と職員に**特権と免除**を認めている．

3．その他の機関

国連に連結した機関として，14の**専門機関**と呼ばれる組織がある．専門機

関は政府間の協定に基づいて設けられた機関であり，保健，農業，郵政，気象など，さまざまな分野で活動している．主なものとして，国際労働機関（ILO），国際食料農業機関（FAO），国連教育科学文化機関（UNESCO），世界保健機関（WHO），国際通貨基金（IMF），国際電気通信連合（ITU），万国郵便連合（UPU），世界知的財産権機関（WIPO）等がある．また，直接国連とは関係していないが，多数の国が参加している国際機関として世界貿易機関（WTO）や国際原子力機関（IAEA）などがあり，さらに，広い分野の仕事をしている経済社会理事会とともに重要な役割を担っている民間組織である**非政府組織（NGO）**の活躍も見逃せない．

4. 平和維持活動（PKO）

　国連憲章にはPKOに関する規定は設けられていない．戦後の東西冷戦の中で，常任理事国が拒否権を発動して国連憲章第7章に定める集団安全保障制度が機能しない状況が続いたため，PKOは，国連が世界各地の紛争地域における平和維持または回復をはかる手段として設けられた．停戦合意の成立後，紛争当事者の間に立って，停戦や軍の撤退の監視等を行うことにより事態の沈静化や紛争の再発防止を図り，紛争当事者による対話を通じた紛争解決を支援することを目的とし，国際の平和と安全を維持するための活動として発展してきた．

　PKOは大きく分けると，原則として派遣国の指名する非武装の将校からなる軍事監視団と，各国の提供する部隊を国連が統括する平和維持軍（PKF）による活動に分けられる．ここでいうPKFは，国連憲章第7章に定められている軍事的強制措置のために用いられる国連軍とは異なる．冷戦終結以降は，紛争解決における国連の役割が見直され，国連の対応を必要とする紛争の大部分が，国際紛争から，国内紛争や国内紛争と国際紛争の混合型へと変化して，PKOもさまざまな任務を担当することになった．これまでの任務以外に，選挙，文民警察，人権問題，難民支援から行政事務や復興開発まで，多くの分野における活動がPKOの任務に加えられてきており，文民警察や政務官などの文民の果たす役割が増大している．

　日本では，PKO協力法施行後，国連カンボジア暫定機構、国連モザンビー

ク活動，国連東ティモール暫定行政機構などに自衛隊員を含めた要員を派遣してきた．

発展：国際連合の課題

加盟国の分担金滞納問題：2004～2005年における国連の通常予算額は，約31億6000万ドル程度であり，その予算額に対する主要国の分担率は，アメリカ22.000％，日本19.468％，ドイツ8.662％，イギリス6.127％，フランス6.030％となっている（2006年も同様の分担率が適用されることになっている）．国連は，経済的に，けっして豊かであるとはいえず，また，2001年末現在，国連加盟国の分担金滞納額は22億ドルにもなっており，かなり深刻な問題となっている．分担金の滞納額が最も大きいのは，国連職員の数が加盟国中最大であるアメリカであり，2001年末現在，アメリカの滞納額は8億7,100万ドルにのぼっている．その一方で，日本の場合は，率先して分担金を支払っているにもかかわらず，国連職員に占める日本人の割合はきわめて少ないといえる．

分担率は各国のGDPに比例するように決められているが，上限を設けてある．国連では，3年に1度，分担率見直しを実施し，2001年からアメリカに適用される通常予算の分担率の上限が25％から22％に引き下げられた．

くわえて，国連では，通常予算の他に平和維持活動などにも莫大な経費がかかるが，現在，必要な費用を確保できない状態が続いている．このような財政的な事情により，国連は，国際社会おいて十分にその使命を果たすことができないでいる．

参考文献
（1） 国際連合広報センター発行「国連へようこそ」2004年
（2） 『国際条約集2004』有斐閣，2004年
（3） 筒井若水編集代表『国際法辞典』有斐閣，1998年

第3節　冷戦終結と21世紀の国際社会

2001年9月11日，ハイジャックした航空機で米国の経済・軍事中枢を自爆攻撃した**9.11テロ**は世界を震撼させた．21世紀の衝撃的な幕開けであった．米国ブッシュ政権はイスラム原理主義組織のテロと断定し，犯人を匿ったとしてアフガニスタンを軍事攻撃し，タリバン政権を崩壊させた．さらに米国は国

際社会の強い反対も押し切って，2003年大量破壊兵器疑惑を口実に**イラク戦争**を強行し，フセイン政権を崩壊させた．しかしその後米軍のイラク占領統治は混迷し，中東情勢は再びテロと報復攻撃の泥沼化の様相を呈している．

振り返れば20世紀はイデオロギー対立と戦争の世紀だった．植民地争奪の侵略戦争が世界大戦にまで拡大し，全体主義政党が巨大な国家権力を握り，無数の生命や自由が奪われ脅威にさらされた悲劇の時代であった．第2次世界大戦では約5,600万人の生命が犠牲となった．他方，20世紀は科学技術と工業生産力・物質的豊かさが飛躍的に拡大した時代でもあった．また全世界の一体化が急速に進展し，国際的相互依存が高まった時代でもあった．

1989年**ベルリンの壁崩壊**，**東欧共産政権崩壊**，1991年末**ソ連解体消滅**により，第2次大戦後の世界を支配した**東西冷戦**は劇的な終焉を迎えた．しかし冷戦後の世界は，民族対立による地域紛争など，新たな国際紛争の展開を見せている．戦後体制から21世紀の新秩序への歴史的転換期として位置づけられる現在，世界の構造が大きく変化している．21世紀はいかなる時代になるのか．21世紀の世界的潮流をとらえる主要な視点を考察していこう．

1．グローバリゼーション

経済活動のグローバル化・ボーダレス化が急速に進展し，商品・資金・情報・人間の交流は国境を越えて拡がっている．貿易・投資を通じて各国経済は緊密な相互依存関係で結ばれ，市場経済は世界的に拡大し一体化しつつある．この背景に**情報通信技術（IT）**を基軸とする飛躍的な技術革新がある．インターネットによる情報通信ネットワークが形成され，国境を越えてリアルタイムの情報交流や電子商取引が可能となった．世界経済は連鎖し，巨大な投機資金が金融情報に即応してグローバルな市場経済を瞬時に駆け巡る．中国やアジア新興地域が外資導入で怒濤の如く工業化に向かい，旧共産国も市場経済化して，**大競争時代**が始まった．大量の低賃金労働力が生み出した安価な輸入品が先進国に流入し，価格破壊をもたらしてデフレ要因となっている．

市場経済の普遍化は世界の均質化を促進し，グローバルスタンダード（世界標準）に基づくシステムが競争の前提とされる．米国はグローバル市場競争の勝者として繁栄を謳歌している．1997年のアジア通貨危機が瞬時に各国に伝

播したように，市場は脆弱な経済に売り圧力を及ぼし，政府や中央銀行をも圧倒する．市場原理の貫徹により弱肉強食が徹底し，海外生産移転で国内産業が空洞化し，リストラで失業者が増え，貧富の格差が拡大してゆく．米国主導のグローバリゼーションへの反発や文化的軋轢が各国で生じている．

2. 国家の変容・地域統合

　これまで国際関係は**主権国家**の相互関係，特に大国間の国益が絡む**パワーポリティックス（権力政治）**から分析されてきた．冷戦時代は米ソ超大国の核抑止力のバランスが機能したが，冷戦が終結しソ連が消滅した現在，米国は比類無い軍事力を誇る"唯一の超大国"となった．しかし大国間の核戦争の危機は遠のいたものの，テロやサイバー攻撃など非対称的脅威が高まっている．紛争の性質が変化し，これまでの国家中心の見方では理解不能な事態が増えている．現在の国際社会は民族集団・多国籍企業・投資家集団など非国家主体の利害や影響を無視できない．経済的要因に加えて社会的・文化的要因が政治的・軍事的な変動を引き起こす側面が強まっている．地域的経済統合の進展も国家のあり方に影響を与えている．典型的な主権国家たる西欧諸国家が EU 統合へ向かったように，主権国家の性格・機能が大きく変質し相対化しつつある．

　1993 年統一市場を発足させた **EU（欧州連合）**は，1999 年欧州単一通貨ユーロの導入で通貨統合にまで進み，2002 年ユーロ紙幣の流通も開始した．2004 年中・東欧諸国の加盟も実現して，加盟国 25 カ国，総人口 4 億 5 千万人に増え，さらに拡大しようとしている．かつて対立した国々が，戦争の惨禍を繰り返すまいとの信念に基づき，"一つのヨーロッパ"に向けて共通の外交安全保障政策をも目指している．

3. 民族紛争

　冷戦後，EU 統合のように国家が経済協力の必要からより大きな単位へ統合に向かう傾向の一方で，逆に民族対立から国家が分裂に向かう傾向も見られる．
　5 つの民族と 6 つの共和国から成り立っていた旧ユーゴスラビア連邦では，1990 年代民族主義運動の激化で国家は分裂し，他民族に対するジェノサイド（集団殺害）を伴う泥沼の内戦に至った．この**ボスニア紛争・コソボ紛争**は極

端な民族主義が統合体としての国家を解体させた多民族国家の悲劇である．民族のアイデンティティの強まりが，従来の国民国家の解体につながっている．

ソ連解体後の旧ソ連領域でも**チェチェン紛争**など民族紛争がたえない．

ナショナリズム（**民族主義**）の歴史は古く根深い．多民族国家において少数民族が言語・宗教・文化的慣習などの面で強制的同化政策や差別偏見・迫害をうけたり，少数民族がこれに強硬に抵抗しテロに訴えるなど，泥沼化するケースは今も多く存在する．地域紛争は戦闘地域と生活の場に境界がなく戦闘は住民を巻き込む殺戮となる．第2次大戦後も各地で地域紛争が頻発し，3千万に及ぶ人々が死亡した．犠牲者の多くが老人・女性・子どもなど民間人である．

政治的迫害や戦火で生まれ故郷を離れ，住居も職業も失って流浪する**難民**が増大している．民族対立から内戦になると大量の難民や国内避難民が生じる．1970年代以降インドシナ・アフガニスタン・アフリカ・旧ユーゴスラビアなどの内戦で難民は激増し，1990年代には世界で3千万人以上にのぼった．

ハーバード大学のハンチントン教授（S.P.Huntington, 1927- ）はその著『文明の衝突』で，現代の主要諸文明を，西欧文明・儒教（中国）文明・日本文明・イスラム文明・ヒンズー文明・スラブ文明・ラテンアメリカ文明・アフリカ文明の8類型に分類し，イスラム文明や儒教（中国）文明を西欧文明の普遍的価値と異質な価値体系とみなして，冷戦後世界の国々は文化によって政治的にグループ分けされ，東西イデオロギー対立にかわり，文化的断層を基盤とする"文明の衝突"が国際紛争の形態となる，と衝撃的な学説を展開した．

冷戦後の民族紛争の頻発やイスラム原理主義組織の反米テロなどは彼の学説を裏づけるかのようである．しかしだからこそ異文化を敵視するのではなく，異文化との対話・交流や相互理解を通じて，多様な文化の共存の上に国際平和を築く寛容な精神態度こそが今まさに求められているのではないだろうか．

4．自由・人権・民主主義

戦後の東西対立を政治体制における「自由民主主義」対「共産主義」，経済体制における「資本主義市場経済」対「社会主義計画経済」という図式でとらえるならば，ソ連東欧共産圏の崩壊は共産党一党独裁の政治体制の破綻であり，生産効率の低い官僚主義的統制経済の破綻であった．秘密警察が国民を管

理統制し自由を抑圧した閉鎖的な全体主義体制が最後には国民の非暴力抵抗によって打倒されたことは，個人の精神的自由や人身の自由は国家権力の侵すべからざる不可侵の権利であるという人類普遍の原理が再確認されたことを意味する．これこそがファシズムと共産主義の脅威によって無数の生命と自由が奪われた20世紀の歴史的犠牲の上に成り立つかけがえのない遺産なのである．

18世紀の社会契約説に基づく自由権や近代デモクラシーの原理は欧米諸国で市民革命を経て制度化された．20世紀には国民の福祉や教育の充実を国家に義務づける社会権も採り入れられた．21世紀グローバル化の時代において国際人権保障や地球デモクラシーをさらに世界中に拡大させねばならない．

国連は「**世界人権宣言**」(1948)や「**国際人権規約**」(1966)の採択をはじめ，「**難民条約**」(1951)，「**人種差別撤廃条約**」(1965)，「**女子差別撤廃条約**」(1979)，「**子どもの権利条約**」(1989)などを締結し，国際人権保障を推進してきた．UNICEF(国連児童基金)，UNESCO(国連教育科学文化機関)，UNHCR(国連難民高等弁務官事務所)などの国連機関や各種のNGO(非政府組織)を通じて，世界の人権擁護のために日夜努力がなされている．

5．南北問題・人口問題

欧米や日本など**先進工業国**(北)とアジア・アフリカ・南アメリカなどの**発展途上国**(南)との間には，1人当り国民所得・栄養摂取量・就学率・識字率・幼児死亡率・平均寿命など，さまざまな点で巨大な格差が存在している．1960年代以降この問題の深刻さが認識され，**南北問題**とよばれた．発展途上国の多くはかつてヨーロッパ諸国に植民地支配されてきた地域であり，植民地時代に工業原料の供給地にされ，モノカルチャー経済構造が形成されて，戦後独立した後も経済的自立は困難だった．1964年**UNCTAD**(**国連貿易開発会議**)が設立され，特恵関税や援助拡大などの対策を打ち出した．1970年代以降，中東産油国は富裕化し，韓国・台湾など**NIES**(**新興工業経済地域**)を先頭に東南アジア諸国が経済成長に向かった．とくに中国は近年沿海部を中心に経済発展が著しく，変貌を遂げつつある．他方，南米諸国は対外債務が累積し，また中・南部アフリカ諸国など約50カ国にも及ぶ**LDC**(**後発発展途上国**)はますます窮乏化し飢餓が恒常化している．このようにかつての後進地域

間でも二極分化が鮮明になっている（**南南問題**）．

　人口問題は南北問題と密接に結びついている．現代の先進工業国（北）では出生率が低下する反面，平均寿命が伸び，**少子化・高齢化**で若年層の税負担増や年金制度の破綻が社会問題化している．発展途上国（南）では今も人口が増大している．世界人口は1950年に約25億人（北8億・南17億）であったが，2000年には約60億人（北12億・南48億）へ50年間で約2.5倍に激増した．2025年には約80億人（北12億・南68億）にものぼると推計される．1990年代世界人口は毎年8千万人以上も増加した．途上国の人口増加は貧困・食料不足との悪循環をもたらす．現在世界約60億人の内40億人以上が1日2ドル以下の水準で生活している．途上国では都市に大量の人口が流入して，スラム街がふくらむ形で大都市化が進み，路上生活のホームレスやストリートチルドレンも増大している．

6. 核問題

　1945年8月広島・長崎の原爆は女性や子どもを含む数十万人の罪なき民間人を殺戮し，都市は一瞬にして廃墟と化した．生き残った者もケロイドや白血病に生涯苦しんで死んでいった．究極の無差別殺戮兵器の誕生である．

　戦後は米ソ核開発競争が繰り広げられ，1962年のキューバ危機は核戦争寸前まで緊迫した．1963年米英ソで**部分的核実験禁止条約**が，1968年**核不拡散条約（NPT）**が締結された．1979年ソ連のアフガニスタン侵攻で東西関係は再び悪化し，レーガン米大統領はSDI（戦略防衛構想）を推進した．しかし1985年からゴルバチョフソ連書記長のペレストロイカ（改革）・グラスノスチ（情報公開）・新思考外交という改革路線によって緊張緩和に向かい，1987年米ソで**中距離核戦力（INF）全廃条約**が成立した．1989年ベルリンの壁が崩壊し，東欧諸国で共産政権が倒れ，1991年ソ連も解体消滅し，戦後半世紀にわたる東西冷戦・米ソ核対立は遂に終焉したのであった．

　冷戦時代は米ソ対立の下にも核抑止力のバランスたる「恐怖の均衡」が機能していた．冷戦後は米ソ核戦争の危機が遠のき，焦点は核拡散の問題に移った．1995年核不拡散条約（NPT）が無期限延長され，1996年**包括的核実験禁止条約（CTBT）**が国連総会で採択された矢先，1998年にカシミール紛争で

対立するインドとパキスタンが相次いで核実験を強行した．米国ブッシュ政権はCTBTも拒絶し，9.11テロ後の2002年には，実際の核兵器使用や先制攻撃も辞さぬ核態勢見直しや国家安全保障戦略を打ち出した．

　大国の核独占たるNPT体制は元来矛盾を内包していたが，核保有国の増大，民族対立による偶発的核戦争，テロリストの大量破壊兵器保有の危険性など，核拡散は全人類の深刻な脅威となっている．核兵器や生物・化学兵器など無差別殺戮の大量破壊兵器を廃絶することは，人類にとって猶予なき課題である．

第4節　国際社会と日本

1．近代日本の歩みと戦争

　明治維新以降の近代日本は「富国強兵」「殖産興業」を国家目標とし，国家主導で急速な工業化・軍事強国へと邁進した．貧しい小作農や低賃金労働者が多数を占め国内市場が狭かった日本は，軍需工業を中心に発達し，朝鮮・中国の植民地支配をめざした．大日本帝国の歩みは日清戦争・日露戦争・第1次世界大戦と戦争の連続であった．

　1930年代（昭和初期），日本は軍部支配の下で中国への侵略戦争に乗り出し泥沼化してゆく．1939年欧州で第2次世界大戦が勃発する中で，日本はナチスドイツと軍事同盟を結び，1941年米国を攻撃し**太平洋戦争**に突入した．天皇制軍国主義による侵略戦争は数千万人もの生命を奪ったあげく，1945年8月，原爆・敗戦という悲惨な破局へと日本を導いたのであった．

2．戦後日本の歩み

　敗戦後の1946年11月，国民主権・基本的人権・平和主義を3大原理とする**日本国憲法**が公布され，日本は非武装平和を国是に生まれ変わり再出発した．しかしまもなく1950年**朝鮮戦争**が起こり，憲法の平和主義の理想は危機的現実に直面する．この時創設された警察予備隊は，保安隊を経て1954年**自衛隊**に改組される．1951年**サンフランシスコ講和条約**が締結され独立を回復したが，同時に**日米安全保障条約**を結んで米軍駐留継続と基地提供を約し，日本は米国陣営の一員としての立場を歩むことになる．

1960年安保条約の改定が国民的反対運動を押し切って強行採決された．日米共同対処義務が明記され，米軍が起こした戦争に日本が巻き込まれる危険性が懸念されたが，政府は事前協議を理由に危険性を否定した．「作らず・持たず・持ち込ませず」の**非核三原則**も実際厳守されたのか疑問視されている．**ベトナム戦争**（1965-73）で沖縄の米軍基地が使用され，日本は米国の軍事戦略に組み込まれた．かつて日本が軍事侵略した中国とは，1972年ニクソン訪中後の田中訪中・**日中国交正常化**まで国交が途絶えたままだった．

他方，1950・60年代，冷戦構造の下で日本は経済一筋に邁進し，重工業を発展させ輸出主導で**高度経済成長**を遂げた．1970年代の**オイルショック**ものりこえ，1985年には世界最大の貿易黒字国・債権国となり，文字通り経済大国に躍進を遂げた．同年の**プラザ合意**以降，急激な円高で巨額の余剰資金が生じ，株式や土地への投機が加熱して株価や地価が暴騰した（**バブル発生**）．しかし1990年代一転して株価や地価は暴落し（**バブル崩壊**），銀行は巨額の不良債権をかかえ，金融システム不安の中で景気も長期低迷し失業者も激増した．かつて勤勉な国民性で敗戦から奇跡の復興を成し遂げた日本は，経済大国になった現在かえって目標を見失い，道徳的退廃が顕著になり，教育水準も低下し，貧富の格差が拡がり，治安も悪化して，社会には閉塞感が漂っている．

3. 冷戦後の安全保障問題

冷戦終結でソ連の脅威が消滅し，自衛隊や日米安全保障体制の存在意義も問い直されるべき局面を迎えた．1991年の**湾岸戦争**で日本は多国籍軍に多額の戦費を拠出した．日本の国際貢献のあり方について世論が二分する中で，1992年**国連平和維持活動（PKO）協力法**が成立し，PKOへの自衛隊の海外派遣が認められ，カンボジアの選挙監視などに派遣された．1995年沖縄で米兵の少女暴行事件で米軍基地反対運動が広まる中，日米両政府は1996年日米安保共同宣言を発表し，日米安保体制をアジア・太平洋地域の安定と繁栄の基礎と再定義した．1997年**日米防衛協力指針（新ガイドライン）**を打ち出して，日本周辺地域で有事の際の物資輸送など米軍への後方支援を確認し，日米共同対処行動の拡大に合意した．これに基づいて1999年周辺事態法などガイドライン関連法を制定した．2001年9・11テロの後，2003年世界各国で暴力や戦争へ

の反対が叫ばれる中，小泉内閣は米国のイラク軍事攻撃を支持し，ブッシュ政権の協力要請に応じて米国占領統治下のイラクに自衛隊を派遣した．また武力攻撃事態対処法など有事法制関連法を制定した．

　有事立法や自衛隊の海外派遣・集団的自衛権の行使は，憲法第9条の平和主義と相反する危険性が強い．他方，北朝鮮の核開発・軍事的脅威など，アジアには不安定要因がいまだに多いのも現実である．無差別テロへの対応も含めて，安全保障・危機管理体制のあり方が根底から問い直されている．

4. 21世紀の世界と日本

「われらは，平和を維持し，専制と隷従，圧迫と偏狭を地上から永遠に除去しようと努めている国際社会において，名誉ある地位を占めたいと思う．われらは，全世界の国民が，ひとしく恐怖と欠乏から免れ，平和のうちに生存する権利を有することを確認する．」（日本国憲法前文）

　現代世界には多くの矛盾が山積している．アフリカなど途上国は飢餓に苦しみ，予防可能な病気や栄養不良で毎年1,200万人以上の子どもが死んでいる．地域紛争も頻発している．1990年代紛争のために200万人もの子どもが殺された．戦争・飢餓・人権侵害など生命・自由・権利に対する脅威に対し，世界の人々が力を合わせ平和と人権を拡げてゆかねばならない．国際貢献のあり方は多様であり，日本には非軍事貢献こそが求められている．日本国憲法の平和主義は決して一国平和主義ではない．世界平和や人類の幸福への貢献こそが，かつて戦争で多くの人命を失い，被爆・敗戦の悲劇から平和国家として再出発した日本に課された使命なのである．

参考文献
（1）　サミュエル・ハンチントン，鈴木主税訳『文明の衝突』集英社，1998年
（2）　ジョセフ・ナイ，田中明彦訳『国際紛争　理論と歴史』有斐閣，2002年
（3）　ボブ・ウッドワード，伏見威蕃訳『攻撃計画　ブッシュのイラク戦争』
　　　 日本経済新聞社，2004年
（4）　武者小路公秀『転換期の国際政治』岩波新書，1996年
（5）　浅井基文『集団的自衛権と日本国憲法』集英社新書，2002年
（6）　藤原帰一（編）『テロ後　世界はどう変わったか』岩波新書，2002年
（7）　憲法再生フォーラム（編）『有事法制批判』岩波新書，2003年

（8） 川崎哲『核拡散』岩波新書，2003 年
（9） 髙橋和夫（監）『アメリカが描く新・世界地図』青春出版社，2003 年
（10） 西川潤『世界経済入門　第三版』岩波新書，2004 年

第II部　経済部門

　　第II部では経済学を勉強する．最初に現代の資本主義経済体制がどのように形成されたかについて学習するとともに，かつては資本主義経済体制と競合する立場にあった社会主義経済体制についても学習する．次いで資本主義経済の本質である市場と価格機構について学ぶ．しかし，現代社会の経済活動は必ずしも需要・供給の関係のみではなく，国家が大幅に介入している．その柱が金融政策，財政政策である．それらによって経済はどのように調整・コントロールされているのか，それぞれの政策とメカニズムを学ぶ．

　　経済の基本原理を理解した後で，日本における資本主義の形成過程，さらに現在の日本経済の現状を考察し，あわせて問題点とその解決策を探る．本書では経済学の一環として労働問題と福祉問題についても学習するが，これは同時に法の問題でもあり，政治問題，社会問題でもある．

　　現代の世界経済は緊密な相互依存の関係にあり，一国で生じた経済問題は直ちに他国の経済に波及し，ひいては世界経済に影響を及ぼす．そこで第II部の最後で国際経済について多角的な角度から国際経済が抱えている問題を扱う．そして経済学の新たな分野でもある環境経済学で現在の環境問題に対する経済学の取り組み，及び経済学の変化について学ぶ．本書の締めくくりとして政治学・経済学にとどまらず全ての学問の共通課題とでもいえる環境問題の本質を考え，本書のはしがきで述べた科学技術と人間の在り方を考える．

第7章
経済の発達と経済体制

第1節　経済の基本的概念

1. 経済（あるいは経済生活）とは何か

　第一に，経済生活とは，財貨（有形の商品）や貨幣を中心として人間集団と人間集団とが取り結んでいく集団的・社会的な関係であり，消費（単なる個人的消費と生産的消費の双方を含む）を媒介にして，生産・交換・分配の行程が絶えることなく反復・循環する性質をもつ仕組みである．経済の仕組みや組織の総体は個人個人から独立した生き物であり，客観的なそれ自体の法則にしたがって動く．経済の仕組みや組織を支配する法則は，われわれの眼には見えず，価格や貨幣などのベールでおおわれている．経済学という学問の役割は，貨幣や価格などのベールの仮装をはぎ取って，経済を支配する法則をつかみ出すところにある．その意味で，経済学は一種の解剖学である．第二に，人々の経済活動は常に特定の制度の中で行われていて，制度が異なると経済活動の営まれ方も異なってくる．生産資源は稀少であるからどのような社会の下でも，生産資源を消費する経済活動はなんらかの制度的枠組みによって秩序づけられなければならない．制度的枠組みによる経済活動の秩序づけの仕方を，経済体制という．第三に，現代の資本主義社会の経済生活では，すべての生産物は最初から販売を目的とする商品として生産される．生産物が商品になると，一定の価格が付けられて流通界に投げ出され，貨幣を使って売買されるようになる．商品が流通するようになると，商品が流通する度に新しい経済主体が経済の舞台に呼び出され，たちまち人間と人間との関係が無限に拡がっていく．このようにして形成された人間集団の中のそれぞれの個人は，それぞれ固有の利害を持った社会層として，互いに結びついていく．第四に，経済とは，少ない

費用で多くの効用を達成しようとする個々人の金銭の出し入れの技術や，資金の流れを上手に操作して最初の資金の量を何倍にも増やす商人的な貨殖のテクニックのことをいうのではない．現代の経済の真の内容を成すものは，商品としての生産物を中心として結ばれていく人間集団と人間集団との，社会階層と社会階層との社会関係であり，商品の生産・交換・消費・生産……というように尽きることのない再生産・循環が作り上げていく人間の社会的つながりの総体である．

2．市場経済とその功罪
（1） 市場経済または市場システムのプラスの側面

　財貨やサービス（無形の商品）を売りたい人たちとそれらを買いたい人たちが出会って取引する場を，または，財貨・サービスに対する需要と供給が対面する土俵を，市場という．政府の介入をできるだけ排除し，市場の自由競争の原則にまかせる経済を，市場経済という．

　市場経済の機構が持つ第一の意義は，それが経済各部門を結びつける情報伝達網・流通のはたらきをする点にある．経済部門のどこで何がどのくらい必要であるかという情報・消費者側から社会的にしかも自由に発せられた情報を受け取るや否や，生産者側は社会の本当の必要に応じて生産を行う．生産の成果は，再び前述の情報伝達網を通して社会全体に流通・分配させられていく．以上述べたように，市場経済の機構は，人間の循環器系統が人間の身体の中で果しているのと同一性格の役割を経済の中で果している．市場経済の機構が持つ第二の意義は，それが生産者側に，経済的関係での「『創造の自由』―新しい商品を新しい方法で造りだし，それを創意をもって売り出す自由―」を，不十分な形ではあっても「保証している」点にある．

　以上検討してきたように，市場経済の機構は，生産者に大きな刺激・動機を与えて多種多様の新製品を創らせたり，できるだけ効率的な生産方法を考えださせたり，消費者が必要とする商品やサービスを必死になって供給させたりする力を持っている．この偉大な力を持つ市場経済の機構は，分業―多くの段階に分けられた生産行程の中のそれぞれの作業行程を多くの労働者が分担して製品を完成させる生産性の高い生産方法―や，貨幣―経済的取引を効率的に行わ

せたり，富を貯蔵する役割を果たしたり，交換される商品の価値を評価したり，交換手段として機能する特別な財貨—と並んで，人類の従来の歴史が行ってきた3つの偉大な発明の中の1つである．

（2） 市場システムのマイナスの側面

　市場経済または市場システムは人間の歴史がこれまで開発してきた最も複雑で精巧な社会の仕組みの中の1つであるけれども，市場システムを手放しで信奉することは正しくない．このように言うのは，市場システムが弱肉強食の論理を持ち，所得の不平等・貧困等の社会問題を引き起こすからという理由によるのではない．確かに，市場システムの持つ弱肉強食の論理は，市場システムのマイナスの側面をもっとも典型的に表現する．だが，ここでは，市場システムのマイナスの側面を，上記の論理とは異なる視点から考えてみたい．

　前項の（1）で述べたように，市場システムは生産者に商品創造の自由を認めている．このことは，商品購入者に対して大きな損害や不利益を与える商品，その意味で「望ましくない商品」または「負の商品」を生産する自由が，生産者に認められていることを意味する．たとえば，世界では現在，アヘン・モルヒネ・コカイン等の麻薬が，社会の人々の目に触れない所で大量に生産され取引されている．麻薬の違法な取引によって得られた年間約300億ドル（日本円で約4兆円）に達する巨額な利益（2000年頃のアメリカの麻薬取り締まり局の調査）は，ほとんどの場合，暴力団や国際犯罪組織の資金源となっている．麻薬の常習者・中毒者の増大は，一国の健全な発展を妨げる最悪の要因の1つである．ここにみたかぎりでも，麻薬は，人間の人格と社会を蝕む「望ましくない商品」の典型的な一例である．

3. 商品の使用価値と交換価値

　18世紀後半，世界で最初に資本主義体制を建設した国はイギリスである．この時期に活躍したイギリスの経済学者アダム・スミス（Adam Smith, 1723-90年）は，その主著『諸国民の富』（『国富論』，1776年出版）の第1編第4章の中で，一般にその内容を「ダイヤモンドと水のパラドックス」と理解されている考えを述べている．スミスのこの考えの要旨は以下のとおりである．

　「財貨」は，それが人間にとって有用であり，「効用（utility）」を持つという

意味の「使用価値（value in use）」と，「財貨」の「所有がもたらす」他の「財貨」を「購買する力」という意味の「交換価値（value in ekchange）」という，2つの異なる意味の「価値（value）」すなわち値打ちを持つ．水は人間にとってそれなしには生命を保てないほど必要不可欠で「最大の使用価値」を持つ「財貨」である．他方，装飾品としてのダイヤモンドは，人間にとって「ほとんどまたはまったく使用価値をもたない」．ところが，人々は水に対してほとんど金銭を支払わないのに，ダイヤモンドに対しては多くの金銭を支払う．「ダイヤモンドは使用価値が小さいのに交換価値が高く，水は使用価値が大きいのに交換価値が小さい．」この事実を，「いわゆる水とダイヤモンドの逆説」という．

4．限界効用と総効用
（1） 限界効用

ある一定量の財貨（これは，有形の商品・「物質的財」のみでなく，無形の商品としての「有用な人間的行為」＝サービスをも含む）がこの財貨を消費するある特定の1個人の欲望を満足させる程度を，この財貨の「効用」という．消費者が1つの財貨を順順に1単位ずつ消費するという場合に，財貨のこれら追加の1単位がもたらす「効用」の大きさはどのように変化するであろうか．消費される財貨を1単位ずつ追加していくと，追加した財貨の1単位によって達成される「効用」（これを「限界効用（marginal utility）」という）は，次第に減少していく．この経験的事実を，「限界効用逓減の法則（law of diminishing marginal utilities）」という．

（2） 「限界効用」と「総効用」の区別

財貨の全体の量によって達成される「効用」を「全体効用」または「総効用」という．前項3で提示したアダム・スミス『国富論』が提起する「ダイヤモンドと水のパラドックス」という問題を，ここで改めて考えてみることにしよう．「ダイヤモンドは使用価値が小さいのに交換価値が高く，水は使用価値が大きいのに交換価値が小さい．その理由は一体何であるのか」．この問題は，「限界効用」と「総効用」という2つの異なる概念を用いて，次のように考えれば解くことができる．水はダイヤモンドと違って潤沢に存在している資源な

のでその「総効用」は非常に大きい．けれども，水はダイヤモンドのような「稀少性」がないので，追加的1単位によって付加される「限界効用」したがってまた「交換価値」は非常に小さくなり，価格が安くなる．他方，ダイヤモンドの「総効用」の大きさは水よりも小さいが，稀少な資源なので「限界効用」したがって「交換価値」が大きくなり，価格が高くなる．

発展：経済を分析する2つのメガネとしてのミクロとマクロ

この第1節で取り上げたのは，主として，ミクロ（micro）経済学―個別的な家計や企業の経済行動の原理の分析からまず出発し，さまざまな商品の経済全体における需給や価格の決定・変動などの諸現象を説明し，市場機構の下での資源配分や所得分配のメカニズムを明らかにしようとする経済学―を勉強していく上で必要不可欠な経済用語や概念である．しかし，経済学のもう1つの領域であるマクロ（macro）経済学―最初から，一国の経済全体としての生産・消費・投資等の「集計量」に注目し，これらの「集計量」相互の間に成立する関係を明らかにしようとする経済学―を勉強するためには，失業・完全雇用・インフレーション・有効需要等の概念をマスターする必要がある．

参考文献
- （1） 大河内一男『経済入門』―入門シリーズ1―，青林書院新社，1978年
- （2） 富森虔児『「市場」への遅れためざめ』社会思想社・現代教養文庫，1993年
- （3） 中谷巌『痛快！ 経済学』集英社文庫，2002年
- （4） 金森久雄・森兼治郎その他編『経済辞典』有斐閣，2002年
- （5） アダム・スミス，大内兵衛・松川七郎訳『諸国民の富』（一）岩波文庫，1967年
- （6） 酒井泰弘『はじめての経済学』有斐閣，1995年
- （7） 杉本栄一『近代経済学の解明』（上）岩波文庫，1981年
- （8） 森本好則・村田安雄その他編『ミクロ経済学入門』有斐閣新書，1989年

第2節　資本主義の成立と経済理論の形成

1. 資本主義の成立

資本主義（capitalism）とは，土地，機械などの私的所有に基づき，消費者，生産者がそれぞれ効用（utility），利潤（profit）の極大化を目指しながら

行動する経済システムのことをいう．ここでは特に典型的な発展を遂げたとされるイギリスを例に，資本主義の形成過程をたどることにする．

　資本主義社会に先立つ身分制社会を**封建社会**（feudal society）と呼ぶが，そこでは土地を独占的に所有する領主に対し，土地を（所有でなく）占有するだけの農民（農奴）が，身分的，経済的に隷属しながら生産活動を行っていた．農民は，必ずしも古代の奴隷のように卑劣な扱いを受けていたわけではなかったが，かれらに移転や職業選択の自由はなく，また結婚や相続等に当たっても領主の許可が必要であるなど不自由な身分だった．農民は，週のうち何日かを領主の土地の耕作にあて（**労働地代**），残りの日で自らが占有する土地を耕作し，そこで収穫されたものの一部を地代として支払った（**生産物地代**）．しかしやがて領主らは，自分たちが土地を独占し労働地代として税を徴収するよりも，農民に土地を分け与え，労働のインセンティブを与えた上で生産物地代あるいは貨幣地代を徴収したほうがより多くの生産物を収奪できることに気づき，次第に，農民の土地所有や経済的自立を認めるようになっていった．さらに黒死病流行（14世紀半）で農村人口が減り労働力不足に陥ったことや農業技術の向上もあって，農民の社会的地位は向上し，**独立自営農民**（ヨーマン）と呼ばれる富裕農民層も現れた．

　このころ，イギリスの農村では本業の農業に加え，副業として毛織物の生産が盛んだったが，これは主に**商人資本**とよばれる親方が，小生産者（農民）に機械，原料，資金を前貸しし，完成品を回収，販売する形式で行われていた（**問屋制家内工業**）．ある程度の資金を蓄積した商人資本，小生産者のなかには，さらに作業場に複数の労働者を集め手作業で生産させる方式をとり生産性を高めるものもいた（**工場制手工業**）．こうして，より大規模な生産のための資金が蓄積されていった（**資本の原始的蓄積**）．

　政治および制度の面では，ピューリタン革命（1642年），名誉革命（1688年）により，経済的特権や規制が廃され，自由な経済活動を行う素地が整えられたことに加え，1694年には**イングランド銀行**が創設され金融制度が整備されたことで，蓄積された富を効率的に投資に回すシステムが確立された．さらに2度にわたる**囲い込み運動**（enclosure movements，第1次15世紀末〜17世紀半，第2次18世紀後半〜19世紀初）は，大量の無産農民を都市部に排出

し，安価な労働力を供給した．そして種々の分野における技術革新（燃料革命，**動力革命**，運輸革命など）が最後のきっかけとなり，18世紀末からイギリスは**工場制機械工業**の段階に入り，資本主義的な工業生産が始まった（**産業革命**，industrial revolution）．

2. 資本主義成立をめぐるさまざまな見方

資本主義の生成を主に封建制の崩壊と自由で対等な資本・賃労働関係（資本家と労働者の契約関係）の成立として捉える，前節で示したような見方は，**マルクス**（Karl Marx, 1818-83）に由来するものである．資本主義という用語・概念を今日的な意味で用いたのもかれが最初であるといわれるが，かれはまたそのような見方に基づきアジア的社会→古代的社会→封建的社会→近代ブルジョア的社会という社会の**発展段階説**を唱えた（『経済学批判』）．

それに対し，マルクスに反対する立場から，新たな発展段階説を提唱したのが**ロストウ**（Walt Whitman Rostow, 1916-2003）である．ロストウは，社会の発展段階を伝統的社会→先行条件期→離陸期→成熟への前進期→高度大衆消費社会の5段階に分け，とくに製造業部門が高い成長率をもって成長しており，かつ成長に結びつく政治的，社会的，制度的枠組みが整っていて，また投資率が国民所得の5％ないしはそれ以下から10％以上へと上昇する段階を**離陸**（take off）と呼び，当該国の資本主義の確立とみなした（『経済成長の諸段階』）．

歴史研究においては，しばしば，このように国を単位にその政治，経済の発展を論ずる手法がとられる（一国史観）．しかし昨今，そのような方法に疑問を呈し，資本主義形成の動きを全世界的な**近代世界システム**の成立過程として捉えようとする見方が現れてきている．

ウォーラーステイン（Immanuel Wallerstein, 1930- ）によれば，近代世界は，政治的には統合されていないが，大規模な地域分業に基づき，経済的に結びついているひとつの大きな「世界経済」システムとして特徴づけられるという．このシステムは，15世紀末から16世紀初頭にかけて，西ヨーロッパを「中核」に東ヨーロッパを「周辺」として成立したが，以後，小変更は受けつつも，その基本的な枠組みは変えないまま今日まで続いている．政治システム

第2節 資本主義の成立と経済理論の形成

表7-1 諸外国の離陸期（Rostow, 1970, 訳 p.52）

| イギリス 1783−1802年 | フランス 1830−60年 | ベルギー 1833−60年 |
| アメリカ 1843−60年 | ドイツ 1850−73年 | 日本 1878−1900年 |

までを統合した「世界帝国」が，巨大な官僚機構を行き渡らせる必要から，コストが高く永続困難であったのに対し，この「世界経済」システムはそのような管理機構を持たないがゆえ，経済的余剰をシステムの成長に結びつけやすく，長期にわたる維持が可能だった．かれの用法に従えば，産業革命以前の農業社会も社会主義諸国の経済も，このシステムの一部であるとみなされる．通説的な理解からは資本主義的なシステムと認めがたいそれらの経済も，西ヨーロッパを中心とする経済ネットワークのなかでの交換，販売を目指して生産活動を行っていたという意味で，その一部に組み込まれていたと考えられるからである（『近代世界システム』）．

3. 経済学のはじまり

　資本主義が成立する直前の封建制後期に，多くのヨーロッパ絶対主義国家が行った経済政策およびそれを支えた経済思想が**重商主義**（mercantilism）である．重商主義とは，主に輸入を制限し，輸出を奨励する保護主義政策の総称であるが，大別すると前期の**重金主義**および後期の**貿易差額主義**に分類される．遠隔地貿易を握っていた冒険商人（merchant adventurers）は，与えられた特権のもと多くの利益を上げ王室にも見返りをもたらしたが，そのように絶対王権を富ませる目的で，より多くの金銀を持ち帰ろうとしたのが重金主義である．他方，工業化の進展の過程で，海外の安い工業品が流入し，国内の未熟産業が駆逐されてしまう危険があったが，それを防ぐ目的で輸入規制を行ったのが貿易差額主義である．重商主義者としては，イギリスの**マン**（Thomas Mun, 1571-1641），フランスの**コルベール**（Jean Baptiste Colbert, 1619-83）などが知られる．

　そのような重商主義の政策・思想を批判し，自由貿易を主張したのが**スミス**（Adam Smith, 1723-90）である．かれは主著『**諸国民の富**』（1776）において，金銀でなく，生活に役立つ「必需品」や「便益品」こそが富であるとの認

識に基づき，どうしたら生産性を向上させることができるかを論じた．**分業** (division of labor) がもたらす利益を論じ，また市場メカニズムを信頼する立場から，政府の経済活動への介入を否定した（**自由放任主義**）．さらに支配労働価値説，投下労働価値説の2つからなる**労働価値説**を示し，商品の価値を労働量により説明しようとした．

　スミス以後，イギリスでは**リカードウ**（David Ricardo, 1772-1823），**マルサス**（Thomas Robert Malthus, 1766-1834），**ミル**（John Stuart Mill, 1806-73）らがスミスの議論を継承，発展させたが，これらスミスからミルに至る一連の体系は**古典派経済学**（classical economics）と呼ばれる（あるいはフランスで展開された同種の体系と区別し，イギリス古典派経済学とも呼ばれる）．リカードウは**『経済学および課税の原理』**（1817）において，支配労働価値説をしりぞけ投下労働価値説を採用するとともに，差額地代論により地代の発生理由を示し，またいわゆる穀物法論争に際しては，産業資本家の立場に立ってマルサスと論争した．**『人口の原理』**（1798）の著者として知られるマルサスは，食料が等差数列的にしか増えないのに人口は等比数列的に増えるという命題により，当時存在した経済成長への楽観的なビジョンを否定するとともに，リカードウとの論争では，地主の立場に立って穀物法擁護の態度を取った．またミルは幼少時から父の英才教育を受け，早くから多方面で活躍した．かれの**『経済学原理』**（1848）は当時におけるもっとも定評ある経済学教科書であり，古典派経済学の到達点が示されている．

4. 現代経済理論の形成

　古典派の伝統のもと，現代経済学の基礎理論を作り上げたのが**マーシャル**（Alfred Marshall, 1842-1924）である．マーシャルはリカードウやミルにみられる労働価値説が，**ジェヴォンズ**（William Stanley Jevons, 1835-1882）らの**主観価値説**（価値は効用によって決まるとする考え方）と矛盾するものでなく，実は「はさみの両刃」のように価格の決定に際し双方が重要な役割を果たしていることを指摘し，2つの立場を統合した（**『経済学原理』**）．こうして，マーシャルにより確立されたのが**部分均衡論**（partial equilibrium theory）と呼ばれる方法であり，これは現在も多くのミクロ経済学の初級教科書で用いら

れている．

　それに対し，**一般均衡論**（general equilibrium theory）という手法に基づき価格決定過程を論じたのが**ワルラス**（Léon Walras, 1834-1910）である．かれはマーシャルの部分均衡論のように1つの財を孤立的に取り上げて論ずるのではなく，n 財まで拡張された方程式体系の中で価格決定過程を論じようとした．また，マーシャルの後任の**ピグー**（Arthur Cecil Pigou, 1877-1959）はマーシャルの消費者余剰，生産者余剰，国民分配分などの議論を発展させ，厚生経済学と呼ばれる分野を確立し，経済理論の政策論への貢献の可能性を示した．

　マーシャルの弟子であった**ケインズ**（John Maynard Keynes, 1883-1946）は『雇用・利子および貨幣の一般理論』（1936）において，総需要・総供給関数による均衡雇用量（これは国民所得と対応する）の決定過程を論じ，**マクロ経済学**と呼ばれる領域を作った．そして，市場メカニズムが完全なものでなく，古典派のように自由な市場取引に任せておいた場合，時として，需要不足から**不完全雇用均衡**（市場は均衡しているのに，失業者が存在している）の状態に陥ってしまうことがあるのであり，そのような場合，政府は需要の不足を補うため，公共事業などの財政政策を行うべきであるとした．

　これらマーシャル，ワルラス，ケインズらの理論を，現代的な経済学体系にまとめ上げたのが**ヒックス**（John Richard Hicks, 1904-89）である．ヒックスは『**価値と資本**』（1939）などにおいて，無差別曲線を用いた一般均衡論の枠組みのなかでマーシャル・ケインズ体系を再構成し，現代の正統派理論を作り上げた．ロビンズ（Lionel Robbins, 1898-1984）らの批判で一時は経済理論から姿を消していた消費者余剰論をリバイバルさせ，またケインズ経済学のエッセンスを集約した IS＝LM 分析を提唱するなど，かれが現代経済学にもたらしたものは大きい．

　また**サミュエルソン**（Paul Anthony Samuelson, 1915- ）は，豊富な数学的知識に裏付けられながら，一方で『**経済分析の基礎**』（1947）などにより，経済理論の数理化を進めるとともに，他方で，平易な表現を用い経済理論の体系を概説した『経済学』（初版 1948，17版 2001）により，経済学の教科書化，経済学教育の制度化に大きな貢献を果たした．

ここに挙げたマーシャルからサミュエルソンに至る経済学およびそれらに基礎を置く以後の経済学は，一般に**新古典派経済学**（neo‑classical economics）と呼ばれる．新古典派は，当初，マーシャル，ピグー，ケインズら（の経済学）を意味する**ケンブリッジ学派**という言葉と同義であったが（狭義の新古典派），今日ではより広く，ケンブリッジ学派も含め市場メカニズムを信頼する立場に立つ現代の経済学（者）を総称する語としても用いられるようになった（広義の新古典派）．新古典派はさらに，力点の違いから，マネタリズム（マネーサプライの安定化を重視するもの），サプライ・サイド・エコノミクス（供給サイドの活性化を重視するもの）などに，より細かく分類されることがある．またマルクスの『資本論』（1867）をもとに独自の体系を作り上げている**マルクス経済学派**や，ヴェブレン（Thorstein Bunde Veblen, 1857‑1929）を創始者に，社会的・政治的要因を重視した分析を行っている**制度学派**など，いわゆる正統派理論の枠組みとは異なる体系も存在する．

発展：道徳哲学と経済学

　かつて経済学は，道徳哲学（moral philosophy）という学問体系の一部として研究されていた．道徳哲学とは現在の倫理学，心理学，修辞学，法学，経済学など人文・社会科学の多くの分野を含む総合的な体系であり，経済学はその一領域でしかなかったのである．経済学の父と呼ばれるスミスも，グラスゴー大学の道徳哲学講座教授だったのであり，かれに「修辞学・文学講義」，「法学講義」といった講義録や『道徳感情論』という倫理学あるいは心理学に関する業績があったことからもその事情は窺える．

　その後，経済学が独立した分野として認識されるようになり，さらに大学に経済学の教授職，講座が置かれて経済学の制度化が完成するのは，20世紀初頭のことである（その実現にあたってはマーシャルの功績が大きい）．学問が専門化，科学化する過程で，その分野が細分化していくことは珍しくないことであるが，ここで経済学がとくに道徳哲学という幅広い人間研究の学問から分派していったことは注目に値する．こんにち，経済学がいかに数理的，演繹的なものになったとしても，行き着くところ，それは人間研究の学に他ならない．1998年度ノーベル経済学賞受賞者のセン（Amartya Sen, 1933‑　）の研究などにみられるよう，昨今，経済理論研究のフロンティアは，再び倫理学に接近する動きを見せている．

参考文献

（1） Hicks, J. R.（1939）, *Value and Capital: An Inquiry into Some Fundamental Principles of Economic Theory,* Oxford: Clarendon Press, 邦訳安井琢磨，熊谷尚夫訳『価値と資本　経済理論の若干の基本原理に関する研究』，二冊，岩波書店，1995 年

（2） Keynes, J. M.（1936）, *General Theory of Employment, Interest and Money,* London: Macmillan, 邦訳塩野谷祐一訳『雇用・利子および貨幣の一般理論』（ケインズ全集第 7 巻），東洋経済新報社，1983 年

（3） Malthus, T. R.（1798）, *An Essay on the Principle of Population,* edited by E.A. Wrigley and David Souden, London: W. Pickering, 1986. 邦訳大淵寛他訳『人口の原理』，中央大学出版部，1985 年

（4） Marshall, A.（1890）, *Principles of Economics,* London: Macmillan, 邦訳永澤越郎訳『経済学原理』，四冊，岩波ブックサービスセンター，1985 年

（5） Marx, K.（1859）, *Zur Kritik der Politischen Ökonomie,* Berlin: Franz Duncker, 邦訳武田隆夫，遠藤湘吉，大内力，加藤俊彦訳『経済学批判』，岩波書店，1956 年

（6） ───（1867）, *Das Kapital, Kritik der Politischen Ökonomie,* Vol.1（1867）, Vol.2（1885）, Vol.3（1894）, Hamburg: Otto Meissner, 邦訳向坂逸郎訳『資本論』，岩波書店，九冊，1969〜70 年

（7） Mill, J. S.（1848）, *Principles of Political Economy: With Some of Their Applications to Social Philosophy,* London: John W. Parker, 2 vols., 末永茂喜訳『経済学原理』，五冊，岩波書店，1959〜63 年

（8） Ricardo, D.（1817）, *On the Principles of Political Economy and Taxation,* London: John Murray, 邦訳羽鳥卓也，吉沢芳樹訳『経済学および課税の原理』，二冊，岩波書店，1987 年

（9） Rostow, W. W.（1971）, *The Stages of Economic Growth, A Non-Communist Manifesto,* second ed., Cambridge: Cambridge University Press, 邦訳木村健康，久保まち子，村上泰亮訳『経済成長の諸段階　一つの非共産主義宣言』，ダイヤモンド社，1974 年

（10） Samuelson, P. A.（1947）. *Foundations of Economic Analysis,* Cambridge: Harvard University Press, 邦訳佐藤隆三訳『経済分析の基礎』，勁草書房，1967 年

（11） ───（1948）, *Economics: An Introductory Analysis,* New York: McGraw-Hill, 17th ed. in 2001（with William D. Nordhaus）, 邦訳都留重人訳『サムエルソン経済学』，二冊，岩波書店，1992〜93 年（原書第 13 版の翻訳）

（12） Smith, A.（1776）, *An Inquiry into the Nature and Causes of the Wealth of Nations,* Dublin: Whitestone, 3 vols., 邦訳大内兵衛，松川七郎訳『諸国民の富』，五冊，1959〜66 年

(13) Wallerstein, I. (1974), *The Modern World-System: Capitalist Agriculture and the Origins of the European World-Economy in the Sixteenth Century,* New York: Academic Press, 邦訳川北稔訳『近代世界システム――農業資本主義と「ヨーロッパ世界経済」の成立』, 二冊, 岩波現代選書, 1981年

第3節　新しい社会主義経済

1. 資本主義は社会主義に勝利したのか

　1989年11月9日に「ベルリンの壁」は崩壊し, 1990年10月3日にドイツ民主共和国（旧東ドイツ）はドイツ連邦共和国（旧西ドイツ）へ完全に吸収された. 1989年11月29日, ブルガリアでは憲法改正という法的手続きによって, 国の政治における共産党の一党独裁体制を廃絶した. 1989年12月, ルーマニアのチャウシェスク独裁体制が崩壊した. 1991年8月末にソビエト社会主義共和国連邦（以下, ソ連邦と略する）の内部では, 連邦制の問題をめぐってクーデター（軍事力を行使して政権を奪う動き）が起こり, ソ連共産党が解体し, 同年の12月末には, ソ連邦が崩壊した.

　以上の結末は, 一般的に, 「社会主義にたいする資本主義の勝利」として受け止められている. だが果して, 「社会主義は崩壊」し, 「資本主義は勝利」したと言えるのか. 「世界の構造の大変革」と言える現在の「衝撃的な事態」が意味する内容を考えてみたい.

2. 社会主義とは何か
（1）　社会主義は2つの意味でとらえられる

　資本主義世界体制と並んで従来の世界体制の中枢を成していた社会主義世界体制が20世紀末に崩壊した現在, 社会主義は2つの意味でとらえられるべきであろう. 1つは, 「20世紀社会主義」すなわち「過去に社会主義をめざした国において現実に実践された『社会主義』」という意味である. 他の1つは, 次の意味である. 現在の資本主義は多くの深刻な矛盾をはらんでいる. われわれは「人類の生存と発展」を脅かす現在の資本主義の危機を打開しなければならないが, そのためには, 現在の資本主義に代わる「新たな社会経済システ

ム」を創り出さなければならない．われわれが行う社会変革の運動によって創り出されてくる「新たな社会経済システム」が，「これからの社会主義」と想定されるものであり，もう1つの意味の社会主義である．

（2） 社会主義をめぐる議論の持つ3つの側面

社会主義について今日行われている議論は，大別すると，次の3つの問題側面に整理することができる．第一は，資本主義社会の矛盾に対する批判と未来社会への展望を示す社会思想としての社会主義思想，第二は，社会主義の実現を目指す社会的・政治的運動としての社会主義運動，第三は，特定の歴史的な社会体制としての社会主義社会体制，の3つの側面である．これらの3つの側面を機械的に区分することも正しくないが，反対にそれらを単純に同一視することも正しくない．

3側面のうち，とくに第一の側面にかかわる問題として検討しておきたいのは，次の問題である．歴史上どの段階の社会思想を，社会主義思想の起点として位置づけることができるか．これについては，次の2つの見解がある．1つは，トマス・モア（Thomas More, 1478-1535）が資本の本源的蓄積が始まる時期の1516年に著した文献『ユートピア』に元祖を求める見解である．他の1つは，19世紀に入り産業革命が急速に進展する資本主義の発展段階の時期に登場してくる「ユートピア的な社会主義および共産主義」思想に起点を求める見解である．どの見解を選ぶべきか．

2人の著者（カール・マルクス，Karl Marx, 1818-1883と，フリードリヒ・エンゲルス Friedrich Engels, 1820-1895）が共著として1848年に著した文献『共産党宣言』は，「サン-シモン，フーリエ，オーエンなどの体系」を「本来の社会主義的および共産主義的体系」として位置づけ，「これらの体系の考案者」である上記の3人を「三人の偉大なユートピア社会主義者」として高く評価する．『共産党宣言』は，「社会主義問題が，ユートピア的構想から，現存社会の科学的分析にもとづく社会発展の法則および社会変革へと，大きく転換したことを告げる画期的な文献であった」．このことを考慮して，この「文献」の見解に倣って，社会主義思想の起源については，それを，産業革命の進展期に登場する「ユートピア的な社会主義および共産主義」思想に求めるべきであろう．

（3） 社会主義社会体制の側面

　社会主義論の3側面のうち，今日もっとも重要なウエイトを持つのは，社会主義社会体制の側面である．以下この側面に立ち入ってみよう．マルクスは，『1844年の経済学・哲学手稿』，『資本論』，『ゴータ綱領批判』等その他の文献で，資本主義から「新たな社会経済システム」としての社会主義への移行について，まとまった見解を述べている．それらの文献（とくに『資本論』）から，マルクスの次のような歴史観を取り出すことができる．資本主義的生産様式の歴史的任務は，労働の社会的生産諸力を高度に発展させることである．けれども，この生産様式は一定の段階にまで発展すると，それ以上の生産力の発展と衝突してこれを妨げるようになる．このことは，資本主義的生産様式が今や富（人間にとって有用な資源や物資のこと）を生産する力の発展を妨げる「時代遅れ」の生産様式になっていることを意味する．

　すぐ上で取り上げたマルクスの歴史観によれば，発展した資本主義の中にこそ，資本主義から社会主義への移行の必然性が存在する．1917年10月にロシアで，レーニン（Lenin, 1870-1924）の率いるボルシェヴィキ党主導の革命が成功した．このロシア革命は，ロシア国民を当時の戦争の泥沼から救出したばかりでなく，20世紀の自由・平等・民主主義運動の発展に対して大きな影響を与えた．ロシア革命の特徴は，以下の点にある．それは，「現物経済の小農民の国」であり，「大規模資本主義」の「不足」している国において，つまり前述のマルクスの歴史観に反して，「社会主義建設の客観的条件は存在していなかった国」で，社会主義を現実に社会体制として実現していくことを目指した革命が達成されたということである．

　ロシア革命後，「ボルシェヴィキの指導のもとに」国家権力を握ったのは「労働者・兵士・農民ソビエト」であるがこの「立法しかつ執行する代表制機関」は，「社会主義づくり」の事業を押し進めていった．その結果として，革命初期および1920年代のソ連邦では，「曲がりなりにも，いびつな形ではあったけれども」，政治的・経済的・社会的な側面で民主主義的契機を持ちさらにこの契機を発展させようとする性格の社会体制が形成されていった．ところが，この社会体制は，1930年代に入ると，「大きな変質」をとげた．

　レーニンの死後，ソ連邦の党と国家の最高指導者となったのはスターリン

（Stalin, 1879-1953）であった．スターリン政権下で形成された社会体制は，次のような特徴を持っていた．特徴の1つは，政治的に見れば，「個人独裁」・専制主義であり，経済的に見れば，私有財産が否定され，市場経済や利潤概念の欠落した，きわめて中央集権的な計画経済が行われる運営制度であったということである．

「スターリン体制」は，1956年2月の「フルシチョフ報告」によってはじめて公然と批判された．1930年代半ばに基本的に形成されたこの「体制」は，フルシチョフ失脚後の1966年から1982年までソ連共産党書記長であったブレジネフ（1906-1982）によって基本的に継承された．1985年3月ソ連共産党書記長に就任したミハイル・ゴルバチョフ（1931-　）は，グラスノチ（情報公開）を改革政策の中心にすえ，「社会主義体制の存続のもとで市場原理の導入をおこなって経済発展への道を切り開こうとする」経済改革に取り組む政策を実施した．

　ゴルバチョフが実施した諸改革政策を総称して「ペレストロイカ」（「世直し」の意）という．ゴルバチョフの登場に始まるグラスノチとペレストロイカによる社会主義刷新の運動にもかかわらず，1930年代半ばに形成された「『ソ連型』の社会体制」＝「スターリン体制」はこの章の前の箇所で述べたような欠陥を持っていたために，20世紀末に崩壊した．ここで注意すべきは，崩壊したのは，社会主義論の3つの問題側面のうち社会主義体制の問題側面に関連する社会体制だけであり，社会主義思想および運動の同時的な崩壊を意味しないということである．

発展：21世紀社会主義への挑戦の1課題

　　中国，ベトナムが現在取り組んでいる課題すなわち「市場経済を通じて社会主義へ」に対する研究をさらに進めること，および，現在の資本主義的株式会社に代わる新しい企業形態の1つである中国の郷鎮企業への研究をいっそう深めること，これらが今後取り組むべき研究課題の最初の1つである．

参考文献

（1） 奥村宏『21世紀の企業像』岩波書店，1998年
（2） 社会主義理論学会編『21世紀社会主義への挑戦』社会評論社，2001年
（3） 藤田勇『社会主義社会論』東大出版会，1981年
（4） 『経済』1996年5月号・6月号，新日本出版社
（5） 大月書店版マルクス＝エンゲルス全集第4巻，1973年，第40巻，1975年
（6） 社会科学研究所版『資本論』上製版Ⅲa，新日本出版社，1997年
（7） 稲垣清『図解　中国のしくみ　Version 2』中経出版，2002年

第8章
市場経済と価格機構

第1節 経済主体

1. 分業と交換

　アダム・スミス（『国富論（1776年）』）によると，分業には**個別的分業**（**工場内分業**）と**社会的分業**があり，いずれも労働生産性の改善をもたらす．個別的分業では，生産工程が多くの段階に分けられており，労働者がそれぞれの生産工程を分担している．有名な実例として，アダム・スミスは，ピン製造工場をあげている．これによると，1人がピン製造の全工程を行うと1日に1本のピンを作ることさえ難しい場合でも，10人で工程を分担すれば，1日に48,000本も作れたという．分業が労働生産性を改善する理由は，①労働者の技能の改善，②ある仕事から別の仕事へ移動する時間の節約，③労働を促進し短縮する機械の発明，の3つである．

　分業による労働生産性の改善という効果は，個別的分業だけでなく，社会的分業において，より一層発揮される．社会的分業とは，社会における職業の分化のことである．社会の労働者が農業・工業・サービス業などのうち，得意な産業分野に特化（専門化）するようになると，各人は自分自身の労働の生産物だけでは，財やサービスを消費したいという欲望（経済的欲望）の一部しか満たすことができなくなる．このため，自分自身の生産物のうち，自分の消費を上まわる余剰部分を，他人の労働の生産物と交換して，経済的欲望を満たすようになる．

　社会的分業が発達し始めた当初の交換は，自分の生産物と他人の生産物との直接の交換（物々交換）であった．これには，**欲望の二重の一致**が難しいという不便さがあった．たとえば，酒屋とパン屋が肉屋の余剰生産物（肉）を交換し

たいと思っても，肉屋が酒とパンを既に持っている場合，交換は成立しない．そこで，このような不便さを克服するために，各人はまずほとんどの人が自らの労働の生産物と交換するのを拒否しないような共通の用具（**交換手段**）と交換し，その後で自分の欲しいと思う他人の生産物と交換するという方法がとられるようになった．最初は，共通の用具として家畜，塩，貝殻，たばこ，砂糖，生皮などが用いられたが，次第に耐久性・分割性に優れた貴金属（金，銀，銅）が最終的には**貨幣**として使用されるようになった．

2. 経済主体

（1） 経済活動

広辞苑（第五版）を引くと，「経済（けいざい）（economy）」とは「人間の共同生活の基礎をなす財・サービスの生産・配分・消費の行為・過程，並びにそれを通じて形成される人と人との社会的関係の総体．転じて，金銭のやりくり．→理財（p. 816）」とある．

より具体的にいうと，経済活動は，3つの活動から構成されている．1つは，生産活動で，労働力，資本，土地といった生産要素を用いて，衣料・食料・住宅のような有形のものである財や，医療・教育・情報のような無形のものであるサービスをつくりだすことである．

もう1つは，分配活動で，生産された成果を各生産要素の提供者に所得として分けることである．

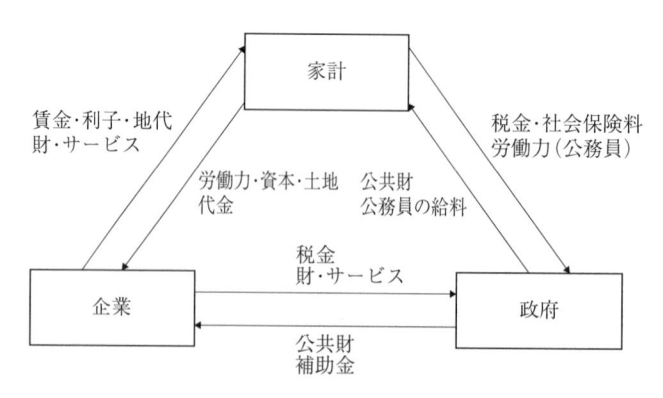

図8-1 経済活動の流れ（景気循環）

最後は，消費活動で，分配された所得を支出することで経済的欲望を満たすことである．

このような活動の担い手となるものは，経済主体とよばれており，家計，企業，政府の3つがその代表的なものである（図8-1参照）．

（2） 家計

家計は，主に消費活動を行う経済主体である．消費するには，所得が必要である．したがって，まず家計は，所有する生産要素を企業に提供し，その対価として，所得を受け取る．つまり，労働力・資本・土地の提供の見返りとして，賃金・利子・地代を得るのである．そして，この所得から，税金や社会保険料を支払った残余である**可処分所得**で消費活動を行う．

ただし，家計は，可処分所得を全て消費に回すわけではなく，一部を貯蓄する．預貯金，生命保険の保険料，株式・債券の購入といった貯蓄は，金融機関を介して，企業に供給される．このように，家計は消費活動の主体であるだけでなく，生産要素の供給者でもある．

（3） 企業

企業は，主に生産活動を行う経済主体である．企業の目的は，**利潤の最大化**にある．そのために企業は，家計から提供された生産要素を結合することによって，財やサービスを生産し，それを家計や他の経済主体に販売して利潤を獲得する．利潤の一部は，生産要素の提供の報酬として家計に支払われたり，税金として政府に支払われたりする．そして，残りは**内部留保**として企業内部に

表8-1 会社企業の分類

企業形態	根拠法規	出資者	資本金	出資者責任	最高決定機関	持分譲渡
合名企業	商法	2人以上（少数）	規定なし	無限責任	全社員	他の社員の承認
合資企業	商法	2人以上（少数）	規定なし	無限責任と有限責任	無限責任社員	無限責任社員の承認
有限会社	有限会社法	1人以上50人以下	300万以上	有限責任	社員総会	社員総会の承認
株式会社	商法	1人以上（多数）	1,000万以上	有限責任	株主総会	自由

（井原久光『テキスト経営学［増補版］』，1999を一部修正）

蓄積され，原材料，半製品，機械，工場の購入といった**投資**にあてられる．

なお，企業の形態は，出資者と目的の違いによって，私企業，公企業，公私混合企業の3つに分かれる．私企業は，民間出資で利潤追求が目的である．一方，公企業は，公共団体出資で公共の政策が目的である．公私混合企業は，民間と公共団体の共同出資で，公共性と利潤を同時追求している．

資本主義経済の生産活動の中心は，私企業である．これには個人企業と法人企業がある．法人企業は，**会社企業**と組合企業に分かれており，前者は，根拠法規，出資者数，資本金，出資者責任，最高決定機関，持分譲渡に基づいて再分類される（表8-1参照）．

（4）**政府**

政府は，経済活動全体を調整する主体であり，家計や企業からの税金や社会保険料などを原資として，主に3つの活動を行っている．

1つは，資源配分の調整である．道路，港湾施設，公園のような**社会資本**と，消防，警察などの**公共サービス**の総称である**公共財**には，私的財とは異なり，非競合性と非排除性という2つの性質がある．非競合性とは，1人の消費量が増大しても，他の人の消費量が減少せず，全員が同じ量を消費することができる，という性質である．一方，非排除性とは，1人に供給すると，他の人をその消費から排除することができない，という性質である．このような性質があるため，利潤の獲得を目的としている企業は，公共財を提供するインセンティブ（誘因）をもたない．よって，政府が提供することが必要となる（第8章第4節参照）．もう1つは，所得の再分配である．所得や相続額が高くなるほど，高い税率が課される累進課税制度によって，高所得者から税金を多く徴収する．そして，これを低所得者への社会保障や生活保護などにまわすことで，所得の不平等を是正する．

最後は，景気の安定化である．所得の再分配のための累進課税制度と社会保障が，好況期と不況期において，それぞれ**有効需要**を抑制または刺激して，景気を安定化させる．また，政府は，税率や公共支出を増減させることで，有効需要を調整し，景気の安定化をはかっている．以上のような政府の活動については，第9章第4節で詳説される．

発展：株式会社

　大企業では，株式会社が圧倒的に多い．理由は，3つある．1つは，不特定多数の人から多額の出資金を集めることができること．もう1つは，失敗の危険（責任）が軽減できること．最後は，譲渡（換金）が容易であることである．企業活動の維持・発展には，多額の資本を要する．また，失敗の危険もある．よって，1人で出資することは困難かつ危険である．そこで株式会社では，多額の資本を小額の株式（持分を示す証券）に分割する（資本の証券化）と同時に，失敗の責任を出資金に限っている（有限責任）．こうすることで，人々が出資しやすいようにし，結果として不特定多数の人から多額の資本を調達している．さらに，株式の売買には，社員（商法では出資者を指す）の承認は必要ではないので，出資者は好きなときに株式を売って換金することができる（持分譲渡の自由）．表 8-1 をみてみると，出資を容易にする条件である有限責任と持分譲渡の自由にあてはまっているのは，株式会社のみである．このことから，株式会社が大企業にとって最も有利な企業形態であることが確認できる．

第2節　価 格 機 構

1. 完全競争市場

　ある財やサービスに関する需要者と供給者が，価格をシグナル（信号）として，出会って取引（売買）を行う場を市場（しじょう）という．経済学においては，市場（しじょう）には，実際に需要者と供給者が直接取引する場（市場「いちば」）と，現実的な取引場所がなくて，需要者と供給者が取引している場の双方が含まれている．

　ここでは，完全競争市場について説明する．なぜなら，価格機構（市場メカニズム）による資源の最適配分が実現されるには，完全競争市場が成立してなければならないからである．完全競争市場は，以下のような仮定をもった市場である．

　第一は，価格以外の条件は一定であるという仮定である．これは，嗜好や所得の変化や技術革新などの条件は，不変であるというものである．これにより，価格以外の判断基準が排除される．

　第二は，市場に需要者と供給者が多数存在する，という仮定である．これにより，特定の需要者と供給者は，価格を動かすほどの力をもたなくなる．結果

として，需要者と供給者は，価格を受け入れるだけの**プライス・テイカー（価格受容者）**となるしかなくなる．

　第三は，情報の非対称性がないという仮定である．これは，需要者と供給者の双方が，市場に関しての情報について，完全な情報をもっているという仮定である．よって，需要者も供給者も，価格の変化に迅速に対応することが可能となる．

　第四は，財やサービスが差別化されていない，という仮定である．市場に供給される財やサービスは，どの供給者が生産したとしても，全く同じ財やサービスであるという仮定である．これにより，ある財やサービスの価格には，1つの値段しかつかなくなる．つまり，**一物一価**となるのである．

　第五は，市場への参入・退出が自由である，という仮定である．よって，個々の需要者も供給者も，市場への参入や退出に全く制約がなくなるのである．

2．需要曲線（個別の需要曲線）

　私たちは，財やサービスの消費から満足感を得ることを目的として，財やサービスを購入する．このとき，財やサービスの満足感に対する対価を貨幣で示したものが，価格である．そして，与えられた価格（所与の価格）で，購入さ

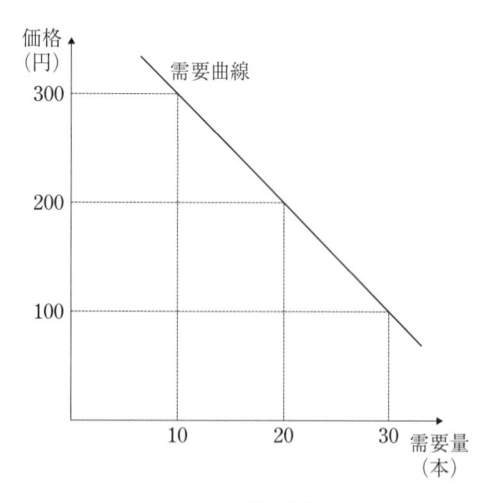

図 8-2　需要曲線

れる財やサービスの消費量のことを需要という．さらに，価格の変化に応じて，需要がどのように変化するのかを表したものが，需要曲線である．

図8-2は，Aさんの1カ月当たりの缶コーヒーの需要曲線である．みてわかるように，右下がりの曲線となっている．これは，価格が低下するほど，需要は大きくなり，価格が上昇するほど，需要は小さくなる，という関係を示している．

では，需要曲線に関係する経済学の考え方について，少し説明を加える．ここで，説明を単純化するために，次のように仮定したい．まず，Aさんが飲料水に支出できる金額は，1カ月で10,000円に限られていると仮定する．私たちの財やサービスを消費したいという経済的欲望には限りがないが，無制限に追求することは不可能である．自らの所得をこえた消費はできないからである．また，缶コーヒー以外の飲料水の価格は，変化しないと仮定する．このような状況のもとで，Aさんは，飲料水の予算である10,000円を，缶コーヒーとそれ以外の飲料水の購入に，どのような割合で使っていくのだろうか．

図8-2でみると，缶コーヒーの価格が，1本300円であれば，需要は10本である．そして，200円になれば20本，100円になれば30本となっている．このように，Aさんは価格が下がれば，缶コーヒーの需要を増大させていく．ただし，Aさんが，好きな缶コーヒーがいくら安くなったとしても，1カ月に使える予算10,000円の全てを，缶コーヒーに使うことは考えられない．それは，なぜだろうか．

そもそも，私たちは，財やサービスの消費から満足感を得ることを目的として，財やサービスを購入している．この財やサービスの消費から得られる満足感のことを，経済学では，**効用**とよんでいる．そして，効用は，財やサービスの消費量が増えるにつれて，増加していく．しかし，財やサービスの消費量を1単位分増加させるたびに，効用の増加分は，徐々に減っていくようになる．Aさんが，いくら缶コーヒーが好きだとしても，缶コーヒーばかり飲んでいたら，飽きてしまい，他の飲料水（たとえば，オレンジジュース）でも飲みたいと思い，それを購入することは容易に予測できよう．だから，Aさんは，缶コーヒーの価格が，いくら安くなっても，全ての予算を缶コーヒーに使わなくなるのである．

このような財やサービスの消費量を1単位増加させたときの効用の増加分を，経済学では，**限界効用**とよんでいる．また，消費量を増加させるたびに，限界効用が，徐々に減っていくことを，**限界効用逓減の法則**とよんでいる．このような法則のもとで，Aさんは，缶コーヒーの価格で測った限界効用が缶コーヒーの価格を上回っている限り，需要を増大させていく．

この点をもう少し詳しく説明する．先に述べたように，価格は財やサービスの消費を1単位増加させて得られる満足感に対する対価，すなわち消費を1単位増加させるのに必要な追加的な費用であった．これに対して，限界効用は消費を1単位増加させたときに得られる満足感の増加分であった．したがって，1単位の消費から得られる追加的な満足感が，その満足感を得るための追加的な費用を上回っている限り，需要を増大させていくのである．

以上のことから，需要曲線は2つの関係を表しているものであることがわかる．すなわち，需要曲線とは，価格と需要の関係を表しているだけでなく，需要と限界効用の関係も表している．

3．供給曲線（個別の供給曲線）

供給とは，企業が与えられた価格（所与の価格）で，販売したいと考える財やサービスの量のことである．そして，価格の変化に応じて，供給がどのよう

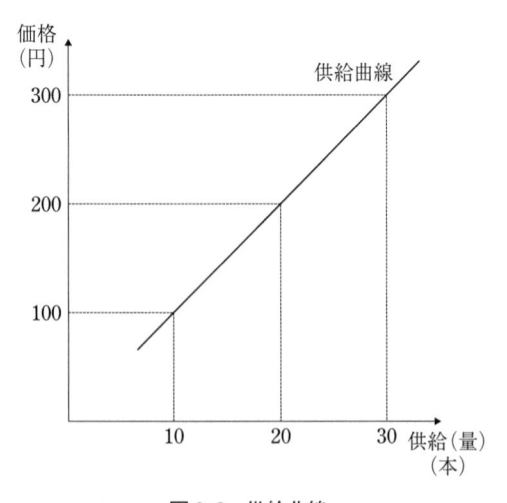

図8-3 供給曲線

に変化するのかを表したものが，供給曲線である．

　図8-3は，B社の供給曲線を描いたものである．みてわかるように，右上がりの曲線となっている．B社は，缶コーヒーの価格が，1本100円であれば，10本を供給している．そして，200円になれば20本，300円になれば30本を供給している．これは，価格が上昇するほど，供給は大きくなり，価格が低下するほど，供給は小さくなる，という関係を示している．

　では，供給曲線に関係する経済学の考え方について，少し説明を加える．企業行動の目的は，利潤の最大化である．利潤は，財やサービスを販売して得た収入（価格×数量）から生産にかかった総費用を引いたものである．財やサービスの生産にかかった総費用を生産量でわれば，生産1単位当たりの費用である平均費用となる．平均費用は，生産量の増加とともに，減少していく．これは，機械設備などの**固定費用**の減少によって，生産性が上昇するからである．しかし，生産性の上昇は頭打ちとなり，逆に平均費用は増加に転じる．機械設備の数量は一定なのに，生産量を増やすために労働者を増やしても，反対に効率が悪くなるからである．つまり，**可変費用**が次第に増加することが，原因である．これは，財やサービスの生産量を1単位増加させたときの費用の増加分である限界費用が増加し続けていることを意味する．よって，企業は，限界費用と価格が比例するように販売しようと行動し，限界費用が価格と等しくなるところまで供給しようとする．

　この点について，もう少し詳しく説明する．価格は財やサービスの生産を1単位増加させて得られる追加的収入である．これに対して，限界費用は生産を1単位増加させたときにかかる費用の増加分である．したがって，1単位の生産から得られる追加的な収入が，その収入を得るための追加的な費用を上回っている限り，すなわち利潤がある限り，供給を増大させていくのである．

　以上のことから，供給曲線は2つの関係を表しているものであることがわかる．すなわち，供給曲線とは，価格と供給の関係を表しているだけでなく，供給と限界費用の関係も表している．

4．市場均衡

　完全競争市場における市場価格の変化についてみていく．ある財やサービス

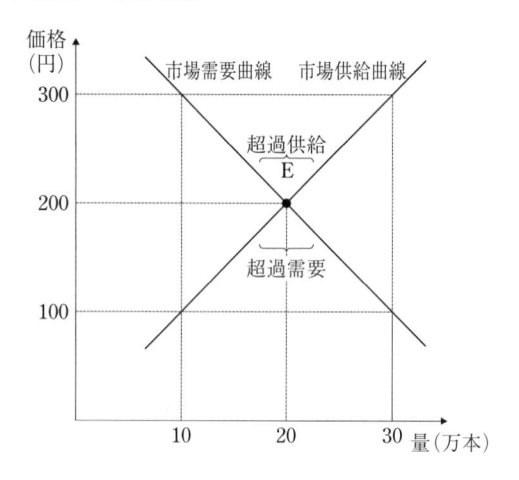

図 8-4 市場における需要曲線と供給曲線

に対する全ての人々の需要曲線を足し合わせると，市場需要曲線となる．同様に，ある財やサービスの全ての供給者の供給曲線を足し合わせると，市場供給曲線となる．

ここで，図 8-2 の A さんの需要曲線が市場需要曲線と，図 8-3 の B 社の供給曲線が市場供給曲線と，それぞれ一致しているとすると，図 8-4 のように表すことができる（量の単位は，万本になっている）．

完全競争市場においては，財やサービスを市場に投入した時点で需要と供給が一致することは稀である．たとえば，缶コーヒーの価格が 300 円であれば，需要は 10 万本なのに，供給は 30 万本となる．よって，市場では，20 万本の缶コーヒーが余ってしまう．このような財やサービスの需要が供給よりも少ないという状態は，超過供給とよばれる．そして，超過供給の状態であるかぎり，市場では価格は下がり続ける．価格が下がれば，需要者は需要を増大させ，供給者は供給を減らし，結果として，需要と供給が一致する．図 8-4 では，缶コーヒーが価格 200 円で，20 万本取引される E 点で一致している．

反対に，缶コーヒーの価格が 100 円であれば，需要は 30 万本なのに，供給は 10 万本となる．よって，市場では，20 万本の缶コーヒーが不足してしまう．このような財やサービスの供給が需要よりも少ないという状態は，超過需要とよばれる．そして，超過需要の状態であるかぎり，市場では価格は上がり

続ける．価格が上がれば，供給者は供給を増やし，需要者は需要を減らし，最終的には，供給と需要は一致する．図8-4では，缶コーヒーが価格200円で，20万本取引されるE点で一致している．

このような需要と供給が一致する現象のことは，**需要と供給の法則**とよばれる．この法則においては，価格が需要と供給を一致させる働きをしており，これを価格機構（市場メカニズム）という．需要と供給が一致した状態のことを，市場均衡という．均衡とは，もはや変化を引き起こす作用が働かない状態のことであり，市場均衡とは，価格と取引量を変えるインセンティブ（誘因）を，誰ももたない状態のことである．市場均衡では経済全体として，売れ残りも品不足も存在せず，資源の最適配分が実現されている．なお，需要と供給の一致した価格のことは均衡価格と，そのときの取引量のことは均衡数量と，それぞれよばれている．

市場均衡について少し考えてみる．図8-5では，均衡価格200円で，均衡数量20万本で，市場均衡となっている．このとき，市場の需要者は，どのくらいの得をえているのだろうか．市場の需要者の得は，均衡価格200円から横に引いた線と，市場需要曲線の間の部分である．すなわち，図8-5のAの部分である．このことを経済学では，**消費者余剰**とよぶ．消費者余剰は，それぞれの需要者が財やサービスを購入するために支払ってもよいと考える金額と，実

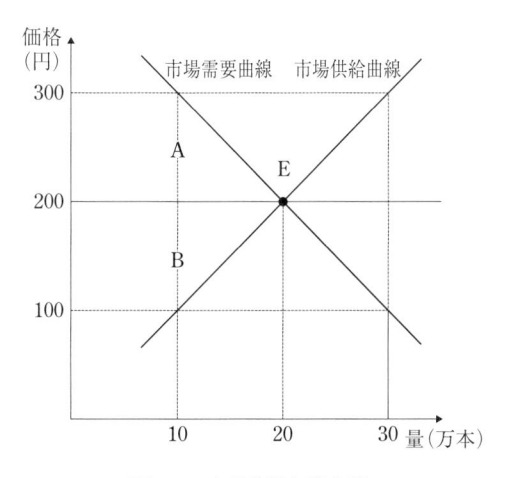

図8-5　市場均衡と総余剰

際に支払う金額との差額の総和である．つまり，支払わないですんだ金額の合計である．

一方，市場の供給者は，どのくらいの得をえているのだろうか．市場の供給者の得は，均衡価格200円から横に引いた線と，市場供給曲線の間の部分である．すなわち，図8-5のBの部分である．このことを経済学では，**生産者余剰**とよぶ．生産者余剰は，それぞれの供給者が財やサービスの販売において，手に入れたいと思う金額と，実際に手に入れた金額との差額の総和である．つまり，余分に受け取った金額の合計である．

このように，市場の需要者と供給者が，どのくらい得をしたのかという度合いは，消費者余剰と生産者余剰で，それぞれ表すことができる．そして，この2つの余剰を合計すると，社会全体で得した割合となる．すなわち，AとBを足した部分である．これを経済学では，**総余剰**もしくは**社会的余剰**という．

総余剰が最大化されるのは，価格200円のときである．図8-5において，もし価格が250円になれば，生産者余剰は大きくなるが，消費者余剰は小さくなり，総余剰は，価格200円のときよりも小さくなる．逆に，150円になれば，消費者余剰は大きくなるが，生産者余剰は小さくなり，総余剰は，価格200円のときよりも小さくなる．したがって，市場が均衡していれば，社会全体としてみると，最も得をしているといえる．

しかし，このような完全競争市場における市場均衡は，理論上の理想的状態であり，現実には存在しない．実際は，次節以降でみる，独占や寡占といった状況が存在している．また，公共財の供給は，価格機構に委ねていては実現されない．だから，第1節で説明した政府の経済活動が重要となってくるのである．

発展：弾力性

需要曲線と供給曲線の形が急であるか緩やかであるかは，弾力性という**概念**から説明できる．ここでは，需要の価格弾力性について説明する．需要の価格弾力性は，価格の変化率（％）に対して，需要が何％変化するか，を示している．たとえば，価格が10％下がって，需要が10％増えたとしたら，需要の価格弾力性は，1である．また，価格が10％下がって，需要が20％増えたとしたら，需要の価格弾力性は2である．さらに，価格が10％下がって，需要が5％

増加すれば，需要の価格弾力性は，0.5 となる．需要の価格弾力性が，1 よりも大きな需要曲線は，価格の変化率より需要の変化率が大きいので，弾力的な需要曲線とよばれ，傾きが緩やかである．これは，贅沢品に多くみられる．ブランドもののバックの値段が下がると需要が急増するのは容易に予測できる．一方，需要の価格弾力性が，1 よりも小さな曲線は，価格の変化率より需要の変化率が小さいので，非弾力的な需要曲線とよばれ，傾きが急である．これは生活必需品が代表である．料理に欠かせない塩の価格が上昇しても，その需要が大きく減少するとは考えられないであろう．

第3節 独占と寡占

　前節で学んだ需要と供給の法則で説明できる市場構造は，いわゆる「完全競争」を前提にしている．このモデルの教えるところは大変有意義であるものの，しばしば「不完全な競争」下にある市場も存在することに注意が必要である．ここでいう「不完全な競争」とは，競争が制限されている状況をいう．

　完全競争モデルが完全情報と多数の競争企業を想定しているのに対し，競争が制限された経済構造の分析では，競争する企業が少なく，企業が一定の価格支配力を持ちうる中での価格決定，競争，資源配分を考える．

　競争が制限された状態の代表例として，複数の企業がある程度の競争を展開しお互いライバルの存在が認識できるような経済構造，「寡占（Oligopoly）」と，競争が存在しない「独占（Monopoly）」という状態をとりあげる．以下，独占から説明する．

1. 独　占

　独占とは，ただ1つの供給業者だけが，ある財・サービスを供給する場合である．ここでは競争が不完全なのではなく，まったく競争が存在しない点に特徴がある．したがって，独占企業は価格決定において強大な力をもちうるし，独占利潤を得ることが可能となる．この独占利潤の高さと競争相手の不在という状態は，社会的な資源配分を最適な状態からかけ離れたものにしていく可能性をもつ．他方で独占企業の利潤が高いものであると次第に認知されてくるよ

うになると，その市場に新規参入を招くとも考えられ，独占企業はそれを阻むために参入障壁（レント・シーキング）をつくろうとする．また，独占企業は競争原理がはたらく場合に比べて，生産量を減らしても価格を引き上げることができる．それゆえに，独占企業は特別な工夫や努力，効率性の追求などをしなくても，独占利潤を受け取ることができる．

しかしながら先進各国では，競争がないことによる資源配分の非効率，消費者利益の損失という独占のもつ弊害を回避するために，独占禁止政策を展開している．独占禁止法は民間企業の私的独占の禁止と公正競争の確保を主眼として制定され，大手民間企業の買収や合併，優越的地位の乱用，価格や生産の共謀（カルテル）などを制限・禁止している．最近の例では，アメリカ司法省や欧州委員会（EU）がコンピュータの基本ソフト，ウィンドウズを開発・販売しているマイクロソフト社を相手取り，独占支配力に基づく不公正な取引慣行（制限的取引慣行）により不当な利益を得たということで，巨額の制裁金支払いを求める裁判を起こしたことは記憶に新しい．

ただ，実際の経済社会を見渡すと，特定の財・サービスについて，1社だけが市場を支配する純粋の独占状態は少ない．電気やガス，水道など限られた事業だけが具体例として思い出されるだろう．これらの産業は規模の経済が強く作用する業種で，また公共性の高い性格も併せ持つことから，地域的な独占が形成される（自然独占）．自然独占については，政府による政策介入をともなうのが通常で，自然独占の形成者は公共セクターである場合もあれば，価格設定などで政府から一定の規制を受ける民間企業のどちらかとなっている．すべての事業を政府が行わない理由は，公営（国営）企業は赤字経営であっても政府が補助する場合が多く，民間企業に比べてコスト削減など経営の合理化にとりくむインセンティブ（誘因）が弱いからである．

2. 寡　　占

まわりを見渡すと，そこには無数の商品（財）があふれている．代表的な財としては，自動車や家電製品，コンピュータ，デジタルカメラ，カップめんなどが思い浮かぶ．これらの財は，さんまやニシン，キャベツやきゅうりなどの市場とはちがった性格をもっている．さんまやキャベツの生産者（漁師・農

表 8-2 国産品市場における上位5社シェア合計

商品	生産集中度（％）
即席めん	88.6
ビール・発泡酒	100
乗用車（軽除く）	85.9
デジタルカメラ	71.2
マシニングセンター	95.3
ベアリング	99.3
パソコン	66.4
PCサーバー	82
DVD録再機	98
プラズマテレビ	95.8
硬式テニスラケット	92

（注）2003年度実績
（資料：日本経済新聞社調べ）

家）は国内に多数存在し，お互いに顔見知り同士であることはほとんどないし，圧倒的な勝者が君臨することもない．これは完全競争モデルに近いといえる．

　他方，自動車やカップめんの生産者（メーカー）をみてみると，テレビCMなどでおなじみの大手企業が5〜6社程度あり，それらの企業で市場のほとんどを支配している場合が多い（生産集中度　表8-2参照）．しかも彼らは漁師や農家とちがって，お互いの存在をつよく認識し，相手の行動（新製品や価格設定，CMなど）に敏感に反応して競争する．このような少数の供給者が市場で競争している状態を，寡占といい，供給者が2つに限られる場合を複占という．

　寡占経済のもとでどのような競争が行われるかを考察するのに有益なのが，ゲーム理論という枠組みである．ここではある財を生産する2つの企業が競争している単純なモデルで考えてみよう（企業1と企業2）．このとき，競合する2つの企業の行動パターンは，相手を出し抜いて販売シェアを拡大するための攻撃的行動（競争的低価格戦略）と，お互いに無理な低価格競争をしないという協調的行動（共存戦略）の2つしかないと仮定する．その時，2つの企業

		企業 2	
		攻撃的	協調的
企業 1	攻撃的	0／0	-10／30
	協調的	30／-10	20／20

図 8-6　2 企業間のゲーム（囚人のジレンマ）

がどちらの行動を採用するかによって，各社の獲得する利得に影響を及ぼすことを表したのが図 8-6 である．ただし，2 社のあいだで話し合いは行われないものとする．

まず確認したいのは，両方の企業がともに協調的な行動を選択した場合には，これまでの秩序が保たれることで，利得（20）が双方とも得られる．反対に，攻撃的な行動を両方の企業が選ぶと，泥沼的な低価格競争が展開され，得られる利得はどちらともゼロとなる．企業 1 がこれまでどおり協調的な行動をとっているのに，企業 2 が突然攻撃的な低価格競争をしかけてくると，企業 2 はシェアを拡大して 30 の利得を取り，逆に企業 1 は赤字に転落してしまう（－10）．逆に企業 2 が協調的行動のときに企業 1 が攻撃的行動を選択すると，両社の利得はちょうど反対となる（企業 1 の利得は 30，企業 2 の利得は－10）．ここで注意したいのは，相手の行動によって自分の得られる利得が影響を受けてしまうという点である．このモデルの結末はいかなるものであろうか．

結論を先取りすれば，この条件の下ではどちらの企業も攻撃的に行動してしまって，お互い値切り合戦を展開して利得を得られない．

解説すると，企業 1 は，企業 2 の行動が攻撃的な場合，自分が攻撃的に出ると利得ゼロ，協調的な行動に出ると－10 となるから，赤字よりは利得ゼロを目指して企業 1 も攻撃的な行動を選ぶ．また，企業 1 は，企業 2 が協調的な場合，自分が協調的であれば利得が 20 であるのに対して攻撃的に行動すれば 20 よりも多い 30 の利得が得られるので，やはり攻撃的な行動を選択する．企業 2 の場合であっても，同じ結果になることを確認してみよう．したがって，どちらの企業もそれぞれ相手の行動を考えつつ自分に有利と思って合理的に（攻

撃的に）行動した結果，両方ともに低い利得（ここでは利得ゼロ）しか得られないというジレンマが生じることになったのである．

　これはゲーム理論の中でもとくに有名な「囚人のジレンマ」モデルを，企業間競争の説明に利用したものである．ただし，このゲームの帰結はお互いに情報のやりとりができない中で，1回きりのゲームである場合のものである．もし，ゲームがさらに繰り返し続くという場合は，違う帰結が導かれる．

　繰り返しでゲームが行われるならば，自分の攻撃的行動に対する相手方の報復措置が怖いので，一度きりの利得を得るよりも，長期にわたって双方が協調的な行動を続けることで利得を得る方に強い誘因がはたらくだろう．このように，競争者がお互いに低価格競争をしかけずに，将来的に得られるであろう利得を双方が得られる関係を，競争のもとでの協調という．

　しかしながら，寡占経済下の各企業の間で価格引き下げ競争が展開されず，協調関係を維持するインセンティブ（誘因）が働いていたとしても，価格以外で競争が熾烈に展開されるのが通常である．たとえば自動車やカップめんなどのメーカーは同じ価格帯で数種類の製品ラインナップを揃えているが，どのメーカーの商品であれ，基本機能は走る，曲がる，止まるの3つからなる移動手段に利用するものであったり，短時間の調理時間で空腹を満たすもので，ほぼ同質のものである．企業は価格ではなく，デザインや品質，CMの印象，モデルチェンジのサイクル，アフターサービス，ブランドなどで競争している（製品差別化競争と非価格競争）．このように用途が同じ製品で，購入する人によって他より優れていると考えられている商品を，不完全代替財という．完全代替財であれば価格を下げれば競争相手の市場を奪うだけであるが，不完全代替財の場合は価格を下げたからといって競争相手の顧客をすべて奪うことにはならない．なぜなら，顧客や消費者は製品の特性やブランド・名声，立地，CM広告などに左右されて行動するからである．このような不完全代替財の価格は一般的に下がりにくくなる傾向がある（価格の下方硬直性）．

第4節　市場機構の限界

　独占や寡占構造の経済は，社会の資源配分をゆがめてしまうため，非効率な

経済的成果が生じる．前にみたように，自然独占や大企業の合併，持ち株会社の設立，制限的取引慣行，カルテルなどについては，独占禁止法で規制されている．

これ以外にも，市場の効率的な資源配分が機能しない場合がある．このようなケースを市場の失敗（市場機構の限界）という．市場の失敗が生じた場合，それを矯正するのは，ここでも政府の役割である．政府の市場への介入により，経済効率と資源配分の改善が図られる．

1. 外 部 性

ある経済主体（個人や企業）の活動が，他の経済主体に対して直接・間接に影響を及ぼしながら，しかし，その影響に対して何の費用負担や補償をしない場合に，外部性が発生する．このとき，経済主体は自分の行動によって生じた結果について，すべての責任を負っている訳ではない．

たとえば，大気汚染は自動車から出る排気ガスによる影響が少なくないが，自動車市場の売り手（生産会社）と買い手（消費者）はその結果に何ら費用負担や補償をしない．自動車の生産会社と購入者はそれぞれ最適な資源配分を自動車市場では実現しているが，社会的な損失（大気汚染）を考慮に入れた最適な資源配分は行われていない．このような公害や環境破壊はすべて，負の外部性，負の外部効果といえる．そこで，政府は法律や条例などで環境規制や環境税を導入して，大気汚染の発生源を制限したり，汚染の対価をある特定グループに負担させる仕組みをつくるようになる．

外部性には，正の外部性も存在する．発明や新発見などの成果が経済の効率を上げる作用をもたらし，多くの企業や人々がその便益を受けるケースがこれに相当する．高度化する半導体や青色発光ダイオードは，従来の製品よりも高い性能，幅広い応用で企業や消費者に利益をもたらしている．こうした発明や新発見をなしとげたものには，社会全体からすれば少ないかもしれないが，一定の報酬が受け取れるように，知的財産権の確立と法整備が行われている．

2. 公共財の供給

公共財は，ビジネスの成立しない分野の財・サービスだが社会的な意義の大

きいものを，利用者を限定せずに政府が供給するものをいう．つまり利用する人が増えても追加的費用がかからず（非競合性），他方で利用する人を閉め出すのに大きな費用をともなう（非排除性）ような財・サービスである．わかりやすい例としては，国防，灯台，公園などがその典型例だろう．こうした公共財の中には，非排除性と非競合性の度合いが異なるものも存在するので，その性質に応じて純粋に政府が供給する財，民間に供給を委託する財があるなど，その時々の事情によって供給のあり方は違ってくる．

3. 市場の欠如

社会的に有用と思われる財・サービスであっても，市場が成立しない分野があるとすれば，それを政府が補完する役割を担う意義が高まる．かつては健康保険や年金保険といった市場は存在しなかったため，政府がそれを担ってきた．個人消費者向けの長期住宅ローンという市場も銀行がやりたがらなかったため，住宅金融公庫を設立して長期融資を行ってきた．近年では保険や住宅向け長期融資の民間参入も一般的になっているが，現在でも市場として民間参入していない失業保険といったサービスは，政府の管轄となっている．

このように市場の失敗を補正する主役として，政府の役割はきわめて重要であることがわかる．社会の資源配分が非効率となっているところで，それを是正して最適な資源配分を目指すという大切な仕事が政府にゆだねられている．そこで政府はそうした分野で，政府みずからが直接供給する，民間部門に供給を法律に基づいて命令する，民間部門に供給をうながすようなインセンティブ（誘因）を与える，という3つの選択肢から，財・サービスの供給を決定している．

参考文献
（1） 石橋春夫・関谷喜三郎『入門ミクロ経済学』税務経理協会，2001年
（2） 伊藤元重『入門　経済学　第2版』日本評論社，2001年
（3） 井原久光『テキスト経営学［増補版］』ミネルヴァ書房，1999年
（4） 井堀利宏『入門ミクロ経済学』新世社，1996年
（5） 中村達也・八木紀一郎・新村聡・井上義朗『経済学の歴史：市場経済を読み解く』有斐閣，2001年

（6） 篠原総一・野間敏克・入谷純『初歩から学ぶ経済入門』有斐閣，1999年
（7） ジョセフ・E・スティグリッツ（藪下史郎［他］訳）『スティグリッツ 入門経済学』東洋経済新報社，1994年
（8） 小塩隆士『高校生のための経済学入門』ちくま新書
（9） 岩井克人『会社はこれからどうなるのか』平凡社

第 9 章

国民経済の構造

第1節 国民所得と国富

1. 国内総生産（GDP）と国民総生産（GNP）

　経済学の中には，家計や企業など経済主体の行動に基づいて，最適な資源配分のメカニズムを分析するミクロ経済学と，一国全体の経済の動きを総生産額，失業率，通貨量，一般物価水準などに基づいて分析するマクロ経済学がある．このマクロ経済学の中でもっとも中心的な役割を演ずる国民所得の概念について，まず説明を加えておくことにしたい．
「国民所得」（national income）という用語は広義・狭義二通りの意味をもっているが，広義の意味では国民経済計算の統計にあらわれる国内総生産，国民総生産，国内純生産，国民純生産，狭義の国民所得，可処分所得などを一括して総称する言葉として用いられる．

　これらの概念はいずれも一定期間—通常は1カ年—にわたって，その国でどれだけの経済活動が行われたかを示す概念である．それが用いられる目的によって，何を含め何を含めないかという相違がある．以下では，それぞれについて内容を明らかにし，かつ注意すべき点についても簡単に触れていく．

　まず国内総生産（gross domestic product, GDP）とは，その国の「国内」において当該期間につくり出されるすべての財貨・サービスの総価値額を指す概念である．ここで「国内」とはその国の領土をいうが，その場合，領土とはその国に存在している外国大使館や外国の軍事基地などを除いたものに，外国に所在するその国の大使館や軍事基地などを加えたものをいう．たとえば日本の場合，在日イギリス大使館や在日アメリカ軍基地などはすべて「国外」でイギリスやアメリカの領土とみなされる一方，在イギリスあるいは在アメリカの

日本大使館などはすべて「国内」すなわち日本の領土となるわけである．

　つぎに国民総生産（gross national product, GNP）とは，その国の「国民」によって当該期間のあいだにつくり出されるすべての財貨・サービスの総価値額であり，ここで「国民」とは，その国の全居住者を指している．したがって外国籍であってもたんなる一時的な業務出張ではなく永続的勤務に従事する目的でその国に長期（1年以上）居住する個人や家族は「国民」の中に含められる．企業の場合も同様で，その国で継続して事業を行っているものは居住者と定義するから，外国企業の在日支店や在日子会社はわが国の「国民」となり，逆に日本の企業の海外支店や代理店などはわが国の「国民」には含められない．

　これらの定義からわかるように，国内総生産 GDP では生産の行われている場所が「国内」であるかどうかに重点がおかれており，国民総生産 GNP では生産を行っている主体が「国民」であるかどうかに重点がおかれている．たとえば外国人のピアニストが短期間，日本で演奏会を開いたような場合には，演奏活動は日本の国内総生産には含まれるが，国民総生産には含まれない．反面，日本人のスポーツ選手が海外でのトーナメントに参加して賞金を獲得したとすれば，その賞金は日本の国内総生産には含まれないが国民総生産には含まれることになる．

　結局，そのような総生産概念としての国内総生産 GDP と国民総生産 GNP のあいだには，

　国民総生産＝国内総生産＋海外からの所得の受取り－海外への所得の支払い
という関係が成り立つことになる．70年代まで日本やアメリカでは国内総生産 GDP を用いることは少なかったが，最近では国内総生産 GDP のほうを重視する傾向が強まってきており，国民所得勘定の統計もそれを中心とする方向に移行している．

　国内総生産および国民総生産のなかに含まれる財貨やサービスはそれぞれの市場価格で評価される．そのときにつぎの2点に留意する必要がある．

（1）　財貨・サービスの価値額は重複して計上されることがあってはならない．たとえば，その年につくられたパンの価値を計上する場合，そのパンのなかに含まれている小麦粉の価値やその小麦粉のなかに含まれている小麦の価値

を二重三重に計上することがあってはならないということである．それらを併せて加えれば総生産を不当に過大評価することになってしまうのである．要するに総生産とは，その期につくり出された財貨・サービスの産出総額の中から企業間で取引される原材料・燃料などの中間投入総額を差し引いたものである．

（2）　総生産のなかに含められる財貨・サービスは，市場で取引されるもののみに限定されるのが原則である．たとえばスーパーマーケットで購入されるトマトは総生産のなかに含められるが，わが家の家庭菜園で栽培されるトマトはそのなかに含められない．このような「市場をつうじての取引」という限定がつけられるのは，種類の異なるさまざまな財貨・サービスを共通の単位で合計しようとすれば，市場価格以外に頼るべき適当な評価尺度がないからであり，市場に現れないものの評価には多大の困難が伴うからである．

2．国内純生産，国民純生産

　国内総生産や国民総生産の概念に「総」（gross）という形容詞がついているのは，機械，設備など固定資本財の減耗分を差し引いていないということである．この固定資本財はその期の生産に使用されても，原料などとは異なり，消滅せずに原形を保持している．しかしそれらにも一定の寿命があり，年月とともに次第に消耗していく．原形が変わらないからといって，その消耗分を国内総生産あるいは国民総生産から控除しておかなければ，社会の生産設備は着実に消耗し，やがて総生産を維持していくことも不可能な事態になる．

　そこで国内総生産ならびに国民総生産から固定資本減耗相当分を差し引いたものを，国内純生産（net domestic product, NDP）および国民純生産（net national product, NNP）と呼び，それらの大きさは将来の生産能力を縮小させることなく，自由に消費できる財貨・サービスの総価値をあらわすことになる．

　ここに述べた固定資本の減耗というのは，たんに生産活動に基づく物理的摩滅や損傷を意味するだけでなく，技術革新による新型機械の出現や生産物に対する需要の移り変わりによって現存の機械の価値が減少することも含まれている．国内総生産や国民総生産から差し引くのは，これら2つの意味での価値の

減少を考慮に入れ，それを貨幣に換算して評価した金額である．それは会計上の用語では減価償却引当すなわち耐用年数経過後の更新のため積み立てられる金額に，資本偶発損を加えたものと考えられる．

そこで，その金額を固定資本減耗と呼び，それを差し引くことによって，

　　　国内純生産（NDP）＝国内総生産－固定資本減耗

　　　国民純生産（NNP）＝国民総生産－固定資本減耗

ということになる．

　将来の経済状態を悪化させることなく消費可能な最大の生産額を知ろうと思えば，NDPやNNPの額を正確に求めることが必要であるが，資本減耗分の大きさを計算するのはかなり困難である．実際上，NDPあるいはNNPの概念よりもGDPあるいはGNPの概念のほうが頻繁に用いられるのは，そのような煩雑な計算が含まれず，景気や経済成長の動向を知るためには十分目的にかなうからである．

3. 国民所得，可処分所得

　NDPやNNPの概念とはやや異なる概念に，狭義の国民所得（national income, NI）の概念がある．これは生産に用いられた労働や資産などの生産要素が生産全体にどの程度貢献したのかについて，代価として支払われる所得の合計額である．それらの生産要素は，自らがつくり出した付加価値の分だけを報酬として受け取ることになるから，純生産額と分配される所得額とはコインの両面であり，互いに一致すべきものであるが，その点については，1つだけ注意しなければならないことがある．

　それは，NDPやNNPのなかに含まれる財貨・サービスが市場価格で評価されている．したがって，もし政府がそれらに消費税のような間接税をかけているとすれば，市場価格のほうが間接税の分だけ上回っているということになる．同様に，もし政府がある種の財貨・サービスに補助金を与えているとすれば，市場価格は補助金の分だけ下回ることになる．ゆえに狭義の国民所得は，国民純生産より間接税の分だけ小さく，補助金の分だけ大きい額として定義され

　　　国民所得＝国民純生産－（間接税－補助金）

という関係が成立する．

　こうして狭義の国民所得は，民間の経済主体が生産の代償として受け取る所得の合計を意味することになるが，それは家計が手にする所得額を意味していない．たとえば，その年に法人企業がつくり出す利潤のうち，一部は法人が負担する直接税の形で政府に徴収され，他の一部は内部資金への追加分ないしは法人純貯蓄として社内に留保されるから，その分は家計に分配されない．また，賃金についても，家計はその全額を受け取るわけではなく，一部は社会保障負担金，損害保険料などの形で前もって給与から控除される．

　しかし，家計のなかには生産とは無関係に所得の支払いを受けているものもあり，それには退職者が受け取る社会保障年金，失業者に支払われる失業手当，稼ぎ主のいない家庭への生活扶助料，その他の支払いが含まれる．これらの支払いは，いったん生産に見合った報酬として第一次的にある人に受け取られた所得が再分配の過程を経て，第二次的に他の人にまわされる部分であるから，移転所得と呼ばれている．これらの諸項目を差し引いたり加えたりしたのち，家計が実際に受け取る所得額が個人所得（personal income, PI）であり，その中から家計が負担する直接税を差し引いたものが個人可処分所得である．

　　　個人所得＝国民所得－法人直接税－法人純貯蓄－社会保障負担金など
　　　　　　　＋移転所得
　　　個人可処分所得＝個人所得－個人直接税

である．家計が最終的に自由に処分できるのが，最後の個人可処分所得である．それが消費に充てられると同時に，その残りが貯蓄となる．なお個人可処分所得は家計だけの可処分所得の合計であるが，そのほかに企業や政府機関なども含めて，すべての「国民」が自由に処分できる所得として，それを国民可処分所得（national disposable income, NDI）あるいはたんに可処分所得（disposable income, DI）という．

4. 三面等価の原則

　国内総生産はその年につくり出される最終生産物の合計額である．それをつくり出す生産活動は，農林水産業，鉱業，製造業，建設業，電気・ガス・水道業，卸売・小売業，金融・保険業，不動産業，運輸・通信業，サービス業など

の民間諸産業の事業所，公務・教育・医療・下水道・廃棄物処理などの政府サービス生産者，および私的な教育，医療，社会福祉施設などの民間非営利サービス生産者などから成っている．

　国内総生産が最終生産物の合計額である以上，それは生産に参加した各生産要素が受け取る所得の合計額の側面をもつ．このように分配面からみた国内総生産は4つの項目から成っている．すなわち，家計の労働力の提供に伴う所得（賃金，給与），企業の営業活動による余剰（企業利潤），間接税マイナス補助金，固定資本減耗である．

　ここに間接税マイナス補助金が含まれているのは，この部分が家計や企業から支払われる直接税と関連して，政府による公共サービスとバランスさせるためである．また第4項目の固定資本減耗が含まれてくるのは，生産設備が減価の分だけその年の生産に貢献していると考えられるからである．

　家計の所得と企業の余剰については，つぎのように注意を払っておく必要がある．まず家計への所得は，国民経済計算では雇用者所得という名で呼ばれているが，雇用者というと雇い主を指す言葉であるから，より正確に言えば，被雇用者所得あるいは勤労所得といったほうがはるかに適当である．

　つぎに企業の余剰は，生産活動の結果として一次的に分配される利払い前の営業利益である．利子，配当，賃貸料など財産所得は，第二次的に再分配される移転所得で，新たに生み出された所得ではない．したがって財産所得は経済全体でみれば，その受取りがかならず誰かの支払いに対応し，企業の支払い財産所得は非企業の受取り財産所得に，企業の受取り財産所得は非企業の支払い財産所得になっている．

　ただ国民経済計算でもすべての財産所得について一貫した取扱いがなされているわけではない．土地と建物を例としていえば，土地の場合，個人が会社に土地を賃貸した場合，その土地が生産に貢献した分は会社が生み出した価値に計上された上で，財産所得として地主である個人に移転される形をとる．ところが建物が賃貸された場合は，その持主が自分で「賃貸サービス業」を営んだものとして，建物の生産に対する貢献分は持主の価値に計上される．

　以上が生産・分配からみた国内総生産の二面であるが，つぎは需要面ないし支出面に眼を転じて，国内総生産がどのような用途に使われるかみることにし

よう．国内総生産の支出面は国内総支出（gross domestic expenditure, GDE）と呼ばれ，その内訳は民間消費支出，政府消費支出，国内総資本形成，純輸出（輸出マイナス輸入）である．これらの項目のうち，民間消費支出の中で乗用車や家庭電化製品のような耐久消費財への支出は，それを購入した年に全額をその年の消費支出に含める方式である．また家計が居住用に建設する住宅は耐久消費財ではなく，総資本形成の項目に含められる．また国内総資本形式の総（gross）という字は，国内総生産の総と同じ意味で固定資本減耗分が含まれている．すなわちその年に建てられた建物や機械の価値をすべて計上することになっている．

　これら家計，企業や政府が購入する財には，外国から輸入されたものも含まれている．最後の純輸出の項目で輸入を一括して差し引くのはこの理由に基づくものであり，それによって国内総生産とのバランスが成立するのである．

　すると生産面と支出面の関係は

　　　　国内総生産＝国内総支出
　　　　　　　　　＝民間消費支出＋民間総資本形成＋政府支出＋純輸出

という形となる．こうして国内総生産は，生産面，分配面，支出面から見てすべて等しい価値額をあらわすことになるの．これが「三面等価の原則」と呼ばれるものである．三面等価の原則は，生産されたものが分配され支出されるという経済循環の過程で等価の原則が成り立つことをあらわしたものである．この関係を理解しておくことはマクロ経済の循環構造を知る上で有用である．

5. 経済的福祉の指標

　国内総生産は物的生産活動の指標であるが，それがどれだけ国民の福祉の指標になりうるかについては，高度成長への反省をきっかけとして，国民純福祉（net national welfare, NNW），経済純福祉（net economic welfare, NEW），経済的福祉指標（measure of economic welfare, MEW）などと呼ばれる概念がつくられて，その大きさが計算されるようになった．

　これらは，主として以下の項目を GDP に加えたり，GDP から差し引いたりすることによって，経済生活の質の面を考慮したものである．

（1）加える項目としては，戦後の経済成長をつうじて労働時間が著しく短

縮し，人々の余暇が増えてきた．もし人々が余暇の増大からより大きな満足を得ているとすれば，彼らの福祉はその分だけ向上することになるだろう．ところが余暇は市場で売買される財ではなく，そのためGDPには計上されないから，それが福祉の増大にどれくらい寄与しているか価値額になおしてつけ加えるべきである．同様に家庭での料理やペンキ塗り，芝刈りなどの家事労働についても言え，これらのサービスもすべて計量化して加算しなければならない．

（2）　差し引く項目としては，GDPの生産が大気汚染，騒音などの公害の発生，自然環境や生態系の破壊などの面で著しく福祉を損なっている．それらはいずれも外部性に基づく現象であるために，コストとして勘定のなかに含まれてこない．国民福祉の概念に近づくためには，市場で考慮されないこれらのマイナス面をできるだけ計量化し貨幣価値に還元して，それをGDPから差し引かねばならない．

現代の経済社会において生活の質が問われ，量的な増大を第1と考えることは戒められつつある事情から，経済純福祉を計測する試みは大いに歓迎されるべきものである．ただGDPの計測とは違って，MEWに含まれる非市場的要因は数量化することが難しく，それを評価する人によって主観的判断が含まれることになる．

この点は，たとえば都市化によって景観が損なわれたり，生態学的バランスが崩れたりした分を，どれだけの貨幣価値額に評価するかといったような例を考えただけでも明らかである．GDPが完ぺきな指標でないのと同様，MEWも完全な指標ではない．

6. 国民所得と国富

最後に，国民所得の概念と国富の概念との相違について説明しておこう．国民所得ないしは国内総生産は，通常1カ年のように一定期間につくり出される財貨・サービスの「フロー」(flow)をあらわす概念であり，これに対して国富 (national wealth) はある一時点において現存する資産の「ストック」(stock) をあらわす概念である．

フローとは，たとえば年間何戸の住宅が建てられたか，あるいは何台の新車が生産されたかを言い，ストックとは現時点において何戸の住宅が存在してい

るか，あるいは何台の自動車が走ったり駐車したりしているかをいうのである．さらにたとえて言えば，ある湖に流れ込んだり，それから流れ出たりしている水の量はフロー量であるが，その湖が湛えている水の量はストック量である．

　国富はこのように，ある時点において一国の居住者が保有している資産のストックを貨幣価値額として評価して合計した総額である．それらの資産は，大別すれば有形資産と無形資産とから成る．有形資産とは建物・設備・在庫などの資本財，住宅・乗用車・家庭用電気器具などの耐久消費財，道路・港湾・下水道・消防署・学校などの社会資本や，土地・森林・漁場・地下資源などを言う．これに対して無形資産とは現金・預金・債券・株式などの金融資産を言う．通常，国富の概念には無形資産を含まない．

第2節　景気循環と経済成長

1．景気循環とは

　景気循環（business cycle あるいは trade cycle）とは，経済活動が活発になる時期と不活発になる時期とが，交互に入れ替わって現れる現象をいう．前者のような時期が景気上昇期あるいは好況期で，その期間は産出量，販売量，雇用量，物価水準，設備操業率，利潤などの多くの経済指標が増大・上昇する．他方，後者のような時期が景気下降期あるいは不況期で，そのときには諸指標は大体において減少・低落する．

　実際の景気循環はほとんど経済成長と結びついて進行するから，不況の場合に諸指標が減少すると言っても，それはかならずしも絶対的な減少を意味するとはかぎらず，その増加率や上昇率が鈍化すると考えるべきである．つまり上昇と下降といっても，正確には相対的なものであって，実際，第2次大戦後のわが国の高度成長期においては，経済活動水準が絶対的に減少したことはほとんどなかった．

　純粋の景気循環を考える上でもう1つ必要な手続きは，「季節変動の除去」である．たとえばデパートの売上げが毎年，年の暮に増加したからといって，好景気とは言えない．それはちょうど避暑地のホテルが毎年夏の季節に混雑す

るのと同じである．こうした特定産業の短期間の売上げの変化は景気循環の中に含めてはならない．この季節的影響を取り除いた後に得られるのが，「季節変動調整済み」の時系列データである．

　このような統計的修正をほどこした経済指標の時系列データから，景気循環のかなりはっきりした様相がうかがえる．それは上昇・拡大の局面と下降・縮小の局面を交替的に含んでいるから，上昇から下降への転換点と下降から上昇への転換点をもち，前者が景気の「山」（peak），後者が景気の「谷」（trough）である．それらはまた上方転換点（upper turning point）や下方転換点（under turning point）とも呼ばれる．

　こうして景気が一巡する過程は，（1）谷から山へ向かう拡張期あるいは上昇局面，（2）山を越えて下りはじめる後退局面，（3）下りはじめてから谷にいたる収縮期あるいは下降局面，（4）谷を越えて再び上りはじめる回復局面，の4局面に区分され，それらは

（1）　好況（prosperity）あるいはブーム（boom）
（2）　景気後退（recession）
（3）　不況（depression）あるいはスランプ（slump）
（4）　景気回復（recovery）

と名づけられる．もっともこれらの名称はかならずしも厳格なものではなく，ある人から見れば景気後退であるものが，他の人から見ればすでに不況と考えられるかもしれない．つまり景気後退という用語は，しばしば程度の軽い不況を指す意味にも用いられるのである．またピークでの景気の崩れが金融市場の混乱を招くような，きわめて急激な形で生じる場合には，それを恐慌（crisis）と呼ぶ場合もしばしばある．要するにある局面からつぎの同じ局面にいたるまでの，たとえば好況→後退→不況→回復→好況のプロセスが，景気の一循環期を形成するのである．

2. 景気指標

　当面の経済が，このような4局面のどこに位置しているか，何を指標として判断すればよいのであろうか．国内総生産や総支出がそのための基本的資料となることはいうまでもないが，実際上，国民所得統計は年次ベースか四半期ベ

ースで利用できるにすぎないし，それらが得られるまでには時間がかかりすぎる．

そこで景気の動きをもっと詳細かつ迅速に見ようとすれば，国民所得統計以外の月毎の景気判断材料が必要となり，そうした要請に応えるために工夫されたものが景気動向指数（diffusion index）である．景気動向指数は，過去の経験から景気の動きをもっともよく反映すると思われるいくつかの指標を選抜して，それらを景気局面の判断や将来の動向の予測に役立たせようとするものである．

たとえば日本の場合は，全部で 30 系列の景気指標が用いられ，そのうち一致系列（景気の動きと一致する系列）として建築着工（鉱工業），大口電力使用量，有効求人倍率，生産指数（鉱工業），出荷指数（鉱工業），百貨店販売額（対前年同月比）などの 11 個が，また先行系列（景気に対して先行的な系列）として機械受注（船舶，電力を除く），所定外労働時間（製造業），東証株価指数（総合），建設資材出荷指数，新車登録台数（乗用車）などの 12 個が，さらに遅行系列（景気に対して遅れる系列）として原材料在庫指数（製造業），製品在庫指数（鉱工業），家計消費支出（全国勤労者世帯，対前年同月比），常用雇用指数（製造業，対前年同月比）などの 7 個が含まれている．

景気動向指数を，たとえば一致系列 11 個の全指標のうち上昇しつつある指標の数が何％を占めるかを示したもので，もしそこに含まれている全指標が上昇しているとすれば 100 であり，全指標が下落しているとすれば 0 である．たとえば上昇する指標が半数を超え，指数が下から上へと 50％のラインを切るときが景気の谷であり，逆に下降する指標が半数を超えて，指数が上から下へと 50％ラインを割るときが景気の山であるということになる．一致系列のほかに先行系列や遅行系列が併用されるのは，そのことをつうじて景気の局面判断をより一層正確のものにするためである．

3. 循環の型と周期

このように景気動向指数によって，われわれは現実の経済活動の中に，景気循環の波があることを明確に認知することができる．その結果，見出される景気交替の波動は決して単純な規則的振動をあらわしているわけではなく，複雑

なジグザグ運動の形をとる．これは，それぞれ波長を異にする複数の循環の型が存在し，それらが合成されて現実の起伏をつくり出していると考えられるからである．

その場合の基本となる波動型としては，つぎのような4つのものが知られている．まずその第1は，8年から12年，平均してほぼ10年の周期をもつ「主循環」（major cycle）である．これはその存在を1860年に始めて発見したクレマン・ジュグラーの名に因んで「ジュグラーの波」とも呼ばれ，またその主因が設備投資の変動にあるところから「設備投資循環」とも呼ばれている．

つぎに第2には，ほぼ40カ月（3～4年）というもっとも短い周期をもつ「小循環」（minor cycle）であり，これもまたその存在を詳しく分析したジョゼフ・キッチンの名前を冠して「キッチンの波」と呼ばれている．この波動は戦後になってから「在庫循環」（inventory cycle）という名前でも呼ばれており，われわれが日常もっとも身近に感じている波動である．

第3には，アメリカのノーベル賞経済学者サイモン・クズネッツが見出した約20年周期の「建築循環」（building cycle）であり，これは住宅や貸借ビルなどの建設に関連したものと考えられる．

最後に第4は，最短40年から最長70年，平均ほぼ50年を周期とするいわゆる「長期波動」（long wave）であり，これは最初の発見者であるロシアの経済学者ニコライ・コンドラチェフの名を記念して「コンドラチェフの波」と呼ばれるものである．もっともこのような長期の波動をいくつも包摂するような時系列データは容易に利用することができないから，コンドラチェフの波の存在については疑問をもつ学者も少なくない．またそれが存在することを認めるにしても，その原因をめぐっては研究者によっていろいろと意見が分かれており，あるものは技術革新がその主原因であるとし，他のものは戦争や革命，あるいは金鉱発見とか植民地の開拓とかがそれであるとしている．

これらの4つのパターンを複合することによって，現実の複雑な波動がある程度解明できることも多い．しかし，われわれはまたこのような複合波動仮説が，決して個々の循環の特徴をすべて説明しつくすものではないことにも注意しなければならない．その時々の歴史的環境の下で起こる循環の1つ1つは，それぞれ特定の歴史的個性を帯びているわけであり，上記のパターンの複合が

再帰することはあるにしても，将来の景気循環が過去のそれの完全なコピーとなることは，決してありえないのである．

第3節　金　融　政　策

1．金融とはなにか

　豊かな経済社会を築くには，財やサービスの交換が活発に行われる必要がある．その交換手段としてお金が役に立っている．お金には，貨幣（**現金通貨**）と呼ばれる紙幣や硬貨と，銀行などに預けた**預金通貨**がある．

　お金は金額で価値を示せるし，決済に使え，貯めることも可能である．つまり，お金には，①**交換手段**，②**価値尺度**，③**決済手段**，④**価値貯蔵手段**がある．安心してお金を使うためには，お金の「信用」が大切であり，金融システム・決済システムの安全性を常に維持することが金融政策の基本である．

　大人になると，お金の他に「金融」という言葉も使う．金融とは，お金の余っている人が，お金を必要とする人に貸し出して，お金を融通することである．お金を必要とする人を探すには手間がかかるので，銀行などの**金融機関**が貸し借りを手伝ってくれる．お金を金融機関に預けた人は，預けた金額（**元本・元金**）と**利息**を受け取り，借りた人は元本と**利子**を支払う．利息や利子は，**金利**として**利子率**（**％**）で表示される．好景気になると金利は上がり，不景気になると金利は下がるが，なぜだろう．お金にも需要と供給があり，世の中に出回るお金の量（通貨供給量，マネーサプライ）と金利は，常に変動している．

　金融には資金を借りるための2つの流れがある．①**間接金融**は，企業や政府が金融機関から資金を借り入れる方法である．②**直接金融**は，企業が株式や社債を発行したり，政府が公債を発行したりして，直接，証券市場から資金を調達する方法である．日本は間接金融が盛んだったため，数多くの金融機関がある．銀行・信用金庫・信用組合・証券会社・保険会社・農業協同組合・労働金庫・郵便局（郵便貯金）などは金融機関（**市中銀行**とも言う）である．

　また，**金融市場**も重要である．株式や社債，公債などを取引する**証券市場**，日々の資金の過不足を解消するために金融機関同士が利用する**短期金融市場**

(昔から電話で他の銀行から資金の貸し借りをしたので**コール市場**と呼ぶ），手形市場（商業手形などの支払うことを約束した証券を取引する）などが，コンピュータのオンライン・システムによって稼働されている．

2. 日本銀行と金融政策

日本の中央銀行は**日本銀行**（通称日銀，1882年設立，日本銀行法による特殊法人の株式会社，資本金1億円で55％政府出資，ジャスダック（店頭）市場で売買が可能）である．日銀総裁をはじめ，2名の副総裁，6名の審議委員の合計9名の政策委員会が金融政策を決定する．政策委員会のメンバーは，国会の同意を得て内閣が任命することになっている．

日本銀行は，数ある銀行の中でも次の3つの意味で特殊である．

① **発券銀行**（日本銀行券＝紙幣を発行する．※補助貨幣である硬貨は政府発行であるので，政府が勝手に紙幣を乱発することはできない）
② **銀行の銀行**（市中銀行への貸付，預金受け入れを行う）
③ **政府の銀行**（国庫金の出納，公債発行や償還事務を行う）

また，表9-1や，以下に述べる3大金融政策によって，インフレーションの防止と，景気や通貨の安定を目指す金融政策（monetary policy）を行っている．

① **公開市場操作**（open market operation）は，日本銀行が手持ちの国債や手形を，市中銀行との公開市場で売り買いし，マネーサプライ（通貨供給

表9-1 日本銀行の三大金融政策

	好景気の時 （金融引締政策を採用）	不景気の時 （金融緩和政策を採用）
① 公開市場操作	売りオペレーション 債券を銀行に売り，民間の資金を回収する．	買いオペレーション 債券を銀行から買い取り，民間に資金を供給する．
② 公定歩合操作	↑上げる	↓下げる
③ 支払準備率操作	↑上げる	↓下げる

※公開市場操作の応用として量的緩和政策がある．金融機関が日本銀行に口座を開設している日銀当座預金の残高を上げて，金融機関に多く預金してもらい，その資金を金融機関同士の公開市場で活発に取引して，景気を刺激しようとする政策であるが，効果については賛否両論がある．

量）を調整することである．景気が過熱し，マネーサプライが多い時は売りオペレーションを行い，不況の時は買いオペレーションを行う．

② **公定歩合操作**とは，日本銀行が市中銀行に貸し出す利子率を操作することである．公定歩合を上げれば，連動して市中銀行の利子率が上昇し，企業への貸し出しが抑制され，コスト効果が現れる．下げれば貸し出しが活性化される．また，公定歩合操作の公表は，景気に対するアナウンスメント効果もある．しかしながら，公定歩合を0％付近に下げてしまうと，これ以上，下げるのが難しいという問題を抱えている．

③ **支払（預金）準備率操作**とは，市中銀行の預金の数％を準備として，無利子で日本銀行に預けさせる預金の準備率を操作することである．

この他，日本銀行には取り付け騒ぎ（預金者が銀行に集まり大量の引き出しを行うこと）を避けるために，日本銀行法第38条に「金融システム安定のための伝家の宝刀」「最後の貸し手（レンダー・オブ・ラスト・リゾート）」と呼ばれる**日銀特融**がある．また，日銀・政府・民間金融機関の出資による**預金保険機構**（認可法人）が，破綻金融機関の預金者保護にあたっている．

3. マネーサプライ（通貨供給量，money supply）

マネーサプライとは**通貨供給量**（世の中に出回っているお金の量）を指す．日本銀行は，お金を M_1 や M_2 ‥‥と分類しているが，通常，マネーサプライの指標として M_2+CD を使用し（表9-2を参照），M_2+CD の伸び率の監視を重要事項としている．なぜなら，財・サービスの量が一定の状態で，マネーサプライのみが増加すると，お金の価値が下がって，インフレーション（物価上昇）を引き起こすからである．景気循環や物価上昇の原因を，主に通貨供給量や利子率にあるとする経済理論をマネタリズムと言い，1976年にノーベル経済学賞を受賞したフリードマン（Milton Friedman, 1912- ）が有名である．

4. 支払準備率と銀行の信用創造

銀行は，預かっている預金の一定割合を，預金者の引き出しに備えた支払い準備として保有しておき，残りを企業に貸し出す．今，支払準備率を10％，A銀行に1兆円の預金があるとしよう．A銀行は支払準備として，10％の1,

表 9-2　マネーの分類（M_2+CD をマネーサプライとする）

広義流動性 1,335兆円	M_3+CD 1,120兆円	M_2+CD 689兆円	M_1 356兆円	M_1 ＝ 現金通貨 ＋ 預金通貨 　　　（紙幣 硬貨）（普通預金・当座預金） 　　　　69兆円　　　　287兆円 　※ M_1 は，現金といつでも現金にできる預金で流動性預金を表す．
			$M_2 = M_1 +$ 準通貨（定期預金など） 　　　　314兆円 ※ M_2 は M_1 と定期預金（準通貨）の合計．	
			CD＝譲渡性預金（negotiable certificate of deposit） 　　　　19兆円 ※ CDとは無記名の大口定期預金証書で第三者に売り渡すことができる．期間自由の期日指定方式で流通性が高く大企業にとって大変，便利である．	
		$M_3 = M_2 +$ 郵便貯金，農漁協貯金，信金 信組 　　　　労金通帳，信託元本など ※ M_2 に銀行以外の金融機関のデータを足したもので集計が遅い		
※広義流動性とは，M_3+CD に政府や外債発行機関・保険会社等を加えたもの．				

※日銀資料より2004年1月の平均残高で作成，数値は速報含むため，後に修正がある．株式は含まれないので，日本の個人金融資産の1,378兆円（2003年3月末）とは別物の統計である．

000億円を保有し，残り9,000億円を企業に貸し出す．9,000億円を借りた企業はB銀行に9,000億円を預金し，B銀行は支払準備に900億円，残りの8,100億円を新規に貸し出す．B銀行に借りた企業がC銀行に8,100億円預金すると，C銀行は10％の810億円を支払準備とし，残り7,290億円を新規に貸し出す．したがって，預金総額は無限等比級数の和となり，10兆円になる．

$$1+0.9+(0.9)^2+(0.9)^3+\cdots+(0.9)^{n-1}+\cdots=\frac{1}{1-0.9}=10 \qquad (9\text{-}3\text{-}1)$$

上の式は，**最初の預金額×（1/支払準備率）＝預金総額**である．預金は当初1兆円の10倍の10兆円，支払準備は1兆円，新規貸し出しは9兆円になる．このように，最初の預金の何倍もの預金が生み出されることを**信用創造**と言う．

この式を見ると，不良債権の処理がいかに大変であることがわかる．**不良債権**とは貸し出した資金が返済されないことを指すが，たとえば，A銀行で，1兆円の土地を担保にとって90％の9,000億円をX社に貸し出したとする．X社が，その9,000億円で別の土地を買い，担保にしてB銀行から90％の8,

100億円を借り，それで土地を購入し…，と繰り返していけば，論理的に9倍の9兆円の貸し出し（信用創造）が行われる．もし，その土地が購入した時点の価格よりも値下がりし，収益が下がれば，利子も元本も払えず，不良債権化してしまう．

これが，90％の貸し出しではなく99％貸し出し（つまり支払準備率1％）であれば，(9-3-1) 式より $1/(1-0.99) = 100$ となり，当初，1兆円であった預金は，総額100兆円，支払準備金は1兆円，新規貸付99兆円となる．もし，100％融資であれば∞（無限大）である．

1980年代後半の株価・地価の急激な上昇による**バブル経済**では，開発目的で，沼や崖・荒れ地にまで担保にして銀行が貸し付けたという．しかしながら，バブル経済が崩壊すると，不良債権処理のために数多くの銀行が破たんした．好景気でも，銀行の堅実経営が必要であり，国民も安易に金儲けに熱狂してはいけないのである．

5. 金融の自由化と銀行経営

第2次世界大戦後の日本の銀行業は，旧大蔵省の指導による「護送船団方式」をとり，金融システム全体を規制していた．しかしながら，1984年，日米円・ドル委員会の報告により，大口預金金利の自由化や，外貨の規制撤廃などが提言された．1985年にMMC（市場金利連動型預金，Money Market Certificate）が導入され，1994年，普通預金の金利自由化をもって金利の自由化は完成した．一方，1993年に銀行と証券，銀行と信託の垣根の一部撤廃がなされ，金融業務の自由化が進んだ．1996年には，英国の金融自由化を見習い，**日本版ビッグバン**（金融大改革，Big Bang）として，①フリー（自由化），②フェア（透明性），③グローバル（国際的な監督体制）の推進が示され，銀行経営は，すさまじい勢いで改革されていったのである．

さらに，日本の銀行に押し寄せた難関は**BIS規制**であった．BIS規制とは，BIS（国際決済銀行，Bank for International Settlements）の上部組織であるバーゼル銀行監督委員会（スイスのバーゼルにある日米英などが参加する会議）が，国際金融業務を行う銀行の**自己資本比率を8％以上**と規制したことによる．

自己資本比率とは，基本的には，リスク（危険性）のある融資や債券などの総資産を分母に，資本や保有株式の含み益，今まで業務して築いてきた利益などを分子にした比率を計算し，％で表示する．

なぜ，自己資本を8％以上にしなければならないのかと言うと，自己資本比率の低下した銀行は，倒産の危険の高い銀行として，国際金融取引から追放されるからである．そのため，バブル経済で打撃を受けた日本の銀行は，必死にBIS規制をクリアしようとした．しかし，不良債権が多すぎて，1998年，大手銀行に公的資金（税金）が投入され，自己資本を充実しなければならなかった．同年に設置された金融監督庁（現在，**金融庁**）は，自己資本の低下した銀行に対して，早期是正措置や業務停止命令を実施できるようになった．

金融の自由化と不良債権処理の過程の中で，銀行の大型合併が発生し，銀行経営戦略として，インターネット・バンキングや電子マネー，証券業や保険業の多角経営，リテール戦略（retail banking，個人や自営業者向けの小口金融中心の戦略），ホールセール戦略（wholesale banking，大企業向け大型融資や大口預金，証券投資などの戦略）などが発達する可能性が高い．

一方，金融の自由化は，国民にも自己責任を自覚させるものとなった．破綻した銀行の預金が，預金保険機構から限定ながら払い戻されることを**ペイオフ**（pay-off）と呼ぶが，今まで政府が預金を税金で全額保護していたので，ペイオフが停止された状態であった．しかしながら，2002年4月から，定期性預金の元本1000万円とその利息分を超える範囲を保護しないことになり，ペイオフが一部解禁された（2005年4月より利息の付く普通預金もペイオフ解禁）．その結果，企業や国民は，預金を全額保護されていない状態になるため，健全な銀行を選別をする必要に迫られている．

6. 国際金融市場の発展

第一次世界大戦まで，英国の通貨は金（きん）と交換できる兌換（だかん）銀行券を発行し，**金本位制**を採用していた．しかし，1929年の世界恐慌により，多額の公共事業費を確保するため，1931年，金との交換を保証しない（金を市場で購入できない意味ではない）不換銀行券を発行し，**管理通貨制度**に移行した．米国は1934年に管理金本位制に移行し，外国の要求にのみ金との交換に応じていた

が，日本は1942年に管理通貨制度を採用した．管理通貨制度は，金の保有量に影響されないため，金融・財政政策が発動しやすく，金融市場を発展させることができるが，紙幣乱発によるインフレーションを発生させやすい欠点がある．

　第2次世界大戦後，国際基軸通貨となった米国のドルは，1971年にニクソン大統領が，金の国外流出を防ぐため，金とドルの交換を停止した．これをニクソンショックと言い，先進国は1973年に通貨の**変動相場制**へ移行した．

　1980年代になると，日本の金融機関の海外進出により，海外で取引される円（**ユーロ円**）が増加した．ユーロとは，国境を越えて海外で取引されている通貨の意味であり，国際金融が古くから発展したヨーロッパの意味の「ユーロ」を通貨名につける慣習がある．だから，米国の国内通貨はドルであるが，海外で取引されているドルを**ユーロドル**と言う．欧州連合の通貨ユーロは，海外ではユーロユーロとなる．ユーロ市場は，岸から離れたという意味のオフショア市場（offshore market）とも言われ，国家の規制が及ばないため，各国の協調介入が重要である．金利も自由化されているが，目安となるのは**ロンドン銀行間取引金利（LIBOR**，London Inter-Bank Offered Rate）である．日本の大企業の資金調達においてLIBORの果たす役割は非常に大きい．

発展：証券市場とバブル

　証券市場とは，**有価証券**を取引する市場である．有価証券とは財産を表記する証券のことであり，株券や債券，手形や小切手などがある．企業の資金調達方法には，①自己資本（株式発行や利益を社内留保して蓄積する方法）や，②他人資本（社債発行や銀行からの借り入れで調達する方法）がある．したがって，企業の資金調達における証券市場は，重要な役割を果たしている．

　企業の種類の中で最も多い**株式会社**は，株式を発行し，自己資本を調達する．投資家は，**株式市場**で株を売買できるほか，配当金を受け取り，株主総会に出席し，経営情報の公開（ディスクロージャー，disclosure）を受ける．

　日本の証券市場としては，**東京証券取引所**や**大阪証券取引所**，**ジャスダック証券取引所**（店頭市場，日本証券業協会が証券会社の店頭でオンライン取引できるシステムを構築した中小企業のための市場）などがある．とくに，東京証券取引所の第一部上場企業は大企業が多く，株価の指標である**TOPIX**（Tokyo Stock Price Index，東証株価指数）や**日経平均株価**は，重要な指標となっている．

株式市場は，歴史的に**バブル**（bubbles）や大暴落が発生する．バブルは，株価が本来の価値であるファンダメンタルズ（fundamentals，基礎的条件）を超えてブクブクと急騰する様子を示し，バブル崩壊とは，株価が最高潮に達した途端，パチンとはじけ飛んで，大暴落することを指す．かつて，オランダでは，（商品ではあるが）チューリップの球根1個で家が1軒建つまで暴騰したり，英国では実体のない南海会社の株が急騰し，大暴落した事件があった．

　株価は，投資家の期待によっても変動するので，バブルを予測することは容易ではない．米国では，NASAのロケット工学者や物理学者が銀行に転職し，投資プログラミングを開発したが，1987年10月19日月曜日のニューヨーク証券取引所のブラックマンデーと呼ばれる暴落で，投資に失敗した例があった．

　株式市場は，企業の**M&A**（吸収・合併，Merger & Acquisition）や**TOB**（株式公開買い付け，take-over bid）の現場である．TOBは，買収したい企業の市場の株価よりも高い値で買い取ろうと投資家に勧誘し株券を集める方法である．日本は米国よりも，株券を買う個人投資家が少なく，企業再編や，ベンチャービジネスの支援のためにも，市場と個人投資家の育成が望まれている．

第4節　財 政 政 策

1．財政と予算

　国家や地方公共団体は租税を徴収し，国防や道路・港湾・学校などの公共財（社会資本とも言う），義務教育や福祉などの公共サービスを提供する．これを**財政**と呼ぶ．財政は国が行う国家財政と，地方が行う地方財政がある．国家財政の中心は予算である．予算は通常4月～翌年3月までの1年間を，一会計年度としている．とくに予算の収入を**歳入**と呼び，支出を**歳出**と呼ぶ．

　国の予算の種類は次の3つから構成され，国会の議決が必要である．

　① **一般会計予算**（一般行政や社会保障，国債，地方交付税交付金）

　② **特別会計予算**（一般会計に計上できない国の特定の事業，郵便や国の学校，国民年金，外国為替資金，国債の管理など）

　③ **政府関係機関予算**（住宅金融公庫や日本政策投資銀行・国際協力銀行等）

　政府関係機関は，政府が出資しているが，国家と区別される特殊法人であり，かつては，日本国有鉄道や日本電信電話公社も入っていた．

　この他に，国会の議決を必要とする「第二の予算」と呼ばれる**財政投融資計**

画がある．郵便貯金や簡易保険，厚生年金や国民年金などの資金を，財政融資資金（財投債を含む）として，社会資本整備や住宅投資・中小企業振興などに投資する．ここで注意して欲しいのは，財政投融資による公共事業（たとえば道路）が赤字経営になれば，郵便貯金などのシステムが危機に陥る可能性がある．だから，日本道路公団の民営化は，財政投融資改革と一体化しているのである．

予算は毎年，各省庁の**概算要求**（シーリング）から始まり，12月中に財務省原案が出され，各省庁との復活折衝に入る．12月末～1月には政府案，1月～3月ごろに国会で審議され，4月には施行される．国会で紛糾した場合には**暫定予算**が組まれ，年度途中の予算変更では**補正予算**が組まれる．国家は企業のように利益をもとに事業を行うのではないから，予算の効率運営が重要となる．

2. 国債の累積問題

表9-3のように，国家財政が歳入＜歳出になった場合，**財政赤字**が発生する．つまり，一般会計予算が歳入＜歳出のとき，

$$歳出 － 歳入 ＝ 新規国債発行額 ＝ 建設国債 ＋ 特例国債 \qquad (9\text{-}4\text{-}1)$$

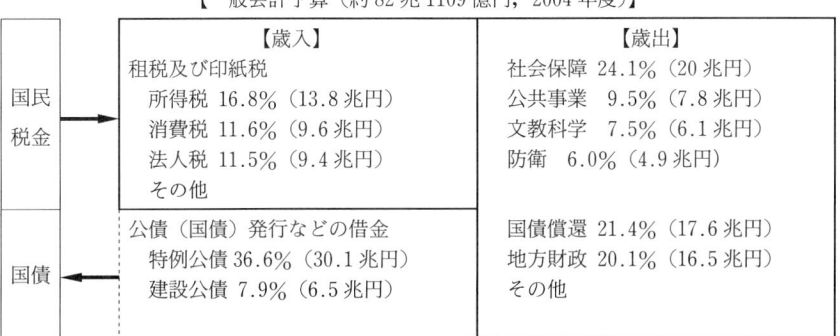

表9-3 国家財政の概念図
【一般会計予算（約82兆1109億円，2004年度）】

	【歳入】	【歳出】
国民税金	租税及び印紙税 　所得税 16.8%（13.8兆円） 　消費税 11.6%（9.6兆円） 　法人税 11.5%（9.4兆円） 　その他	社会保障 24.1%（20兆円） 公共事業 9.5%（7.8兆円） 文教科学 7.5%（6.1兆円） 防衛　　 6.0%（4.9兆円）
国債	公債（国債）発行などの借金 　特例公債 36.6%（30.1兆円） 　建設公債 7.9%（6.5兆円）	国債償還 21.4%（17.6兆円） 地方財政 20.1%（16.5兆円） その他

※財務省資料から，2004年度当初予算（平成16年度）．歳出の国債償還の大きさに注意．また，歳入の税収の少なさや，特例公債の大きさを見ると，政策的に使える経費は少なく，国家財政が硬直化していることがわかる．また，2004年度予定の財政投融資計画は，20.5兆円の規模である．

となり,建設国債と特例国債の発行で,赤字を埋めなければならない.

> ① 建設国債(道路や港湾など社会資本を建設,子孫に残す)
> ② 特例国債(赤字国債という,公務員の給料など歳出の穴埋めをする)

①の**建設国債**(建設公債)は,子孫に残る社会資本を作るのであるから,財政法第4条により発行を認められている.しかしながら,②の**特例国債**(特例公債)は,単なる不足分の穴埋めであるから,財政法第4条で禁止されている.そのため,単年度ごとに財政特例法を国会で議決させて,特例国債を発行してしまうのである.特例国債は一般的に**赤字国債**と呼ばれている.

表9-4を見ると,国債は1965年の不況から発行され,75年度に残高が15兆円程度であったが,85年度に134兆円,95年度に225兆円,2000年度で368兆円と巨大化した.国民一人当たり約290万円であり,1クラス40人なら1億1,600万円,学生数1,000人の学校なら29億円の借金を抱えていることになる.また,国債だけでなく,地方債などの公債全体で見ると,2004年度末予想で719兆円.これだけ巨大化した国債残高は,償還(借金を返済)するだけでも大変である.それゆえ,借金返済のための借金である**借換債**を国債と擬装して発行,これが財政の硬直化を引き起こし,政府の巨額な借り入れが民間投資を妨げる**クラウディング・アウト**(crowding out)を招きやすくしている.また,当面,国債残高の大幅な減少が見込めないため,国民に強烈な負担が及ぶ日も近い.

表9-4 国債残高の推移(会計年度)

Sは昭和,Hは平成	1975 (S 50)	1980 (S 55)	1985 (S 60)	1990 (H 2)	1995 (H 7)	2000 (H 12)	2004 (H 16)
国債残高(兆円)	15	71	134	166	225	368	483
うち特例国債残高	2	28	59	65	68	158	260
国債対GDP比(%)	9.8	28.7	41.1	37.0	45.0	71.6	96.4
国民1人当たり(万円)	13	60	111	135	179	290	*378

※財務省資料から,2004年度は見通し,GDPは『国民経済計算』で2004年度GDPは見通し,人口は各年10月1日のデータで計算,*は予想値,一部分『日本国勢図会』から引用.

3. 租税の種類

　日本国民は憲法第30条で納税の義務を負っている．**租税**は歳入を支える重要な要素で，課税方法は**公平の原則**を貫かなければならない．

　租税は，国に納めるのを国税，地方公共団体に納めるのを地方税とよび，直接納めるのを**直接税**，第三者を通じて納めるのを**間接税**と呼んでいる（表9-5を参照）．第2次世界大戦前の日本の税制は間接税が中心であったが，1949年，GHQ（連合国軍総司令部）による日本占領の中，シャウプ（C.S.Shoup, 1902-2000）を団長とする税制調査団が，税制の基本を直接税とする**シャウプ勧告**を出した．そのため，例えば，1985年度の直接税と間接税の比率である直間比率は，約73：27であり，戦後の日本は直接税中心となった．

　直接税である所得税は，所得の高い人ほど多く税金をとる**累進課税**を採用している．しかし，少額な納税の高齢者が増加していることから，若い就業者層の負担増を避けるため，間接税の消費税が1989年に導入された．以後，たとえば，2003年度当初予算の直間比率は，約55：45となり，間接税の比率が上昇している．消費税は，生活必需品などを購入する国民全体に課税が及ぶため，低所得者の租税負担感が増す**逆進課税**であることに注意が必要である．

　日本では，地方税の収入が低く，地方公共団体は，国庫支出金（国が目的を定め地方公共団体に支払う補助金のこと）や，地方交付税交付金（市町村の財政力の差をうめるため国から交付される）でやりくりしている．そのため，財政の厳しい市町村は，合併することで負担減を模索している．

表9-5　おもな税金の種類

	国税	地方税	
		道府県税	市町村税
直接税	所得税 法人税 相続税 贈与税	道府県民税 事業税 自動車税	市町村民税 固定資産税 都市計画税 軽自動車税
間接税	消費税 酒税 たばこ税 揮発油税 関税	地方消費税 ゴルフ場利用税 道府県たばこ税 軽油取引税	入湯税 市町村たばこ税

※この他にも税金がある．地方税は東京都（区）を含む．

4. 財政の機能と財政政策

アメリカの財政学者であるマスグレイブ（R.A.Musgrave, 1912- ）は，財政の機能として，次の3つを示した．

① **資源配分機能**は，国防や警察，上下水道や公園・堤防の建設などの公共財や公共サービスを国民に提供し，資源を配分する機能である．

② **所得再分配機能**は，累進課税により所得格差や分配の不平等を是正することである．社会保障もこの機能に含まれる場合が多い．

③ **経済安定化機能**とは，景気対策や財政政策で経済を安定化させることで，次の2つの機能が代表的である．

ビルト・イン・スタビライザー（自動安定装置，built-in-stabilizer）は，不況下で所得が減少しても，税金が所得の減少率以上に減るため，**可処分所得**の減少が抑えられることを指す．具体的には，年収1,000万円のAさんが200万円の所得税を支払い，手取りが800万円としよう．一方，年収800万円に下がった時は，100万円の所得税を支払い，手取り700万円としよう．不景気でAさんが年収800万円（-20％減）になれば，所得税は100万円（-50％減），手取り700万円（-12.5％減）となるから，-200万円という大幅な年収減少に対して，累進課税により手取り-100万円の減少になった．このようにビルト・イン・スタビライザーは，経済を安定化させる力があるのである．

2つ目は**フィスカル・ポリシー**（補整的財政政策，fiscal policy）で，政府が公共事業投資や減税を行うことで，失業者を吸収し，可処分所得を上昇させ，景気を刺激する政策である．これに日本銀行の金融政策を加えて，ポリシー・ミックス（policy mix）を実施すれば，より効果があがると言われている．

大規模な財政政策の実例は，1929年の世界恐慌に対するルーズベルト大統領（F.D.Roosevelt, 1882-1945）のニュー・ディール政策がある．当時のイギリスの経済学者**ケインズ**（J.M.Keynes, 1883-1946）は，有効需要を創出するために減税や公共投資などの財政政策を実行し，経済主体間の波及効果から，当初の公共投資額の何倍もの所得が得られることを，**乗数効果**（multiplier effect）として理論化していた．この乗数効果は，近年の日本の不況では効果がないと言われたが，無駄な公共事業対策をだらだらと連発し，構造不況業種

を温存した政策ミスである．本来，ケインズの財政政策は，有効需要の創出に向けてやるものであり，既得権益の保護のために財政赤字を続けるようなものではないのである．

発展：日本財政の未来

　第9章第4節で学んだとおり，日本の財政の将来は，危機的な状況にある．国債と地方債の公債残高が，歴史的に減少せず，拡大している．しかしながら，いつまでもこのような状態を続けることはできない．なぜなら，公債の償還が危ぶまれたとき，公債の**格付け**が下がり，誰も公債を購入しなくなるからである．その時は，公債の金利が激しく上昇するだろう．また，公債償還のための資金が必要となり，無理な増税が実施される．公債の返済を楽にするため，日本銀行が紙幣を乱発し，人工的にインフレーションを発生させるかもしれない．もし，日本国民の個人金融資産1,378兆円（2003年3月末）に近い公債残高になれば，**預金封鎖**により国民の預金と公債を相殺してしまう可能性もある．

　危機を脱出するためには，国政と国民が責任をとり，増税されながら生き延びる方法を考えるしかない．まずは，毎年度の財政を均衡させることが重要である（**均衡財政**）．各自で，公債残高を減らす方法を話し合ってみよう．

参考文献
（1）　N・グレゴリー・マンキュー『マクロ経済学　第2版（1）入門篇』東洋経済新報社，2003年
（2）　ジョセフ・E・スティグリッツ『マクロ経済学　第2版』東洋経済新報社，2001年
（3）　ジョセフ・E・スティグリッツ『スティグリッツ入門経済学　第2版』東洋経済新報社，1999年
（4）　岩田規久男『金融論　改訂版』放送大学教育振興会，2004年
（5）　斎藤精一郎『ゼミナール現代金融入門　改訂第4版』日本経済新聞社，2003年
（6）　川北力編『図説　日本の財政』東洋経済新報社，各年版
（7）　吉田和男・林宜嗣・神野直彦・飯野靖四・井堀利宏・小西砂千夫『財政システム』有斐閣，1998年
（8）　（財）矢野恒太記念会『日本国勢図会』矢野恒太記念会，各年版　※旧版は国勢社．
（9）　日本経済新聞社編『経済新語辞典』日本経済新聞社，各年版

第10章 近現代日本経済史

第1節 資本主義の形成過程

1.「上からの資本主義」

　1856年，浦賀に黒船が来航して以来，日本社会は大きな変貌を遂げることになる．徳川幕府を中心とする幕藩体制は崩壊し，天皇を中心とする近代国家が誕生した．当時の世界は欧米諸国による植民地獲得競争の時代に突入しており，日本も欧米からの植民地支配の危機に直面していた．このために，明治政府は「富国強兵」「殖産興業」政策を採用して，早急な近代化を行った．欧米のように市民革命や産業革命を経験し，資本主義を確立する時間がなかったためである．そのために政府主導による「上からの資本主義」を押し進めた．

　1880年頃までに，明治新政府は版籍奉還から廃藩置県，地租改正，新貨条例，国立銀行条例，郵便制度などを行って，東京を中心とする中央集権国家を形成した．また，明治新政府は，兵器工廠や造船所，富岡製糸場や新町紡績工場などの官営工場を建設し，鉄道開設などを行い，社会資本の整備を急いだ．しかし，あまりに急激な社会変革は日本国内に混乱を招いた．とくに，明治10年に始まる西南戦争時に，政府は不換紙幣を発行したためにインフレが起こった．政府は財政難に陥ったため松方正義を大蔵卿に就任させて，緊縮財政を行い，デフレ策を採用した．さらに明治新政府は，官営工場を民間に払い下げて，この財政難から回避しようと試みた．結局，1880年までに「上からの資本主義」は一応終わり，以後，民間主導型の産業革命が行われることになる．

2. 産業革命の進展

　1880年以降，為替相場の安定により，日本の軽工業が発達してきた．日本の軽工業は大きく分けて2つある．1つは，綿花から綿糸を作る紡績業とこの綿糸を組み合わせて布にする綿織物業である．また繭から生糸を作る製糸業とこの生糸から織物を作る絹織物業がある．綿織物は日本人の衣服として使用されるが，絹織物はフランスやアメリカへ向けての輸出品となる．しかし，開国した日本には多くの綿織物が安く輸入されるために，国内産の紡績業が必要となった．このために，機械によって一挙に大量の綿糸を作る紡績会社が誕生する．それが1883年に渋沢栄一によって設立された大阪紡績会社であった．動力に蒸気機関を使用して，近代的な紡績業を始めた．しかし，これらの会社を可動するための綿自体が足りないために，国内でも綿作が行われた．さらに日清戦争（1895～1895）以後は，綿糸を中国や朝鮮に輸出するようになった．政府は紡績業を輸出産業に育てるために，綿糸輸出税や綿花輸入税の撤廃を打ち出し，1897年には綿糸輸出量が輸入量を超えた．また製糸業も機械化がすすみ，器械製糸生産量が座繰製糸生産量を超えた．日本は，1897年を境として，一応の軽工業部門の産業革命を達した．これらは，日本の労働者の賃金を安く

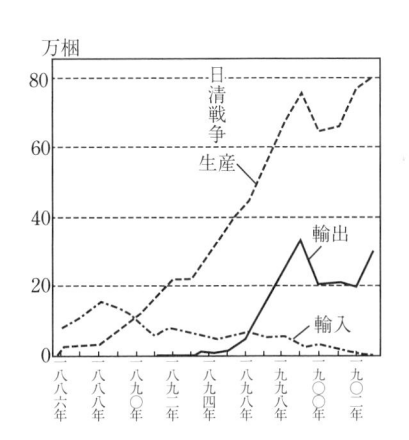

図10-1　綿糸の生産と輸出入の変遷（飯島幡司『日本紡績史』より）

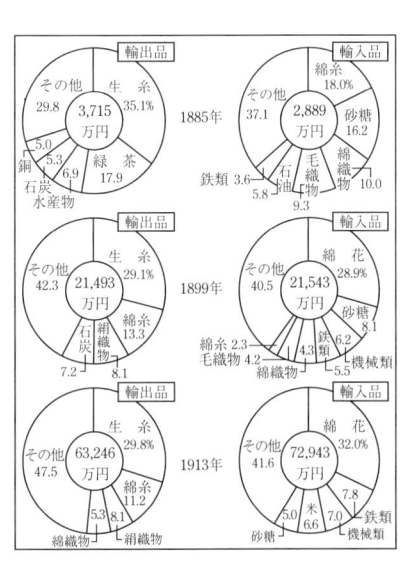

図10-2　品目別の輸出入の割合（『日本貿易精覧』より）

抑え24時間操業を行い、外国製品との価格競争に勝利したためである．

さらに日露戦争（1904～1905）前後には、鉄鋼や造船といった重工業が発展する．重工業の基礎は、民間への官営工場の払い下げであった．三井の三池炭鉱や富岡製糸場・三菱の高島炭鉱や長崎造船所など、政治家と取引ができる三井や三菱などの政商たちは、官営工場や鉱山などの払い下げを受けていった．さらに日清戦争の講和条約である下関条約において多額（2億テール）の賠償金を得た日本政府は、ドイツの技術提供を受けて1901年に八幡製鉄所を設立した．この八幡製鉄所では、中国から安く鉄鉱石を輸入し、また隣接する筑豊炭田の石炭を利用することで製鉄業が確立された．さらに北海道の室蘭ではイギリスの技術提供を受けて日本製鋼所が設立された．しかし、国内の鉄鋼需要すべてに応えるまでに至らなかったために、各地で小規模な鉄工所や工作場が設立された．また、民間資本による鉄道業や海運業が設立されるが、1906年には戦時に大量の物資の移動が必要となるために主要幹線は国有とされ、「鉄道国有法」が制定された．電力事業は水力発電が中心となり、明治の末年には大都市に電灯が普及してくる．

貿易においては、三井物産など、いわゆる財閥系の会社が乗り出してくる．横浜正金銀行（現・東京三菱銀行）などが金融でこれを助けていくことになる．日露戦争以後、産業革命を支える大型の機械や原材料の輸入のために、大幅な輸入超過となり赤字貿易が続いた．さらに政府は日露戦争時の負債を抱えて財政難となった．不況の中で、日清・日露時に成立した多くの会社がつぶれてしまい、ごく少数の会社が大きくなった．こうして、三井・三菱・住友・安田などが「四大財閥」といわれ、コンツェルンと呼ばれる形態の独占企業体を形成していった．

3. 経済の近代化の特徴

日本の資本主義形成の原動力となったのは、農民に土地を貸し付け、自らは農業をしない寄生地主と女子労働力であった．もちろん明治新政府の政策もあるが、寄生地主は小作人から奪った富を農業に使用せず株式会社設立など、工業の近代化にまわした．一方で、貧窮化した小作人は娘を製糸工場や紡績工場で働かせたのである．安価で家計補充的な女子労働力を使い、安い製品を海外

に輸出するために，日本の紡績業や製糸業は国際競争力があった．しかし，工業が近代化し品質のよい製品が大量に生産されても，貧しい農民層が多く国内市場が狭いため，海外市場を求めて植民地獲得に乗り出した．

4．戦間期の日本経済

日露戦争は日本の国際的地位を高めたが，戦費調達のための多額の外債を抱え，さらに講和条約での賠償金はなく，貿易赤字も加わって日本政府は財政難となった．しかし，1914年に第1次世界大戦が始まると，日本は好景気にわいた．ヨーロッパの主要先進国が戦争を始めたため，それまでアジア市場に流入していた輸出品がヨーロッパ国内で消費されることになったためである．代わってそのアジア市場に日本製品が輸出されることになる．世界の主要な海運国（イギリス・フランス・ドイツ・アメリカなど）が戦争を始めたために民間物資を運ぶ船が足りなくなったため，日本の海運業が活発化した．日本は世界第3位の海運国に成長し，関連する鉄鋼業や造船業なども急成長を遂げた．また，化学薬品はドイツからの日本に輸入がされていたが，戦争のために輸入は途絶えた．したがって，国内産の化学薬品が製造されることになった．このために，1915年から輸出超過になり貿易黒字へと移り，外債は返却し，債務国から債権国へと転換した．1917年，日本国内の金が輸出されることを嫌い，政府もアメリカが始めた金輸出の禁止を行った．

しかし，第1次世界大戦が終わると，ヨーロッパの企業はアジア市場に再び進出し，日本の繊維・造船などは激しい競争にさらされ，日本は再び輸入超過国となった．1920年，株価の大暴落により，対戦中に設立された中小企業は倒産した．政府は積極財政により企業の倒産を防ごうとするが，紙幣を増発し

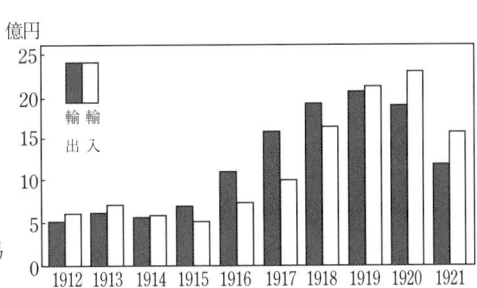

図10-3 第1次世界大戦前後の貿易（『日本貿易精覧』より）

たのでインフレとなった．さらに 1923 年の関東大震災が起こった．

　日露戦争後は，戦後恐慌・震災恐慌・金融恐慌が次々と起こり好景気を迎えることなく，1929 年に世界恐慌を迎えることになる．1930 年には浜口内閣は企業整理を行い，為替相場を安定させるために金輸出を解禁し緊縮財政を行った．しかし，国内経済は深刻な恐慌状態となり企業の倒産や人員整理を行ったために財閥の巨大化が進んだ．

　1929 年にアメリカで始まった株価大暴落は，日本の農家を直撃した．アメリカの上流階級が購入していた日本の絹は売れなくなり，製糸業や養蚕業は大打撃を受けた．米価と繭の価格が下落し昭和恐慌が起こった．貧しい農家では「身売り」が当然のごとく行われた．また，小作争議も起こり小作地率は低下して，寄生地主さえも生活ができなくなった．

　しかし，1931 年，犬養内閣の下で経済政策が転換された．時の大蔵大臣である高橋是清は再び金輸出を行い，満州事変の拡大に即して赤字覚悟の積極財政政策をとった．ところが，不況にあえぐ日本は，円安となったために輸出が拡大した．その結果，綿織物輸出は世界 1 位となった．産業の合理化により大企業中心の生産に転換し，国際競争力があったために輸出は急増した．また，軍需産業の発展や政府の保護政策の影響を受けて重化学工業の発展があり，高度な技術力を背景に日産などの自動車工業や日本窒素肥料会社が母体となる化学工業が成長して新興財閥が成長した．こうして重化学工業は，繊維産業を生産額で上回り，朝鮮や満州に軍部と組んで進出していった．

5. 戦間期における経済の特徴

　戦間期の経済社会はつぎのような変化があった．第一は農工間所得格差が拡大し，相対的に農家の所得が低下して工業部門へ人口移動が行われた．第二の特徴は工業発展に伴う都市化の進行であり，都市での労働者の急増と都市的生活様式の成立があげられる．第三は大企業と中小企業の格差が現れた．大企業は資本と技術を集中的に投入することで利益をあげる一方で，労働集約的な部門は中小企業に分担させた．他方，先行投資の少ない部門に中小企業の多くが参加し，それまでの家内労働で行われていた生産活動を企業家がすることになった．

6. 戦時体制

　1931年以降，日本は好景気となるが，イギリスは，イギリス本国とその植民地あるいは友好国とだけ貿易を行うブロック経済を採用した．当時，イギリスが行ったブロック経済をスターリングブロックと呼んだ．アメリカもまた同じようにドルブロックを形成して自由貿易から保護貿易へと転換していった．日本はこれらの経済圏で製品を売ることができないために，朝鮮・満州や中国へと市場を拡大していくことになる．日本もまた，日・満・支による円ブロックを形成しようとし，日中戦争（1937～1945）を引き起こした．政府は軍事費偏重の赤字予算を組み，また軍財抱合を行って戦争に備えた．しかし，軍需品の相当数を欧米から輸入に依存していたために，大幅な輸入超過に伴うインフレが発生した．政府は軍事費捻出とインフレ抑制のために，国家総動員法・賃金統制令・電力国家管理法などによって直接経済統制に乗り出した．1941年以降，欧米による日本に対する経済封鎖（ABCDライン）が強まると，これを打開するためアメリカを攻撃して太平洋戦争（1941～1945）に突入した．太平洋戦争が始まると資源や労働力の相当部分が軍需産業に割り当てられ，食糧管理法を作成して米をすべて政府が買い取った．そして配給制や切符制とした．1944年以降，日本は制空権も制海権も喪失し，南方，大陸からの輸入が途絶えると，食料や衣料まで不足するようになった．1945年になると，日本本土への空襲が激しくなり，工場や鉄道，港湾などが破壊されて被害は急増した．

参考文献
（1）　山本有三（他）『日本経済史 3～8』岩波書店，4・5，1990年，3・6～8，1989年
（2）　中村隆英『日本経済　その成長と構造』東京大学出版会，1978年
（3）　大塚久雄『大塚久雄著作集』岩波書店，1～13，1986年

第2節　第2次世界大戦後の日本経済

1. 戦後の経済改革と経済復興

　連合国による占領の時代に進められた戦後の諸改革は，日本の政治・経済・

社会・文化の諸領域にわたって，大きな変化をもたらした．経済の面においては，財閥解体・農地改革・労働改革の3大改革が行われ，戦後の日本経済のあり方がこの連合国の対日占領政策によって，その大枠が与えられたのである．そこで，この3大改革について説明しておきたい．

　財閥解体は，1946年1月「日本財閥に関する調査団」の団長として来日したコーウィン・エドワーズが「財閥支配は，政治的な面では，軍国主義に対抗する勢力としての中産階級の勃興を抑えてしまったし，経済的な面では，労働者に低賃金を強制して国内市場を狭隘にし，輸出の重要性を高めて帝国主義的衝動を強めた」という見解を示し，財閥解体を日本の軍国主義的衝動を生み出させないための廃絶策として位置づけたことから具体化された．

　財閥解体のねらいは，財閥同族の全役職からの引退や本社の支配機能の廃絶，持株の売却などによって，事業計画，資金計画および重要人事などを決定していた財閥本社を解体し，同族の支配力を排除することであった．1945年11月で各財閥本社の活動は停止され，翌46年には本社の解散・清算が実施された．持株などの有価証券も持株会社整理委員会に委譲され，一般の人々に売却された．

　持株による支配とともに，人的関係による支配も解体の対象になった．まず，10財閥家族56名が，すべての会社役員の地位から離れることを強制され，その上，1946年11月公布の会社証券保有制限令によって，企業間の兼任重役制度も禁止された．これらと同時に行われた公職追放も財閥家族による人的支配関係の解体に大きな影響を与えた．公職追放によって，約1,500名の財界人が役員の地位を追われ，1948年1月には，財閥同族支配力排除法が制定され，10財閥家族56名と同じ戸籍に属していた255名が役職追放の対象になり，実際に役職についていた42名が追放された．

　財閥解体を通して，財閥家族や財閥本社による直接・間接の支配力が排除され，系列企業は文字通り独立し，独自の資金調達・技術開発・販売活動など本来の経営活動を回復することができた．その上，この経営活動を活発にリードしたのは，旧来の経営者ではなく，新たに担い手として登場してきた若い世代の経営者たちであった．結局，財閥解体は，組織・資金・経営者層など企業をささえる諸条件を変革することによって，革新的で積極的な企業活動を展開さ

せる条件を整備したのである．

　つぎに，農地改革では，敗戦後，農林省が不在地主（都市などに居住しながら農村に土地を所有していた地主）の全小作地を売却させて，在村地主の農地所有限度を全国平均で5町歩とし，小作料を金納化する事を骨子とする第1次農地改革案を提出し，改革の動きが始まった．しかし，この案に対しては，地主制を温存させるとの批判が出され，G.H.Q.（連合国軍総司令部）もより一層徹底した改革が望ましいと判断し，農地改革の実行を一時中断させた．

　そして，総司令部はアメリカ・イギリス・中国・ソ連の4カ国の代表によって構成され，総司令官への助言機関であった対日理事会の案を基礎にして改革案を日本政府に示し，この線に沿って立案された農地調整法の改正や自作農創設特別措置法が1946年10月に公布されて第2次農地改革は実施された．

　第1次案をより徹底した第2次案の実施によって，地主制はほぼ解体した．全農家の約30％にすぎなかった自作農は60％と倍増し，これに自小作農を加えると90％近くの農民が自作地で農業を営むようになったのである．このように農地改革によって，農民は自己の農地からの収益をすべて手にすることが可能となり，農家所得の増加は農民の勤労や土地改良の意欲を高め，農業の生産性を著しく向上させるとともに，国内消費市場の拡大に大きく寄与することになった．

　労働改革は，「初期対日方針」に示された「民主的な基礎において組織される産業及び農業における労働団体は，奨励されなければならない」という方針に基づいて，G.H.Q.は一連の改革を指導した．1945年12月に労働組合法が成立し，労働者の団結権・団体交渉権・争議権が確立された．翌46年9月には労働関係調整法が，そして47年4月には労働基準法が制定され，戦後の労働法制の基本的枠組みが出来上がった．

　G.H.Q.は，以上の労働三法の制定を促しただけでなく，労働組合運動も奨励した．その結果，1945年以降労働運動の高まりの中で，労働組合の結成・組合員数の増加はめざましかった．1945年末には組合数が509，組合員数は約38万人であったのが，46年6月には組合数は1万2,000，組合員数は368万人へと急成長した．当初，労働組合運動を支持していたG.H.Q.も，47年には260万人の参加が予定された2・1ゼネストに対してスト中止指令を発し，そ

の後マッカーサー書簡に基づく政令201号の公布によって，国家公務員に対するスト権が剥奪された．

ただ，労働三法の制定を中心とした労働改革を通して労働者の権利が保証され，それによって戦前以来の低賃金が変革される可能性が与えられた．組合運動は労働条件とくに賃金の改善に重要な役割を果たし，既述の農家所得の上昇と同様に国内消費市場を拡大することになった．

2. 経済復興

戦後の日本経済は，当初，戦時期に軽工業を犠牲にしながら軍需生産に特化した重化学工業化が進められ，軍需用生産能力も残存し，民間用生産能力が著しく低下していたので，きわめてアンバランスな産業構造でスタートした．また，敗戦後の経済的混乱を象徴したのが，悪性インフレの進行であった．このインフレの基本的な原因は，カネとモノの極端なアンバランスにあった．このアンバランスは，赤字国債発行による巨額の戦費調達や消費財生産の落ち込みなどによって戦時中に形成されていたけれども，インフレは顕在化しなかった．

敗戦後はさまざまな要因によって，インフレが爆発的に進行した．このインフレ対策として，1946年3月に金融緊急措置令や日本銀行券預入令が公布され，通貨の流通量が強制的に縮小し，続いて物価統制令も公布された．46年8月には政策の企画を担う経済安定本部と物価政策の実施を担う物価庁が設置されて，インフレの抑制と経済の復興に取り組む体制が作られた．

敗戦の混乱状態の中，最低のレベルであった生産活動は，46年になると回復の兆しが見られるようになったが，これは手持ちの原材料を食いつぶしながら進められたので，原材料が減るとともに生産活動は急速に低下することになった．46年9月には工業生産はピークとなり，その後は停滞した．

生産回復の鍵は石炭の増産に求められた．当時，吉田首相の私的諮問機関である「石炭小委員会」が，輸入重油を鉄鋼生産に投入し，増産された鋼材を炭鉱に集中的に投入して，さらに増産した石炭を再び鉄鋼業に集中的に投入するという形で繰り返すことで石炭・鉄鋼の両方の増産を実現し，経済復興を軌道に乗せるという構想，「傾斜生産方式」を提案した．46年12月に，閣議は傾

斜生産方式の採用を決定し，翌 47 年 1 月から石炭・鉄鋼の重点配分，炭鉱への資材・食料の特別配布などが開始された．傾斜生産は，このようにして生産再開の大きな起動力の役割を果たした．

しかしながら，経済復興を促進するには，自助努力の他に対日援助がなお必要であった．アメリカでは陸軍省が 1948〜49 年度予算にガリオア資金（占領地救済資金）とは別の援助による日本復興計画を盛り込むことを提案した．これに対して，議会はガリオア予算の中から経済復興に必要な工業原料を輸入するためのエロア（占領地経済復興）援助を支出することを承認し，同時に日本経済の自立化を早急に達成し，援助の打ち切りを可能にするような経済安定政策の採用を要請した．

1949 年 2 月に日本へやってきたドッジは，「ドッジ・ライン」と呼ばれる強力な経済安定化政策を実施した．その政策は，第 1 に国内需要を抑えて過剰な購買力を削減し，輸出を拡大すること，第 2 に単一の為替レートを設定し補助金を廃止することによって，市場メカニズムを回復させて合理化を促進すること，第 3 に政府の貯蓄と対日援助で民間投資資金を供給し，生産を拡大することであり，この 3 つの政策を確実に実施することによって，日本経済の復興・安定・自立の達成を目指した．

ドッジ・ラインによって，物価は安定化に向かったけれども，一方では金詰まり，失業の増加など不況の兆しが見え始めた．しかし，1950 年（昭和 25）年度予算の編成に際して超均衡予算の継続を指示した．ドッジ・ラインは 2 年目になると，日本経済はデフレ的色彩を強め，深刻な不況に陥った．

しかし，ドッジ不況の間に勃発した朝鮮戦争は局面を一変させた．在日アメリカ軍を主とした国連軍は日本で調達する軍需物資とサービス，いわゆる「特需」を発生させた．この特需は，ドッジ不況にあえぐ日本経済にとっては天の助けというべき追加需要の発生であり，また特需がドルで支払われたことは，外貨の不足で必要な物資の輸入を制限していた時期だけに経済効果は大きかった．

アメリカは朝鮮戦争勃発後，直ちに大規模な軍備拡大計画を決定し，西側諸国にも軍備拡大を要請した．こうして，世界の景気は不況から好況に転じ，日本の繊維製品・金属・機械などの輸出は急速に拡大した．

3. 高度成長とその終焉

　輸出の急速な伸張によって，1954（昭和29）年不況から脱却した日本経済は，翌55年から70年にかけて世界に類例をみない高度成長をとげた．この15年間の他の先進諸国の年平均名目経済成長率は6〜10％であったが，日本のそれは15％に達した．そのため日本はGNP（国民総生産）の規模で先進各国を次々と追い抜き，69年以降アメリカに次いで資本主義諸国中第2位の地位を占める「経済大国」となった．

　高度経済成長の過程では，神武景気（1955〜57年），岩戸景気（58〜61年），いざなぎ景気（65〜70年）などの比較的長期の好況局面と，鍋底不況（57〜58年），62年不況，65年不況などの比較的短期の不況局面が交互に登場した．60年代前半までの時期に，3〜4年の周期で景気の落ちこみが生じたのは国際収支の赤字化に対処して金融の引締めが行われたからであった．しかし，60年代後半には国際収支は黒字基調に転換した．

　日本が高度成長を経験している時期は，世界的にも高度経済成長の時代であった．技術革新の高まりを基盤に，アメリカ主導のIMF＝GATT体制の下で世界市場は拡大し，基軸通貨ドルの供給も順調に進められた．さらに，石油などの資源価格も安定していたことが，世界的規模での高度成長の一般的要因であった．

　このような環境の中で，とくに日本は高い成長を実現させた．1970年に至る15年間の国民総支出構成比の中で，拡大が著しかったのは民間の設備投資であった．「投資が投資を呼ぶ」と言われたように，重化学工業部門を中心に展開された設備投資は高度成長の推進力の役割を果たし，この設備投資を資金面から支えたのは高い貯蓄率と高い企業所得分配率であった．軍事支出を極力抑えながら貯蓄を民間需要中心の固定資本形成に集中したことが高度成長の大きな要因であった．

　この時期に，国民総支出の中で増加に寄与した率が最も大きかったのは個人の消費支出であった．1人当り実質個人消費支出は，1955（昭和30）年の18万円から70年には35万円へ，15年間で約2倍に拡大した．消費支出中の食料費の構成比は縮小し，耐久消費財に対する支出が増大した．耐久消費財の普及率を見ると，1970年で白黒テレビ90％，カラーテレビ30％，電気冷蔵庫

93％，電気洗濯機92％，電気掃除機75％，乗用車23％などであり，すでにアメリカ型の大衆消費社会として成熟した姿を見ることができる．

一般消費財に関しても，食品では米の消費が減少して蛋白質・脂肪摂取量が増えた．インスタント食品・冷凍食品・レトルト食品が登場し，食生活の内容は大きく変化した．住居においてもコンクリート作りのアパート団地が拡大した．高度成長の中で，消費生活は「消費革命」と呼ばれたほどに戦前とは大きく異なる姿に変わった．

個人消費の拡大は戦後の「民主化」が戦前の階層的消費パターンを解体させ，均質的な消費パターンを作りだした結果でもあった．人口の都市集中と核家族化による世帯数の増加も耐久消費財への支出を増大させる要因となった．個人消費の拡大と設備投資の増大とは，相互に関連し，需要を拡大させ，需要の拡大がさらなる大量生産を可能にするという循環的な生産と消費の拡大を生じさせた．高度成長は，まさにこの循環的拡大を基礎にして進行した結果であった．

しかし，1971（昭和46）年のドルショックと73年のオイルショックが，高度経済成長の時代を終わらせることになった．第2次大戦後，アメリカは最高の生産力と最大の軍事力によって資本主義世界の基軸国となった．しかし朝鮮戦争・ベトナム戦争を戦って巨額の戦費を負担したことが，アメリカの経済力を弱める要因となった．世界の基軸通貨としてのドルに対する信頼は揺らぎはじめ，1960年代後半にはドル危機が発生した．71年8月，ニクソン大統領はドルの金との交換を停止するとともに，輸入課徴金の賦課などのドル防衛緊急対策を採った．

アメリカがドルと金との交換停止に踏み切ったことは，ドルを介して金との繋がりを持っていた各国の通貨を，金という錨から断ち切ることになり，各国通貨の交換比率（為替レート）は，固定相場制から変動相場制に移行することになった．その後，スミソニアン合意によって一時固定相場制が再建されたが，73年2月にはドル危機が再燃し，各国通貨は相次いで変動相場制に移った．

変動相場制は世界経済の観点からは，固定相場制のもとで人為的に低くあるいは高く固定された為替相場が是正されるので合理的な面もあった．しかし，

日本は固定相場制によってかなり円安であった為替レートが，大幅な円高になったため輸出関連産業にとって状況は厳しくなった．貿易に関わるすべての企業が，為替変動のリスクを負うことになった．このようにして，ドルの金交換性を軸とした固定相場制いわゆる IMF（国際通貨基金）体制がほぼ解体したことが，高度成長の時代の終わりをもたらした第1の要因である．

また，73年10月に第4次中東戦争が起こると，OAPEC（アラブ石油輸出国機構）は石油戦略（アメリカへの禁輸，非友好国への供給制限）を採用したので，原油価格は高騰した．さらに，78年に始まるイラン革命は第2次オイルショックを招いた．石油は最大のエネルギー源として，石油化学工業の基礎原料としても大きな役割を果たしている．このような基礎資源の価格上昇は，あらゆる商品・サービスの生産コストを引き上げることになり，この結果，経済的には生産性が一斉に低下したのと同じ影響を各国経済に与えることになった．日本にとってオイルショックは，高度経済成長を終わらせる第2の要因となったのである．

4. 低成長の時代

ドルショック後の円高が経済に悪影響をもたらすと考えた政府の景気刺激政策と1972年7月からの田中角栄首相の「日本列島改造論」にはじまる公共工事ブームで，通貨量は急速に増大した．そこにオイルショックが発生したので，物価は急騰し「狂乱物価」と呼ばれるような状態になった．そして，74年には戦後はじめて経済成長率がマイナスを記録した．物価の上昇と不況が同時に生じたことから，日本でもスタグフレーションが起こったのである．

しかし，この状態は長く続かず75年から景気は回復に向かった．経済成長率は年率平均3％台の低水準に落ちたが，70年代以降の日本の成長率は他の先進諸国と比べると，相対的にはそれほど低い水準ではなかった．

1970年代以降の成長を支えた要因を国民総支出の要素別に見ると，70年代前半は民間消費支出と政府部門（政府消費と政府資本形成）が大きな役割を果たした．しかし70年代後半には，民間消費と政府部門の寄与率は低下し，民間設備投資の役割が大きくなった．そして，この時期を通して輸出の成長寄与率も大きく，しかもそれが拡大する傾向が目立った．

日本の工業の国際競争力が強い理由として，製品の品質の優秀さ（高性能，故障率の低さ）やマーケティング技術のきめ細かさ（製品構成の多様さ，アフタケアの良さ），あるいは為替相場が経済力に比べて円安気味（1985年のプラザ合意までの時期）であったことなどが挙げられるが，基本的には製品のコストが相対的に低かったことが主因である．

日本の企業は，労働生産性の向上を実現させながら，賃金はほぼ生産性上昇程度の引上げで済ませることでコスト上昇を抑え，競争力を強化させたのである．労働生産性の向上には労働者の協力が必要であるし，低い賃金上昇にも労働者の合意が得られなければならない．その点，日本の労資関係には労働者の協力と合意を得やすい特質があったのである．

日本の労資関係には，労働者を企業に包み込んで企業に対決する姿勢を弱めるような仕組みが備わっている．このような労資関係を前提として，日本企業はオートメーション化やロボット化を進め，アメリカで開発された品質管理技法や現場での作業工程の改善提案制度などを採用し，労働生産性を上昇させてコスト・ダウンを実現したのである．

日本の労資関係の特質に，経営者の株主からの自立性，企業間の長期にわたる安定的な取引関係などに加えて，日本経済の特質を「会社主義」と呼ぶ研究者もいる．

「会社主義」が日本企業の国際競争力の源泉ということになる．また，製品面では，消費者の需要が多様化したことに対応して，アメリカ的な少品種大量生産方式に替わって，多品種少量生産方式が力を発揮する時代に入った．トヨタ生産方式に代表されるようなバラエティの豊富な製品を効率的に生産するシステム（日本的生産方式，lean production system）を開発した日本は，さらに競争力を強めることになった．このような日本の競争力は，アメリカやEC諸国との間の貿易摩擦を引き起こしたけれども，日本は自ら輸出の自主規制を行いつつ企業も摩擦回避のため海外への現地工場建設を盛んに行った．

5. バブルの時代

レーガン大統領が新しい経済政策を進めたアメリカは，景気回復には成功したが，巨額の経常収支の赤字が累積し，世界経済全体の波乱要因になりかねな

かった．1985年9月にニューヨークで開かれた先進5カ国蔵相・中央銀行総裁会議では，ドル高是正の協調政策をとることが合意された（プラザ合意―G5，日本・アメリカ・イギリス・フランス・西ドイツがニューヨークのプラザホテルにおいて発表した為替介入に関する声明文―）．各国の中央銀行は，ドルを売る政策を実施したので，高止まっていたドルは急速に安くなった．日本でも，日本銀行が10日間で20億ドルのドル売りを行った結果，1ドル＝240円前後だった円相場は，85年末には200円60銭まで上昇した．その後も円高は進んだ．

　1986年4月には，国際協調のための経済構造調整研究会（首相の私的諮問機関．座長前川春雄元日銀総裁）が，いわゆる「前川リポート」を提出した．これは，貿易摩擦を解消するために，経済構造を輸出指向型から国内主導・国際強調型へ転換することが望ましいとして，そのための方策を示した提言であった．日米間では1950年代の繊維製品にはじまって，70年代からは鉄鋼，カラーテレビ，自動車，半導体など，日本からの大量輸出が次々に貿易摩擦を引き起こしていた．円高・ドル安は貿易摩擦を緩和させる方向に作用するから，「前川リポート」とは整合的であった．

　政府は，急激な円高が景気後退をもたらすことを心配して，円高不況対策として，公定歩合の引き下げと公共事業投資の拡大を柱とする大規模な経済政策が実施された．その結果，円高不況は1986年10月に底を打ち，11月からはじまった景気上昇は，公式には91年3月の反転まで51カ月続いた．実質経済成長率は88年に6.5％に達し，高度成長が終わってから最高の数値を記録した．この好況は「前川リポート」が期待した内需主導型の経済成長に近かった．

　超低金利時代に入り，政府は積極的に財政支出を拡大し，さらに日本銀行が急激な円高な回避するため，1986年からドル買い円売りの市場介入をはじめたので，通貨の供給量は拡大を続けた．しかし物価面では，卸売物価指数は穏やかな上昇を示したにとどまった．円高で輸入品価格が低下したために物価は安定していたのである．これとは対照的に株価と地価は急騰した．

　日経平均の株価は，1985年末の1万3,128円から89年末には3万8,915円の史上最高値まで約3倍に騰貴した．6大都市の市街地価格指数も，1985年の

35.1から90年の105.1まで，同じように約3倍に上昇した．株式と土地の価格上昇，いわゆる資産インフレーションは景気上昇を加速した．個人は資産価額が膨張するにつれて消費支出を拡大した．乗用車の新規登録台数が1990年に500万台を越え（1985年は309万台），家電・家具などの耐久消費財は大型・高価額品の需要が伸び，コンビニエンス・ストアが普及し，宅配便も急速に成長した．企業は，積極的に設備投資を行い，本業で業績を伸ばすとともに資産価値の上昇による利益（キャピタルゲイン）も獲得し，利益率は上昇した．実体経済が活況を呈する中で，やがて景気はバブル状態に入っていった．

　低金利のために個人が，金融資産を預金から証券に振り替えて株価を上昇させた面もあるが，やはり日本経済の実体〔ファンダメンタルズ〕からかけ離れた資産価格上昇，いわゆるバブルをもたらしたのは企業であった．企業は，好況で増加した利益を投資するだけでなく，株式の時価発行や，転換社債・ワラント債の発行などによって資金調達を盛んに行った．

　また，1970年代末から金融自由化の動きがはじまったが，80年代には，金利自由化と国際化が急速に進められた．85年には市場金利連動型預金（MMC）も創設され，さらに大口定期預金の金利も自由化された．88年には金融先物取引法などが公布されて，金融・証券先物市場の整備がはかられ，80年代後半から世界的に活発になった金融派生商品の売買も盛んになった．このように金融商品の数が増えたため，企業は，調達した資金を金融資産として運用する「財テク」（財務テクノロジー）に熱心になった．

　さらに，企業は地価上昇を期待して「財テク」の対象を不動産にも広げた．地価の騰貴は土地の投機的売買を盛んにさせ，それがさらに地価を上昇させた．銀行などからの融資を受けて土地を購入し，それをすぐに売却して利益を得る，いわゆる「土地の転売」も盛んに行われた．本来，企業の事業能力を総合的に審査して資金を融資すべき銀行が，担保価値が高いという理由だけで土地融資を行う風潮が蔓延し，企業が「財テク」に走り，金融機関が融資で後押しする中で，株価と地価はバブルの状態に入ったのである．

6．バブル崩壊と日本経済の不況

　1989年8月海部内閣が登場し，地価政策が最重要の政策課題となった．日

本銀行は同年 10 月と 12 月に公定歩合を 0.5％ずつ引き上げて，政策をバブルの抑制に変更した．12 月には土地基本法も公布され，土地の投機的取引の抑制が明記された．90 年になると，日本銀行は金融の引き締めをさらに強め，公定歩合は 6％に上昇した．株価は 90 年のはじめから下落に転じ，株価の面からバブルは崩壊しはじめた．地価も 90 年をピークに 91 年から急速に下がりはじめ，バブルは完全に崩壊したのである．

　バブルが資産価格の上昇予測によって生まれたのと同じく，人々が価格の下落を予想しはじめると，株価も地価も急速に暴落した．資産価格の暴落は保有資産の価値を減少させ，企業の株式の時価総額は 1998 年度の 490 兆円から 91 年度には約 304 兆円に下がり，国民総資産の中の土地価額は，1990 年の 2,419 兆円から 92 年の 2,002 兆円に低下した．

　バブルの崩壊は個人にも企業にも大きな打撃を与えた．個人の資産価値の減少は消費支出の伸びにブレーキをかけ，また「財テク」に熱中していた企業は保有資産に含み損が発生し財務内容を悪化させた．金融機関でも，融資をした企業の債務返済が滞り巨額の不良債権を生み出した．

　不良債権をかかえた金融機関の破綻は，90 年代のはじめから地方の小規模なものから始まっていたが，94 年には，ノンバンクや東京の信用組合が破綻し，95 年には第二地方銀行（旧相互銀行など）や住宅金融専門会社 7 社が破綻した．金融機関の相次ぐ破綻は金融システムそのものの健全な運営を困難にし，日本銀行は必要に応じて特融を実施し，政府も財政資金を投入した．これらの緊急対策はある程度の効果を示したが，金融機関が公的資金の注入に消極的な姿勢をとったため，予想されたほどの効果は見られなかった．

　1996 年 11 月に橋本首相は「金融ビッグバン」の具体化を指示し，翌 97 年 6 月金融制度調査会など 3 つの審議会が，金融制度の抜本的な改革を答申した．橋本首相は日本の金融制度を自由で，透明で，国際的なものにするという大改革を期待して「日本版ビッグバン」と呼んだ．この「日本版ビッグバン」は，政府の規制緩和の方針に基づいて，日本の金融市場を国際的な水準に再編成しようとしたものである．

　バブルの崩壊によって，日本経済は長く続く不況に見舞われた．停滞要因の 1 つである個人消費は，家計収入の停滞にはっきり現われた．残業が減りボー

ナスも減額され，さらに給与を引き下げる賃金カットさえ行われ，個人の所得は抑制されリストラで離職すれば大幅な収入減となる人々も出た．その上に年金の不確実性や少子高齢化などの将来に対する不安は，現在の所得を消費せずに貯蓄する傾向を促進した．消費者は価格に敏感になり値段の安い消費財を好んで購入し，他方耐久消費財については買い換えを延期するようになり，消費財の需要は停滞することになった．

　もうひとつの柱である設備投資も冷え込んだ．この原因は，第1にバブル期の投資があまりにも過大であったこと，第2に企業の将来への期待が萎縮したことである．経済成長率の回復見通しは立たず，期待利潤率が低い状態では企業は積極的な投資は行わない．さらに，不良債権をかかえた金融機関は，中小企業に対する融資には消極的になり，貸し渋りなども発生した．

7. 新たな取り組み

　2001年4月に小泉純一郎内閣が登場した．首相は，就任談話の中で「構造改革なくして景気回復なし」との認識に基づいて「聖域なき構造改革」に取り組む決意を表明し，不良債権の処理，競争的経済システムの構築，財政の健全化を目標に掲げ，構造改革を実現すると述べた．これまでの景気対策重視に変わって構造改革を重視する新しい政策路線を打ち出した．

　バブル崩壊後の長い不況のなかで，政府はつぎつぎに大型の景気対策を実施したけれども，その効果ははかばかしくなく，日本経済の再生に失敗してきた．失敗の原因は，従来の公共事業中心の景気刺激政策が有効性を失うような経済状況の変化が大きく進行していたためである．

　高度成長が，重厚長大型の重化学工業を基軸産業として展開されたのに対し，1980年代以降は軽薄短小型のマイクロエレクトロニクスやバイオインダストリーなどが主役を演じるようになり，IT革命と呼ばれる技術革新が進行しはじめた．また社会主義諸国が解体し資本主義的市場経済が世界的に拡大し，発展途上国が工業化を進めて安価なIT関連製品などを供給するようになり，経済のグローバル化が急速に進行した．

　このような状況にあって，構造改革路線は政府の規制緩和や国営事業の民営化によって，競争的経済システムを再構築しようとする点においては中曽根内

閣時代に出された政策路線を継承したものである．また，公債発行を30兆円に抑えて財政の再建を図ろうとする方針は，橋本内閣が試みて失敗した政策に繋がっている．

バブル崩壊の後遺症をかかえた不況のなかでの構造改革は，大きな「痛み」をともなうものである．従来の景気対策が有効性を失って不況が深刻化する中で，長期的な観点からみれば効果的であっても，短期的には不況を悪化させかねない構造改革の実施は，きわめて難しい政策の選択と言えよう．

日本は国際的にみて，所得の配分がもっとも平等に行われている国と言われている．しかしながら，80年代後半からはこの所得配分に不平等化が進行しているとの見解もあって，バブル崩壊後，不平等化はさらに進んでいるようである．経済成長とともに拡大してきた富を，国民がある程度まで平等に分配するという形で進んできた日本は，いま富と所得の配分のルールを大きく変えてまで獲得しようとしている日本の未来とはどのような姿を示すのであろうか．

日本経済の将来については不安定要因が多く存在する．すなわち，少子高齢化やエネルギーと食料の自給率の低さである．これらは経済大国日本の再生産基盤の弱さを端的に示している．地球の資源の有限性を前提にして，環境の破壊をできるだけ回避しながら，人類の経済的再生産を可能にするような，経済社会の新しい構成や新しい生産技術の体系がいまこそ必要な段階に到達していることを強く意識しなければならない．

参考文献
（1） 山本有造（他）『日本経済史3～8』岩波書店，4・5，1990，3・6～8，1989．
（2） 橋本寿朗（他）『現代日本経済』有斐閣，1999．
（3） 三和良一『概説日本経済史　近現代　第2版』東京大学出版会，2003．

第11章
日本経済の現状と課題

第1節 農業・食糧問題

1. 食糧自給率の低下

　わが国は，ゆたかで多様な食生活を享受している反面，食糧の多くを輸入に依存している．食糧と主な農産物の自給率とは図11-1に示す．食糧自給率（熱供給自給率）は1960年には79％であったが，2002年には40％と大幅に低下している．ことに穀物自給率は3割を切り，小麦は約1割である．主食の米に限ると自給率は95％と高いが，これは米の1人当たり消費量が1962年のピーク時には118.3kgあったものが，2000年には約半分の64.6kgになっていることとあわせて考えねばならない．米は日本の社会・文化の根源であり，飯（めし）であり，ごはん（食事とほぼ同義語）であった．伝統的に食生活は

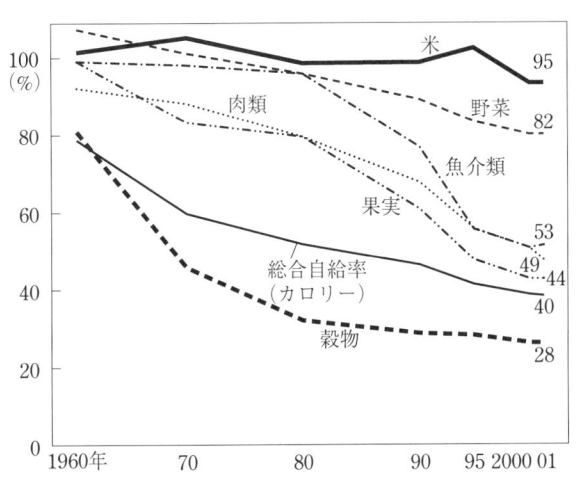

図11-1　わが国の食料自給率（農水省『食糧需給表2003年版』より）

主食の米とおかずであったが，食生活の欧風化によって「主食」「おかず」の概念が薄くなってきている．消費者の嗜好を強制することはできないが，食料自給率の向上には米の消費増加が日本の自然環境にあった最も有効な方法である．

　政府は2010年度には食糧自給率45％の達成を目指すが，現状からさらなる低下が危惧される．その上，将来は地球温暖化等の影響で世界の食料需給が逼迫する懸念もある．

2. 農業の構造的変化

　このような自給率低下の要因としては第一に食生活が豊かになったこと，第

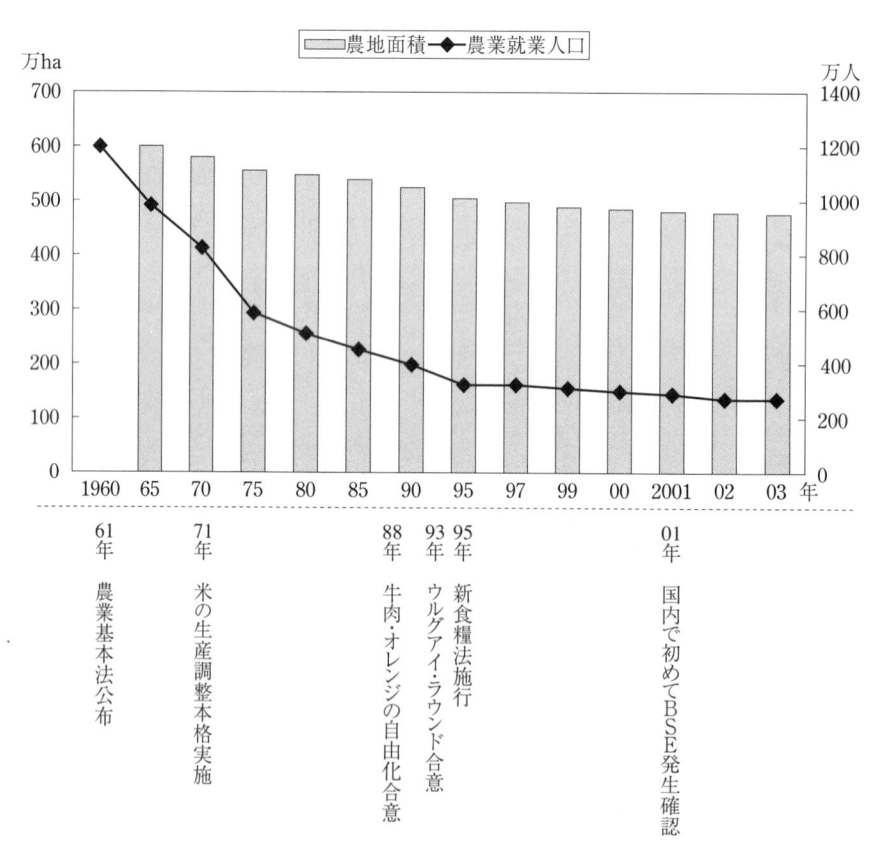

図11-2　農地面積と農業就業人口の推移（農水省の資料）

二にわが国農業の国際競争力の弱さがあげられる．しかし，これらの根底にはわが国農業の構造的変化がある．1つは農家数と農業人口の減少，2つは農地の減少である．前者においては後継者を中心とする農業就業者の問題，後者においては耕作放棄地や減反政策が含まれる．

　農業就業者に関しては1960年代から「三ちゃん（じいちゃん，ばあちゃん，かあちゃん）農業」と言われてきたが，2003年において368万人の就業人口のうち65歳以上が56％を占める．また，販売農家225万戸のうち主業農家，準主業農家，副業的農家はそれぞれ46万，56万，123万であり，半数以上は副業である．さらに主業農家・準主業農家のうち同居する後継者がいる農家はわずか16万戸である．

　日本の農地面積は1960年に610万haあったが，2003年には470万haと減少した（図11-2）．その最大の要因は都市化によって農地が市街地化されたことであり，次いで山間僻地の条件の悪い農地が見捨てられたことである．この470万haと減少した農地の中には耕作できるにもかかわらず，労働力や利益の問題から耕作放棄されている21万haの農地が含まれる（年5万ha以上のペースで増加）．

3．農業の自由化問題

　わが国は**食料安全保障**の政策から農産物の自由化には反対してきた．ことに米については完全自給政策を採っていた．しかし自由化を強く求めるアメリカの要求を受け入れる形で農産物の自由化交渉は1962年から始まり，砂糖・バナナ（1963），レモン（1964），牛肉・オレンジ（1991）と自由化されていった．また，GATTの**ウルグアイランド**（1987〜1993）では米の自由化が持ち出された．そして1993年，わが国は米の部分的輸入自由化を受け入れた．これは国内消費量に対する米の最低輸入量（ミニマム・アクセス）を1995年の4％から2000年まで毎年1％ずつ，最大8％まで引き上げる内容であった（現在，毎年国内消費量の8％を輸入している）．

4．米の部分的市場開放

　1995年11月，約50年にわたり米の生産・流通を政府が管理してきた食糧

管理法が廃止され，**新食糧法（食料自給価格安定法）**が施行された（2004.4 一部改正）．

　農業後継者対策としては EU や米国が導入した農家の所得を保障する政策も検討されている．これまで，政府の農産物自由化対策は農産物価格を維持するための補助金が中心（WTOは反対）であった．しかし，より国際競争力をつけるためには，農業経営に意欲的な大規模経営農家を育てることが必要である．現在，与党は約40万の農家に絞り集中的に補助金をだすことを検討している．これは補助金を受けられない農家が農地を手放し，それが経営規模の拡大につながることをねらったものである．これに対して，野党は兼業農家を重視する政策を打ち出している（しかし，企業の効率重視の労働環境は企業での労働と農業との兼業を厳しいものにしてきている）．現在，日本の農業はその基盤において，さらなる農地の減少と荒廃，食糧自給率の低下の危惧など，重大な岐路に立っている．

　また国民の食への不安や信頼を失う事件も次々に発生している．2001年にBSE（牛海綿状脳症），2003年に高病原性鳥インフルエンザが発生し，わが国は関係国からの輸入を禁止した．2002年4月以降，食品表示において信頼を失う事件が次々と発生している．食の安全を含めた食糧自給・農業政策をどのように進めるべきかは，国民1人1人が関心を持ち，議論すべき大きな問題である．

第2節　資源・環境問題

1．エネルギー資源

　わが国には，石油，石炭，天然ガスなどの主要なエネルギー資源がほとんど産出されない．このため，わが国のエネルギー自給率は，主要先進国（G7）中最低の4％であり，そのほとんどは水力発電である．原子力を自給率に含んだ場合でも，わが国のエネルギー自給率は20％と，イタリアについで低い水準にある（図11-3）．しかも，わが国はエネルギーの供給の約50％を占める石油は，中東依存度が約90％にも達し，国内や近隣地域に石油・天然ガスが豊富にある欧米諸国と比較して供給は不安定である．

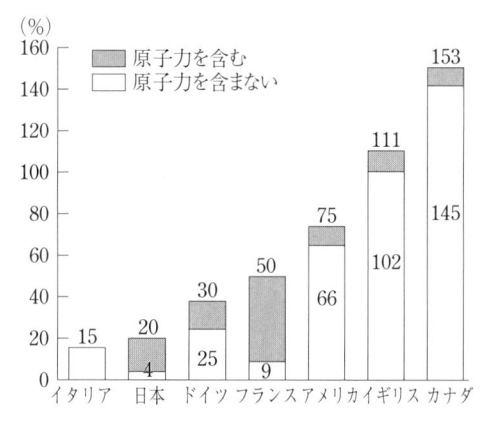

図 11-3　主要国のエネルギー自給率（2000年）（資源・エネルギー庁『平成15年版　エネルギー白書』より）

近年，わが国を取り巻くエネルギー供給環境は，中東や中南米産油国での情勢悪化，イラクに対するアメリカ合衆国を中心とした軍事行動の発生によって悪化している．加えて，アジアのエネルギー需要増大と輸入依存度の上昇が，世界の石油供給に影響を及ぼすようになってきた（図11-4）．とくに，中国では石油需要が好調な経済成長に支えられ，石油輸入量は急速に拡大すると予測

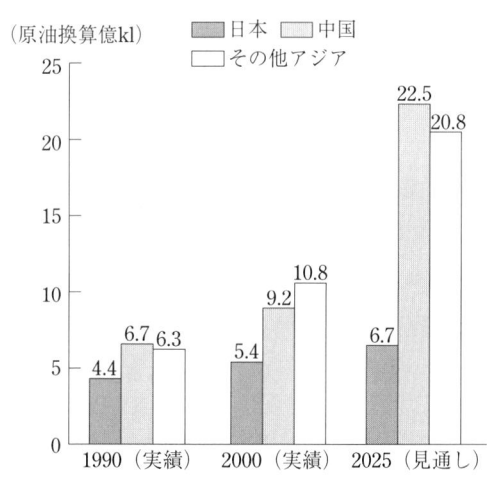

図 11-4　アジアのエネルギー需要推移・見通し（資源・エネルギー庁『平成15年版　エネルギー白書』より）

され，2030年には現在のわが国の2倍以上の輸入規模に至ることが予測されている．したがって，今後は原油供給の不足による急激な原油価格の高騰も予測され，その際にわが国の経済に及ぼす影響は大きい．

2. エネルギー資源の安定供給

1970年代のオイルショック以降，わが国は各地に国家石油備蓄基地を建設し，1998年には国家備蓄目標の5,000万klを達成した．また，石油供給源の多角化にも力を入れ，サハリン開発プロジェクトでは，わが国までのパイプラインの建設計画も議論される段階になっている．

一方で，石油にかわる代替エネルギー開発も進められている．2003年4月には「電気事業者による新エネルギー等の利用に関する特別措置法（**RPS法**）」が施行された．RPS法は，電力の小売を行う事業者に対し，その販売する電力量に応じて，新エネルギー等（①風力，②太陽光，③地熱（熱水を著しく減少させないもの），④中小水力（水路式で1000kW以下），⑤バイオマスにより発電された電気）を一定割合利用することを義務づけた．また，水素エネルギー導入にむけた気運も高まっている．2002（平成14）年からは政府機関で燃料電池車の実験的使用が始まり，2000年代中期までの実用化にむけて，各機関が協力して研究・開発にあたっている．

3. 地球温暖化問題と京都議定書

温室効果ガスの排出量が増加している．人為的な社会活動の拡大に伴い温室効果ガスの排出量が増加して大気に蓄積し，温室効果によって地球の気温上昇がもたらされるのが地球温暖化問題である（図11-5）．気候変動に関する政府間パネル（IPCC）によると，このままで推移した場合（CO_2排出量が3倍弱，CO_2濃度が2倍となるシナリオ）には，2100年には1990年と比較して，地球の平均気温が2℃（1～3.5℃）上昇し，海面は約50cm（15～95cm）上昇すると予測している．

地球温暖化問題への国際的な対応としては，まず，1994年に発効した**国連気候変動枠組条約（UNFCCC）**があげられる．この中では「気候系に対して危険な人為的干渉を及ぼすこととならない水準において大気中の温室効果ガス

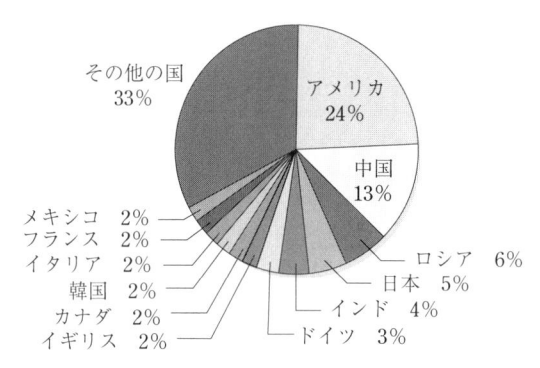

図 11-5　国別二酸化炭素排出量（2000）（資源・エネルギー庁『平成 15 年版　エネルギー白書』より）

の濃度を安定化させる」という究極的な目標が掲げられている．そして，**京都議定書（Kyoto Protocol）**は，UNFCCC における温暖化防止行動をより具体的なものとするため，先進国の温室効果ガス排出量について，法的拘束力のある数値約束を各国毎に設定したもので，1997 年に京都で開かれた国連気候変動枠組条約第 3 回締約国会議（COP3）で採択された．

わが国は，2002 年 6 月に京都議定書を締結し，現在，同議定書の約束達成（2008〜12 年の第 1 約束期間において，基準年レベルから 6％の温室効果ガス削減）を目指しているが，実現は難しい．

4．循環型社会の実現に向けて

とりわけ 20 世紀，高度に展開した大量生産・大量消費型の経済社会活動は，一部に大きな恩恵をもたらした一方で，天然資源の枯渇への懸念や地球温暖化などの環境問題を生じさせた．21 世紀にも同様の経済社会活動を行うことはきわめて困難である．この認識は国際的に共通であり，2003 年 9 月に南アフリカのヨハネスブルクにおいて開催された「ヨハネスブルク・サミット」（WSSD）において，各国が持続可能な生産・消費形態への転換を加速することの重要性が確認された．

わが国では，このような地球規模での問題に加え，廃棄物の最終処分場の逼迫や青森・岩手県境に見られる大規模な不法投棄といった廃棄物・リサイクル問題に関する深刻な状況が続いている．わが国では，2000 年は「**循環型社会**

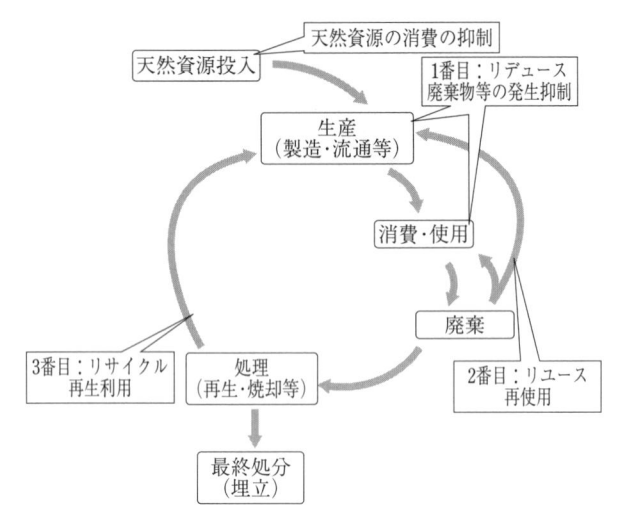

図 11-6 循環型社会モデル（環境省『平成 15 年版　循環型社会白書』より）

元年」とされ，**循環型社会形成推進基本法**（各種のリサイクル法，グリーン購入法など7つの法律からなる）が制定された．また，2003 年 3 月にはこの法律に基づく初めての「循環型社会形成推進基本計画」が作成された．これは物質フロー会計という考えに基づき，天然資源の投入から廃棄に至るまでモノの流れを見渡し，その流れを適正なものに変えていくことで，経済的な豊かさを保ちつつも環境への負荷を低減する目標を設定した画期的な内容である（図 11-6）．

参考文献

（1）日本経済新聞社編『ベーシック日本経済入門』日本経済新聞社，1996 年
（2）NNN 特別取材班『日本の食糧が危ない』角川文庫，1989 年
（3）日本経済新聞社編『ベーシック農業問題入門』日本経済新聞社，1997 年
（4）中村靖彦『食の世界にいま何がおきているか』岩波新書，2002 年
（5）内橋克人『共生の大地―新しい経済がはじまる』岩波新書，1995 年
（6）井田徹治『データで検証！　地球の資源ウソ・ホント―エネルギー，食糧から水資源まで』ブルーバックス，2001 年
（7）資源・エネルギー庁『平成 15 年版エネルギーに関する年次報告（エネルギー白書）』2004 年
（8）佐和隆光『地球温暖化を防ぐ―20 世紀型経済システムの転換』岩波新書，

1997 年
（9） 石井孝明『京都議定書は実現できるのか　CO_2 規制社会のゆくえ』平凡社新書，2004 年

第3節　産業構造の変化

1. 日本経済のグローバル化

　米国を中心とした海外市場への工業製品の輸出は，戦後日本経済の復興及び成長の原動力のひとつだが，一方で，1960 年代後半以降，米国の貿易赤字が顕在化するに伴い，繊維製品を皮切りに**貿易摩擦**が問題になった．1971 年から 73 年にかけては，円の大幅切上げや変動相場制への移行，オイルショックの打撃もあったが，日本の輸出競争力は衰えなかった．鉄鋼や家電製品をはじめ，80 年代には自動車や半導体等の分野にも貿易摩擦が拡大，日米間を中心に深刻な政治問題に発展した．

　しかし，1985 年，各国がドル高是正で一致した**プラザ合意**により，円高ドル安が急速に進展した．日本経済は，国内市場をより重視する産業構造への転換を迫られたが，一方では輸出依存度の高い製造業を中心に，多くの企業が輸出から海外現地生産に切り替え，いわゆる産業の空洞化が進行した．さらに，近年は，輸出競争力を向上させたアジア諸国から，繊維製品のみならず，家電製品や家庭用品等，多種多様な製品が大量に輸入されるようになった．

　また，貿易摩擦を契機に，規制や企業間の取引慣行等，外国企業に対する日本市場の閉鎖性が国際的批判を受けたため，政府は，外国為替管理法の改正（1998 年）や大規模小売店法の廃止（2000 年）等の規制緩和を推進した．最近では，**世界貿易機関（WTO）**の多国間交渉や特定の国・地域との自由貿易協定（FTA）の進展により，日本経済は，輸入資源を加工して輸出する従来の加工貿易立国としてのみならず，サービスや金融，さらには農作物等を含め，広範な分野で世界経済との一体化が進んでいる．

　経済のグローバル化は，事実上の世界標準といえる規格や基準を生み出し，世界市場に進出するには，これに合致した経済活動が要求される．たとえば，**国際標準化機構（ISO）**の 9000 シリーズ（品質保証関係）や 14000 シリーズ

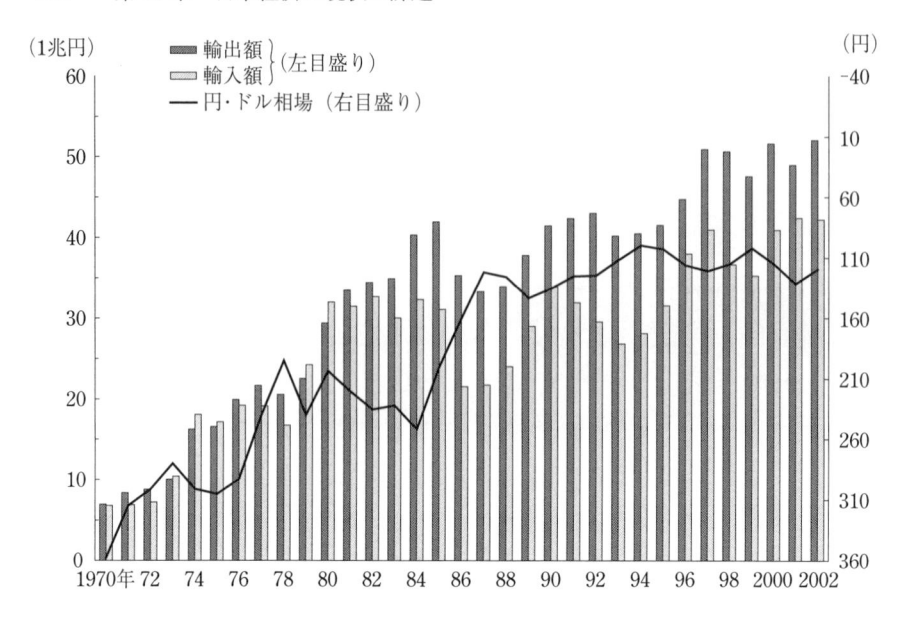

204　第11章　日本経済の現状と課題

図 11-7　円の対ドル・レートと輸出入額の推移

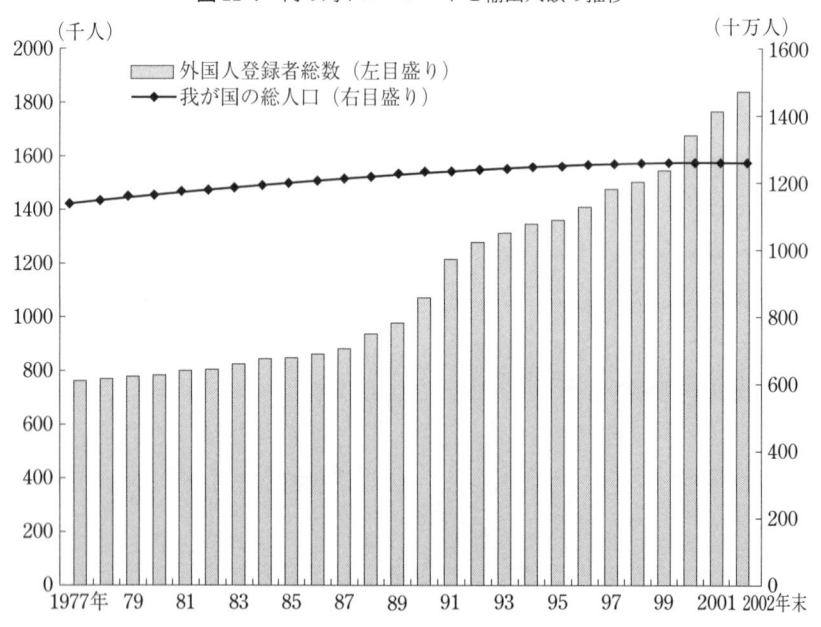

図 11-8　外国人登録者総数・わが国の総人口の推移
　　　　　（法務省入国管理局資料より）

（環境対策関係）等の代表的認証規格の取得は，欧米を中心とした外国企業との取引きでは必須条件となっている．しかし，一方では，各国・地域の制度や慣習の間には，それぞれの歴史的背景や社会経済構造に基づく差異が存在する．企業が国境を越えて活動すれば，企業会計や特許を中心とした知的財産保護等の制度の違い，契約概念を含めた基本的商慣行の違い，さらには宗教を含めた文化的習慣の違い等との遭遇は不可避であり，時としてさまざまな対立も生じる．グローバル化する経済を円滑に機能させるため，われわれは，世界共通ルールへの適応だけでなく，お互いの多様性を尊重し，理解する努力をも求められている．

　日本経済のグローバル化は，日常生活にも変化を引き起こしている．たとえば，高級ブランドから安価な日用品に至る輸入品が身近に流通し（モノの移動），人々の貯蓄は金融機関を通じて資金として世界に供給され（カネの移動），インターネットにより世界中の情報が飛び交う（情報の移動）．さらに，従来は障害の大きかった労働力の国際間移動も進んでいる（ヒトの移動）．日本は，原則として，**外国人労働者**は特定の技能を有する場合に限定して認めているが，主として工場や建築現場等の労働力不足が深刻になったバブル期に，日系外国人に限定した非技能労働者の導入や技術習得を目的とした研修生・技能実習生制度の拡充等を行った．しかし，同時に，不法滞在者や不法就労者の問題も拡大した．現在は，少子高齢化に伴う労働力不足が見込まれる状況で，単純労働のみならず，看護・介護等の分野における技能労働の可否を含め，日本の社会や経済における外国人労働者の位置付けが論議されている．

2．日本経済における中小企業

　戦間期の日本では，**経済の二重構造**が定着したとされる．当時の日本には，人口の増加及び農村の労働吸収力低下を背景に，大量の余剰労働力が存在した．しかし，第1次大戦中に急成長を遂げた重化学工業等の大企業は，戦後の不況を契機に，一部熟練労働者のみを高賃金で長期雇用する労働政策を採用した．そのため，農村から都市に流入する労働力の多くは，大企業の臨時工や下請け中小企業の従業員として，需要変動に対する大企業の調整弁の性格をもちながら雇用されるか，少額の資本で開業できる都市部の零細な小売・サービス

表 11-1　中小企業の定義

製造業	資本金 3 億円以下，または従業員 300 人以下
卸売業	資本金 1 億円以下，または従業員 100 人以下
小売業	資本金 5,000 万円以下，または従業員 50 人以下
サービス業	資本金 5,000 万円以下，または従業員 100 人以下

（中小企業基本法（1999 年改正）の定義より）

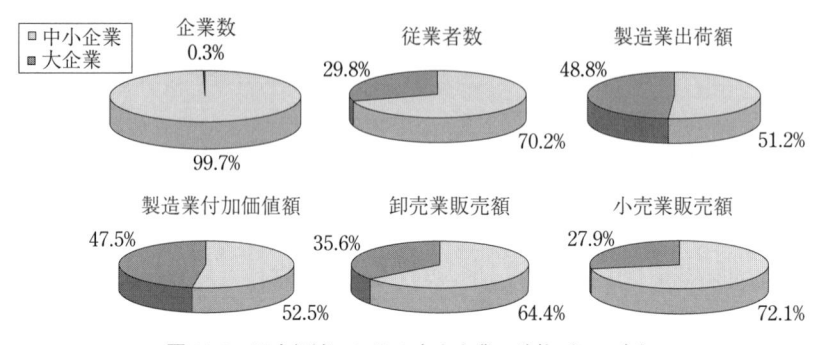

中小企業　　大企業

企業数　　中小企業 99.7%　大企業 0.3%
従業者数　　中小企業 70.2%　大企業 29.8%
製造業出荷額　　中小企業 51.2%　大企業 48.8%
製造業付加価値額　　中小企業 52.5%　大企業 47.5%
卸売業販売額　　中小企業 64.4%　大企業 35.6%
小売業販売額　　中小企業 72.1%　大企業 27.9%

図 11-9　日本経済における中小企業の地位（2001 年）

業等に集中的に参入した．大企業と中小企業の間には，生産性や資本装備率に加え，従業員の賃金を含む格差が生じ，これが経済の二重構造を形成したのである．

こうした二重構造は，第 2 次大戦後も再生されたが，恒常的格差の存在は，社会の不安定要因になる恐れがある．そこで政府は，二重構造の解消と日本経済全体の生産性向上を目指し，**中小企業政策**を展開する．具体的には，中小企業庁の設置（1948 年）や中小企業基本法の制定（1963 年）を通じ，融資や債務保証等による資金供給，共同事業等を行う組合の組織，経営上の課題に関する指導等，中小企業の不利性を是正するために，各種支援策を提供してきた．

一方で中小企業は，日本経済において重要な役割を果たしてきた．1950 年代，中小企業の製造する繊維や雑貨等の軽工業品は，いち早く海外市場に進出し，外貨獲得に貢献した．自動車や家電産業の成長も，部品供給を担う中小企業の技術力と生産力に支えられたものである．さらに，ソニーや本田技研等，町工場から独自の成長路線を歩み，世界的企業に発展した例も少なくない．

近年の中小企業は，製造業では輸出競争力の低下や輸入品との競合，小売業では商店街をはじめとする中心市街地の衰退や大型ショッピング・センターに

よる圧迫等，経済構造の変化に伴い，きびしい経営環境を強いられた．バブル崩壊後の長期不況もこれに追い討ちをかけ，資金調達力に劣る中小企業の倒産が相次いだ．また，戦後の中小企業政策の展開にもかかわらず，大企業との格差も依然として存在する．

しかし，中小企業特有の多様性と柔軟性は，独創的な技術やアイデアを活かして急速な成長を実現するベンチャー・ビジネス，積極的な海外展開を進める小さなグローバル企業，在宅勤務や職住近接により地域に多様な就業形態を提供するコミュニティ・ビジネス，高齢者にやさしい商店街等々，新たな可能性を生み出している．政府も，中小企業を取り巻く環境の変化を受けて，1999年には中小企業基本法を全面的に改正，新しい企業を生み出す創業支援，既存企業が新製品等を導入する経営革新の支援，さらに成長指向の強いベンチャー・ビジネスの育成を中小企業政策の新たな目的に加えたのである．

3．今後の課題
（1） 知的財産の重要性

知的財産とは，人間の精神的創作活動の成果や経済活動上の信用に関する情報である．これらの情報は，一般に，自動車やパソコン等の工業製品，印刷物，製品のブランドマーク等々，有形物（ハード）と一体になり提供されるが，知的財産としての価値は，情報そのものにある．書籍の価値が，紙の束ではなく，伝えられる知識等の情報にあることを考えれば分かりやすい．

ところが，情報である知的財産は，物理的に支配できない無形物（ソフト）であり，模倣や無断利用が容易である．一方で，知的財産を生み出すためには，資金や時間等，多大なコストを要する．そのため，模倣等が蔓延すれば，模倣者がコストの負担なしに利潤を得て，知的財産を生み出した者はコストの回収さえも困難になる．これでは，新たな創作や信用構築への投資は減退し，経済活動の停滞をも招くであろう．そこで，利潤獲得の機会を適切に保障すべく，知的財産に対する排他的独占権（**知的財産権**）が法的に保護されている．

さて，ハードの生産が成熟した社会では，知的財産を重視した産業政策が有効とされる．たとえば，米国は，1980年代以降，知的財産権の保護強化と新たな知的財産の創造を推進し，国際競争力を回復する原動力のひとつとなっ

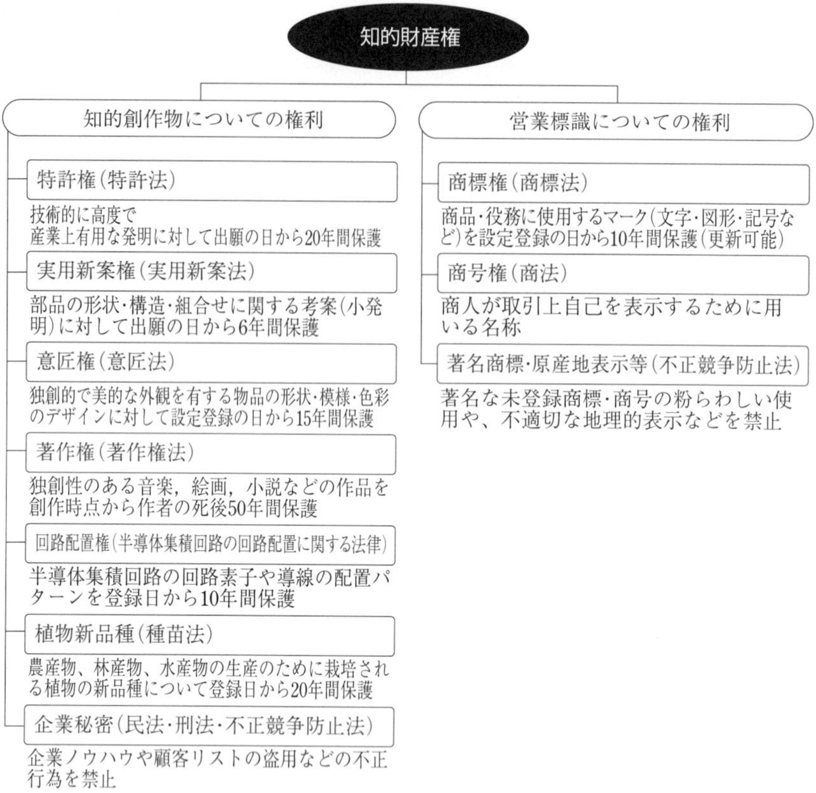

知的財産権

知的創作物についての権利

- **特許権（特許法）**
  技術的に高度で産業上有用な発明に対して出願の日から20年間保護
- **実用新案権（実用新案法）**
  部品の形状・構造・組合せに関する考案（小発明）に対して出願の日から6年間保護
- **意匠権（意匠法）**
  独創的で美的な外観を有する物品の形状・模様・色彩のデザインに対して設定登録の日から15年間保護
- **著作権（著作権法）**
  独創性のある音楽，絵画，小説などの作品を創作時点から作者の死後50年間保護
- **回路配置権（半導体集積回路の回路配置に関する法律）**
  半導体集積回路の回路素子や導線の配置パターンを登録日から10年間保護
- **植物新品種（種苗法）**
  農産物，林産物，水産物の生産のために栽培される植物の新品種について登録日から20年間保護
- **企業秘密（民法・刑法・不正競争防止法）**
  企業ノウハウや顧客リストの盗用などの不正行為を禁止

営業標識についての権利

- **商標権（商標法）**
  商品・役務に使用するマーク（文字・図形・記号など）を設定登録の日から10年間保護（更新可能）
- **商号権（商法）**
  商人が取引上自己を表示するために用いる名称
- **著名商標・原産地表示等（不正競争防止法）**
  著名な未登録商標・商号の紛らわしい使用や，不適切な地理的表示などを禁止

図 11-10 （松島隆裕編『技術者倫理』学術図書出版社，2004年）

た．日本でも，欧米への技術的キャッチアップ過程を終え，海外から技術を導入する効果が薄れるとともに，少子化の進行で，労働力と国内市場の量的縮小も避けられない．一方で，中国をはじめとするアジア諸国は，外国技術の導入と低廉な労働力の投入により競争力を強化している．日本経済の活力と国際競争力を維持するためには，これまでに培ったものづくりの技術を基盤に，新たな知的財産の創造と活用を図ることで，より付加価値の高い製品やサービスを創出すべき時代を迎えている．

そこで，日本においても，知的財産の活用を促す取り組みが各方面で進んでいる．企業では，研究開発機能の拡充のみならず，法務等の関連部門の強化が相次いでいる．また，産学連携の強化は，大学・高専等の研究成果を企業に移

転し，新たな事業や製品の開発に活用する可能性を広げた．政府も，「知的財産立国」を目指し，知的財産基本法の制定（2002年）をはじめ，各種施策を展開している．

　ただし，「知的財産立国」の実現には，今後，以下のような課題の解決が待たれよう．第一に，知的財産の確実な保護と円滑な活用を保障する制度整備が急務である．とくに，知的財産に関する裁判手続きの簡素化や判例の統一等，司法制度の改革は，紛争を迅速に処理するだけでなく，紛争を回避する点からも重要である．第二に，組織と個人の役割分担及び利益分配のあり方を整理する必要がある．たとえば，ほとんどの企業は，事業化や商品化を進めるため，従業員が職務として行った発明（**職務発明**）から生じる特許権を，対価を支払い取得している．しかし，最近，退職した技術者や研究者が，従業員時代の対価を不服として，高額の支払いを企業に求める訴訟が相次いだ．組織が創作や事業化のコストを負担する現状を勘案し，一方では個人の創作意欲を喚起できる，適正な利益の分配が求められる．第三に，関連する人材の育成が欠かせない．独創的な研究開発を担う者は当然として，知的財産の活用を推進するには，**技術経営（MOT）**教育の充実等により，技術とマネージメントを融合し得る人材の養成が重要である．また，知的財産の取得や紛争処理に関するサービス機能を強化するには，弁理士や知的財産に精通した弁護士を大幅に増員する必要がある．

（2）　消費者の保護と責任

　現代の大量消費社会では，消費者は，宣伝や広告あるいは店頭での説明を頼りに，顔の見えない生産者の商品を購入する．そのため，製造者と消費者の間では，商品に関する情報の格差が生じ，多くの場合は，消費者に不利である．

　こうした消費者問題を解決するため，1960年代になると，多くの国で，消費者自身による消費者運動が高揚する．1962年3月には，米国のケネディ大統領が，「消費者の利益の保護に関する特別教書」を発表，消費者は，①安全を求め，②情報を正確に知り，③商品を選び，④企業等に意見を聞いてもらう権利を有していると，消費者運動に対する政策的支持を表明した．

　日本でも，急速な経済成長の影で公害や薬害等の問題が頻発，消費者運動が活発化し，1968年に**消費者保護基本法**が制定された．70年には国民生活セン

表 11-2 日本における消費者問題の流れ

1948 年	主婦連合会（主婦連）結成
1955 年	ヒ素ミルク中毒事件（粉ミルクにヒ素を含んだ安定剤が使用され，中毒者 1 万 2000 人以上，死者 130 人以上の被害が出た．） スモン事件（スモンは亜急性脊髄視神経症の略．後に整腸剤キノホルムが原因と判明し，同剤の販売・使用が停止されるが，1972 年までに 1 万 1000 人以上の患者が発生した．）
1956 年	日本消費者団体連絡会結成
1962 年	サリドマイド事件（妊娠中の母親が睡眠薬としてサリドマイド剤を服用したことで，四肢の先天的障害児が多数誕生した．）
1968 年	カネミ油症事件（米ぬか油に混入した PCB により，大規模な中毒が発生した．） 消費者保護基本法制定
1970 年	国民生活センター発足
1974 年	石油ヤミカルテル事件（消費者団体が，オイルショックに乗じて石油価格を吊り上げた，違法な価格カルテルを告発した．1984 年に石油元売り 9 社の有罪が確定した．）
1983 年	サラ金規制法制定
1994 年	製造物責任（PL）法制定
1996 年	薬害 HIV 事件で，国や製薬会社が責任を認める．（HIV に汚染された輸入血液製剤の使用が放置されたことで，HIV 感染被害が拡大した．）
2000 年	消費者契約法・特定商取引に関する法律制定
2003 年	ヤミ金融問題
2004 年	欠陥自動車事件

ターが設置され，各自治体の消費生活センターとともに，消費者からの苦情・相談や商品テスト等を担っている．また，訪問販売による契約のクーリングオフ制度等を定めた訪問販売法（1976 年制定．2000 年に，特定商取引法に改称及び改正され，訪問販売以外も対象となる．），情報量や交渉力に劣る消費者の利益を擁護する消費者契約法（2000 年制定），違法な高金利貸付けや取立てを行う貸金業者を規制するいわゆるヤミ金融対策法（2003 年制定）等，具体的問題における消費者保護を目的とした法律も制定されている．

　同時に，消費者は，保護を求めるだけでなく，自立した消費者としての責任を自覚し，商品知識の収集に努めるとともに，契約の厳しさを理解する必要がある．市場経済は，当事者間の自由な合意によって売買等の権利義務関係を形

成する（**契約自由の原則**）．たとえば，消費者は，「買い物」という日常行動において，①買い物をするかしないかの自由（契約締結の自由），②どこで買い物をするか選択する自由（相手方選択の自由），③どの商品をいくらで買うか等の買い物の中身を決する自由（契約内容の自由），④書面を用いずとも口頭を含めた任意の方式で買い物ができる自由（契約方式の自由）を有している．消費者は，自身の自由な意思決定の結果としての「買い物」により，商品入手の権利を取得すると同時に，対価を支払う義務を負うのである．クレジットカードの使いすぎで多重債務や自己破産に陥る者が後を絶たないことも，商品購入時に現金が不要であるため，支払義務への意識が希薄になることが大きな原因といえる．

　一方，われわれは，常に消費者であるとは限らず，製造者や販売者としての責任を負う場合もある．1994年には，製造者の無過失責任を規定した**製造物責任（PL）法**が制定された．製造者は，製品の欠陥により消費者に損害を与えた場合には，たとえ自らに過失がなくとも賠償責任を負うのである．また，

表11-3　製造物責任（PL）法関連訴訟の例

事件名	判決	判決の概要
異物混入ジュース咽頭部負傷事件	1999年6月判決（控訴）2000年5月和解	ジュースに混入した異物により，原告の喉に傷を負わせたとして，飲食物製造販売会社（被告）に10万円の損害賠償を命じた．異物は発見されなかったが，製造や販売の過程で，ジュースに異物が混入する可能性は否定できず，ジュースに異物混入という欠陥が存在したと判断した．
フロントガラスカバー金属フック左眼突刺重傷事件	2001年4月判決（控訴）2003年7月和解	フックが跳ねて，使用者の身体に当たる事態が当然予想されるにもかかわらず，フックの材質や形状の工夫，ゴムひもの張力の抑制等の配慮がほとんどなされておらず，設計上の欠陥があったとして，製造会社（被告）に2,855万円の損害賠償の支払いを命じた．
小学校給食食器破片視力低下事件	2003年10月判決（確定）	強化ガラス製食器の割れた破片により児童が右眼を負傷した事故につき，製造会社（被告）に1,038万円の損害賠償の支払いを命じた．判決は，食器自体に欠陥はないとする一方，破損した場合には他の食器よりも鋭利な破片が広範囲に飛散する危険性があることを取扱説明書等に記載しておらず，表示上の欠陥があるとした．

（『判例時報』各号及び独立行政法人国民生活センター編，『消費生活年報 2003』より作成）

最近の企業不祥事の例からも明らかなように，消費者や社会に重大な損害を与えた企業は，その存続さえも危機に直面することを留意すべきである．

発展：企業倫理と企業の社会的責任

　企業は，利潤を得て，従業員には賃金，株主には配当，国家や地域には税金を払う経済的責任を負うことは当然である．しかし，近年は，その前提として，消費者や従業員及び社会や環境に危害を与えないため，**法令遵守（コンプライアンス）** の責任をはじめとする**企業倫理**の必要性が主張されている．背景としては，食品会社による集団食中毒の発生，自動車会社の欠陥・リコール隠し，鉄道会社等による総会屋への利益供与事件等，日本を代表する企業による不祥事や組織犯罪の頻発を受け，企業に対する社会的批判が強まったことがある．同時に，最近の事例が示すとおり，重大な法令違反や深刻な事故を引き起こした企業は，その存続さえも危機に瀕する．企業倫理の確立は，経営を安定的に維持するためにも重要になっている．

　一方で，企業は，自らの利潤を追求するのみならず，環境問題への積極的対応や社会貢献活動等の責任を負うとの考えも生まれている（**企業の社会的責任**）．危害を与えないだけでなく，より能動的に，社会全体の福祉向上に貢献することを望まれているのだ．ただし，事故や違法行為を繰り返しながら多額の寄付を行う企業が評価されるわけではない．企業が社会的責任を果たすには，危害を予防する企業倫理の基盤が不可欠といえる．

　日本を代表する経済団体である日本経済団体連合会も，2002年10月と2004年5月に「企業行動憲章」を改定し，企業倫理や社会的責任の向上に対する企業の自主的行動を求めている．これらの取り組みは，現時点では十分な成果を得てはいないが，企業の倫理的・社会的側面をも投資の評価基準とする社会責任投資の普及等に伴い，今後の企業経営に不可欠な課題になるだろう．

〔参考〕　日本経済団体連合会「企業行動憲章」（一部抜粋）
1. 社会的に有用な製品・サービスを安全性や個人情報・顧客情報の保護に十分配慮して開発，提供し，消費者・顧客の満足と信頼を獲得する．
2. 公正，透明，自由な競争ならびに適正な取引を行う．また，政治，行政との健全かつ正常な関係を保つ．
3. 株主はもとより，広く社会とのコミュニケーションを行い，企業情報を積極的かつ公正に開示する．
4. 従業員の多様性，人格，個性を尊重するとともに，安全で働きやすい環境を確保し，ゆとりと豊かさを実現する．
5. 環境問題への取り組みは人類共通の課題であり，企業の存在と活動に必須の要件であることを認識し，自主的，積極的に行動する．
6. 「良き企業市民」として，積極的に社会貢献活動を行う．

7. 市民社会の秩序や安全に脅威を与える反社会的勢力および団体とは断固として対決する．
8. 国際的な事業活動においては，国際ルールや現地の法律の遵守はもとより，現地の文化や慣習を尊重し，その発展に貢献する経営を行う．
9. 経営トップは，本憲章の精神の実現が自らの役割であることを認識し，率先垂範の上，社内に徹底するとともに，グループ企業や取引先に周知させる．また，社内外の声を常時把握し，実効ある社内体制の整備を行うとともに，企業倫理の徹底を図る．
10. 本憲章に反するような事態が発生したときには，経営トップ自らが問題解決にあたる姿勢を内外に明らかにし，原因究明，再発防止に努める．また，社会への迅速かつ的確な情報の公開と説明責任を遂行し，権限と責任を明確にした上，自らを含めて厳正な処分を行う．

参考文献

（1） 萩原伸次郎『通商産業政策』日本経済評論社，2003年
（2） 中小企業庁編『中小企業白書2004年版—多様性が織りなす中小企業の無限の可能性』ぎょうせい，2004年
（3） 日本プラントメンテナンス協会編『日本のモノづくり52の論点—新製造業立国の条件』日本プラントメンテナンス協会，2002年
（4） 内閣官房知的財産戦略推進事務局編『知財立国への道』ぎょうせい，2003年
（5） 寒河江孝允『知的財産権の知識』日経文庫，2003年
（6） 独立行政法人国民生活センター編『消費生活年報2004』独立行政法人国民生活センター，2004年
（7） 梅津光弘『ビジネスの倫理学』（現代社会の倫理を考える3）丸善，2002年

第12章
労働問題・福祉問題

第1節　労働問題の発生

1. 資本家と労働者

　産業革命が進行し資本主義社会が成立していくにつれて，社会の中では貧富の差が拡大していった．「法の下に市民は平等」という社会の実現を目指して，近代市民社会は身分や階級制度による差別はなくなったが，貧富の格差の拡大は新しい階級を発生させた．その階級とは工場や機械設備などの生産手段を所有する資本家階級と，自己の労働力のみを商品とする労働者階級である．この2つの階級は，雇う側と雇われる側という関係にあり，両者の利害は対立していた．資本家は労働者の雇い入れの自由や解雇の自由を有し，使用者として有利な立場で労働契約を結ぶ立場にあった．また，機械の発達により女性や児童も労働者として使用できるようになり，労働者は，長時間，低賃金，不衛生かつ危険な労働環境の下で働かされていた．

　このような労働者の劣悪な待遇に対して，労働者は個人で使用者と交渉しても立場が弱く，労働条件を改善することはきわめて困難であった．そこで，労働者は団結して資本家と交渉するための組織，すなわち労働組合を結成して労働者の待遇改善を求める運動が起こった．この運動は，労働条件の改善を求めて労働者の権利の確立を求めるものであった．

　労働運動は産業革命の発祥地イギリスにおいて始まった．労働問題を解決するための労働組合の結成は当初「団結禁止法」(1799)によって禁止されていた．しかし，労働者の権利獲得のための運動が盛んになるにつれて，労働組合の結成は合法化され労働者の団結権は保障されるようになった．その成果である工場法(1833)では，児童の労働時間が制限され，労働者と資本家の間に法

的ルールが形成された．工場法の制定後，就労年齢の制限，鉱山等の特定産業の就労規制，夜間労働からの女性労働者の除外など，法的規制が社会的に普及するようになった．その後，労働運動は労働者の待遇改善だけでなく，労働者の政治的権利の獲得を求める運動としても発展していった．

2. 日本における労働問題

わが国では，第1次世界大戦後の大正デモクラシーのなかで労働組合の合法化を求める運動があった．しかし，財界から労働組合結成に対して強い反対があり，戦前には労働組合は合法化されなかった．

第2次世界大戦後，占領軍当局から日本の民主化を目的とした指令が出されたことによって，労働組合法が制定（1949）され，労働組合の基本的権利が認められた．また，日本国憲法の中でも**労働三権**（団結権・団体交渉権・争議権）は基本的人権として保障された権利の1つとして認められている．ただし，公務員については公共の福祉の観点から労働三権に制約が設けられている．

戦後の復興期には，低賃金の解消や解雇権の濫用の改善を求めた労働争議が多発していた．しかし，経済が成長した1960年代後半からは，労使関係は鋭い対立関係がゆるみ，労使の協議によって問題解決を図るようになってきた．このことは決して労働者をめぐる問題が解決されたことを意味するものではない．

3. 日本的経営

終身雇用制，年功序列型賃金，企業別労働組合を中心とする**日本的経営**は，高度経済成長時代にほぼ完成され，1980年代の安定成長期には海外から高い評価を得ていた．この日本的経営は，大企業や公的部門だけでなく，中小企業にも取り入れられている．しかし，1990年代のバブル崩壊後の不況や国際的競争の激化によって，これまでの日本的経営は，成果主義の導入，業務の外注化，期限付き雇用の形態などが取り入れられて，近年大きく変化している．

（1） 終身雇用制

終身雇用制とは，労働者が企業に一度採用されると，定年まで勤続する制度

である.この制度では,景気が悪くても米国の労働者のようにすぐに解雇されることはない.このような制度には,企業が労働者に長期的な雇用関係を保障して,労働者の勤労意欲や技能・技術への教育意欲を高めて,企業への忠誠心を高める効果がある.

(2) 年功序列型賃金

年功序列型賃金は終身雇用制と結びついた表裏一体の関係である.すなわち,年齢や企業の勤続年数に応じて,賃金が上昇する制度である.この賃金上昇の程度は,企業規模や労働者の学歴水準による差異が大きく,また,パートタイムやアルバイトなどの非正社員には適用されないことが多い.

この賃金制度は,能率給や能力給ではなく,生活給を中心とした制度から説明できる.労働者の生計費は,年齢の上昇とともに家族扶養のため増加する.企業が労働者の生計費にあわせて賃金を支払い,年齢とともに賃金も増加する.このような労働者のライフサイクルにあわせた賃金支払いは,労働者の勤労意欲をより引き出す.

また,長期勤続の場合,企業は労働者に対して教育訓練をより熱心に行い,労働者の生産能力を向上させることができる.その場合,労働者にも教育訓練

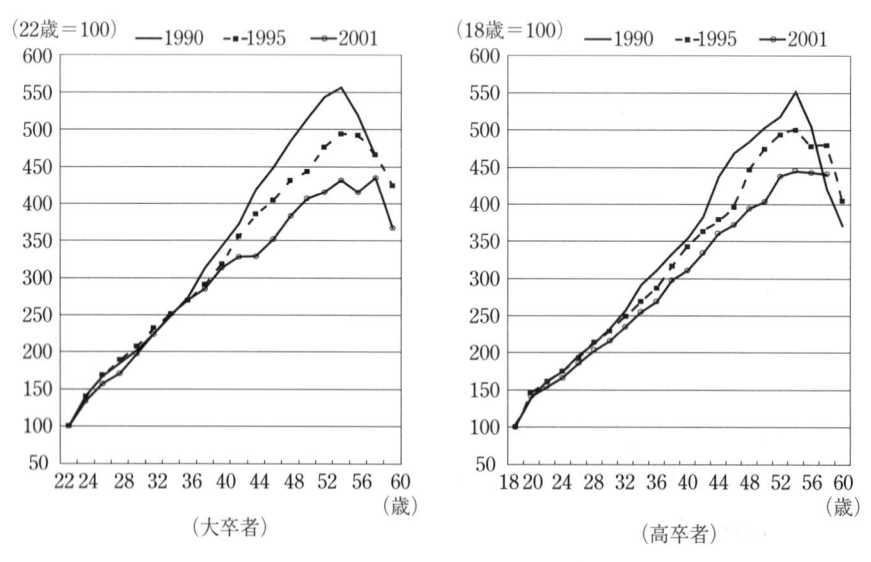

図 12-1　長期勤続の男性正社員の賃金の変化(厚生労働省『賃金構造基本統計調査』)

費用を負担してもらい，一定の年数が経過した後に，教育訓練から得た収益を賃金として支払うという形で，企業は賃金制度を設計する．この制度では，若年層の賃金は低く，中高年層の賃金は高くなる．一定の年齢まで働かなければ，若年時の未払い賃金を回収できない．企業にとっても，労働者が辞めることを防止でき，また労働者の教育訓練を効率的に行える利点がある．

（3） 企業別労働組合

　企業別労働組合とは，同じ企業に勤める労働者が本工・本職員など正社員を中心として，職種の違いにかかわらず組織されている労働組合である．欧米諸国では職種別・産業別に労働組合が組織されているが，日本では1つの企業の中に1つの労働組合があるという形で一般的に労働組合が組織されている．企業別労働組合は企業内の具体的・日常的な問題解決や労使間の信頼形成には役立つが，企業の利害と癒着しやすいという問題がある．

　わが国の労働組合の組織率は1949年には5割を超えていたが次第に低下し，現在では2割程度である．低下の原因の1つは，中小企業での労働組合の組織化が進まなかったことである．厳しい経営環境のため，中小企業では組合を結成したり労働争議を行えたりしなかった．原因の2つ目は，経済成長によって，生活が豊かになり，問題意識を持つ人が減少して，労働組合の意義を理解しなくなった人が増えたためである．また，わが国の組合運動が企業別のものであったため，労働争議が国民から支持されなかったことも原因である．また，企業の中で増加している非正社員はほとんど組織化されていないという問題もある．

（4） 日本的経営の現状

　このような日本的経営によって，日本企業は，雇用の安定と維持につとめてきた．しかし，1980年代には会社への旺盛な忠誠心による長時間労働は欧米諸国から批判された．このような欧米諸国からの批判を受けて，日本政府は労働時間の短縮に取り組み，週40時間労働の導入を政策目標として掲げて，週休2日制の普及を進めた．現在のわが国の労働時間は年間約2,000時間で，アメリカやイギリスと同水準であるが，フランスやドイツよりは年間300から500時間長い．

　経済成長率の低下とともに，従来の雇用慣行の柱であった正社員の比率は低

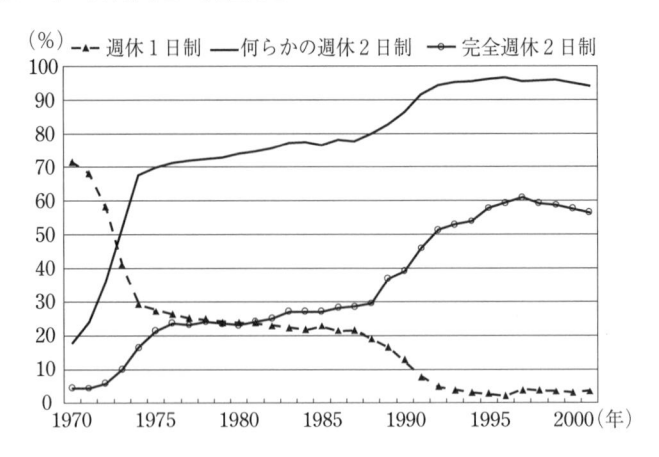

図12-2 週休2日制の実施状況（全労働者に対する割合）（厚生労働省『就労条件総合調査（旧賃金労働時間制度等総合調査）』）

下し，パートタイム労働者・派遣社員の採用増加や，仕事の外注化が急速に進んでいる．また，賃金制度についても年功賃金カーブを緩めたり，個人の業績による査定幅を拡大したり，あるいは年俸制や成果給といった制度が次第に導入されてきている．

発展：日本の失業率

　失業者（率）は正確には完全失業者（率）と呼ばれ，多くの先進国では政府機関から毎月調査・公表されている．失業率は，その国の経済状態を表す重要な指標の1つである．完全失業者の定義は国によって異なるが，基本的には国際労働機関（ILO）の基準である．

　日本では，15歳以上人口のうち，実際に働いている就業者と，就職を希望して仕事を探しているにもかかわらず仕事に就けない完全失業者をあわせて労働力人口，それ以外を非労働力人口（たとえば，学生や専業主婦）と呼ぶ．完全失業率は，完全失業者が労働力人口に占める割合をさす．労働力人口と非労働力人口との違いは，働く意思を表しているかいないかの差である．

　仕事を探している専業主婦に対して，「現在何をしていますか」と質問した場合に，「求職活動」と「家事をしている」という2つの答えがある．「求職活動」と答えれば失業者に計上され，「家事をしている」と答えれば非労働力人口に計上される．

　また，景気が悪く適当な仕事が見つからないと判断して，職探しをあきらめた人は，完全失業者として計上されず，非労働力人口に計上される．とくに，

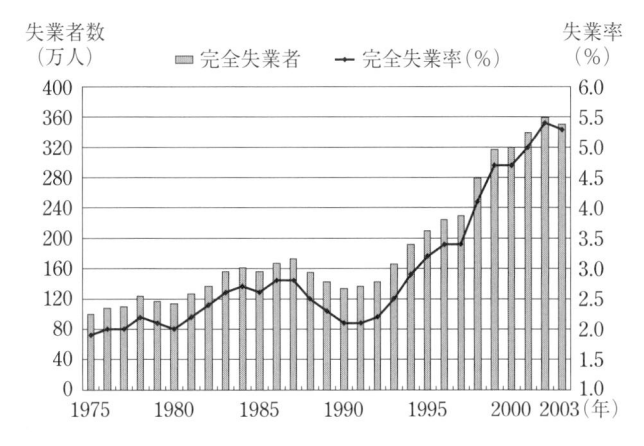

図 12-3　完全失業者と完全失業率の推移（総務省『労働力調査』）

女性は，景気が悪いと職探しをあきらめる人が多い．不況期にこのような人が増加すると，統計上は失業率の増加が抑制されることがある．失業者（率）の数値をみる場合には，このような点に注意する必要があろう．

第2節　労働者保護法

　日本国民の職業と勤労については，日本国憲法は職業選択の自由（第22条）を保障し，国民は勤労の権利と義務（第27条1項）を有すると定めている．また，憲法27条2項は，使用者と労働者との間の契約関係において，弱者である労働者を保護するため労働条件に関する基準を別に定めるとし，これが**労働基準法**（1947）である．

　憲法28条は，労働者に対して，労働条件を使用者と対等な立場で交渉・締結できるため団結権，団体交渉権，争議権（団体行動権）を保障している．そのための法律が労働組合法，労働関係調整法（1946）である．

　その他にも，労働者保護を目的とした法律として，男女雇用機会均等法（1986）や育児・介護休業法（1991）がある．

　以下では，労働三法（労働基準法，労働組合法，労働関係調整法），男女雇用機会均等法，育児・介護休業法について説明する．

第12章 労働問題・福祉問題

1. 労働基準法

(1) 労働憲章

労働基準法（以下，労基法）第1条から第7条までは**労働憲章**とよばれ，労働者の基本的人権の保障を目的としている．これは，労働条件の根本原則に関する規定（第1～4条）と，労働者の自由の保障に関する規定（第5～7条）に分かれている．

労基法第1条は原則として「人たるに値する生活を営むための労働条件」を保障している．労働条件の決定は労使対等の立場で決定され（第2条），また使用者が労働者の国籍・信条・社会的身分等から労働条件を差別的に取り扱うことを禁止（第3条）している．その他にも，男女同一賃金の原則（第4条）を定めている．この第4条の禁止事項は賃金だけであるが，男女雇用機会均等法では配置・昇進・定年・解雇等に関しての禁止規定が定められている．

労働者の自由の保障に関する規定として，労働者の意思に反する強制労働は禁止（第5条）や就職を斡旋して紹介手数料を取る中間搾取が禁止（第6条）されている．ただし，職業安定法による有料の職業紹介や労働者派遣法による労働者派遣事業は中間搾取にはあたらない．また，選挙権その他の公民権を行使できることを保障（第7条）している．

(2) 労働契約

労働契約とは，使用者と労働者個人との間で労働条件について結ぶ契約である．労基法の法規制を受ける契約関係を労働契約とよび，民法では労働関係の契約を雇用契約とよんでいる．

労基法に違反する労働条件は無効（第13条）であり，使用者は労働者に労働条件を明示する義務（第15条）がある．また，使用者には，30日以上前に解雇を通知する義務があり，労働者の生活を保障するために突然の解雇を禁止（第20条）している．

(3) 賃金

賃金は通貨で直接労働者に全額（第24条1項），毎月1回以上定期的に支払う（第24条2項）ことを定めている．また，労働者の生活保障のための非常時支払いや休業手当についても定めている．

賃金の最低基準に関して，労基法から最低賃金法が定められている．政府が

最低限度額を決定する制度を**最低賃金制**とよぶ．賃金水準が社会的に公正とされている水準よりも低下することを防ぎ，企業による不当な低賃金雇用をなくし，労働者の低賃金を改善する制度である．多くの先進国では，政府が全国的あるいは地域的な最低賃金水準を設定している．日本においても都道府県別に最低賃金水準が定められていて，違反した企業は労働基準監督署からの是正，指導を受けなくてはならない．

（4） 労働時間・休日

労働時間とは，休憩時間を除く実労働時間のことである．労基法では，現在週40時間，1日8時間を法定労働時間の上限（第32条）としている．労働時間の上限をこえる場合，割増賃金を払った上で，使用者は労働者に時間外労働を命じることができる．労基法第36条では，時間外労働を行う場合労使間で**三六協定**を締結しなくてはならない．しかし，近年働き方が多様化し，変形労働時間制，フレックスタイム制，裁量労働時間制など週40時間の上限の枠にあてはまらないものも増えてきている．

休日について，労基法では最低週1日の休日を確保すること（第35条）を定めている．また，6カ月間継続勤務した労働者には年次有給休暇の取得権（第39条）が発生し，勤続年数が増すごとに有給休暇の日数は加算される．一定の条件を満たしたパートタイム労働者についても年次有給休暇の権利は与えられている．日本では，欧米諸国に比べると，有給休暇を実際に取得する割合が少ない．その原因として，職場の雰囲気や社会的な環境があり，今後改善の必要がある．

（5） 就業規則

常時10人以上の労働者を使用する企業は，**就業規則**を作成して，労働基準監督署へ届け出なければならない．その場合，使用者は就業規則の内容を従業員に周知させる必要がある．就業規則には，労働時間（始・終業時刻，休日，休暇等），賃金（賃金の決定，計算，支払方法等），退職関係の事項を明示しなければならない．

2．労働組合法

労働組合法は労使対等の実現のために，労働者が使用者との交渉のために労

働組合を結成し，活動することを擁護し，団体交渉を助成することを目的としている．

団体交渉とは，労働者が賃金・労働時間・雇用など労働条件を維持改善するために団結して，代表者を通じて使用者と交渉することである．団体交渉の内容には，強要罪等の処罰対象とはならなく，（刑事免責），不法行為等による損害賠償の対象ともならない（民事免責）．また，団体交渉の申し入れをした者を不利益に取り扱うことはできない（不利益取扱いの禁止）の3点である．

また，労働組合法では，不当労働行為を設けて，団結権，団体交渉権に対する使用者の不公正な侵害行為を禁止している（労組法第7条）．すなわち，使用者が労働組合の結成，加入または正当な組合活動を理由にした解雇や不利益的な扱いを禁止し，正当な理由なく団体交渉を拒むことや労働組合の結成や運営に対しての介入を禁止している．使用者の団体交渉拒否に対して，労働委員会への救済申立てや斡旋の申請，裁判所による救済を求めることができる．

3．労働関係調整法

労働争議とは，労使の主張が団体交渉などで解決せず，争議行為が発生している状態をいう．労働争議には，ストライキ（同盟罷業）やサボタージュ（怠業），ロック・アウト（作業所の封鎖）などがある．

労働争議を当事者間で自主的に解決できない場合には，労働関係調整法に基づいて労働委員会が斡旋，調停，仲裁などの調整を行う．なお，公益企業や公共の安全にかかわる労働争議については一定の制限が加えられている．

4．男女雇用機会均等法

女性の社会や職場への進出が増えるにつれて，待遇，条件の差別的扱いが問題となってきた．欧米諸国では男女の平等を求める運動が盛んになり，男女の雇用機会を均等にすることや，賃金・昇進の差別を禁止することが定着していった．日本においても，国際連合における国連婦人年（1975）後の取り組みやわが国の女子差別撤廃条約の採択（1979）などを受けて，「**男女雇用機会均等法**」が1985年に制定（1986年施行）された．

この法の目的は，雇用の各段階において，男女間で差別的な扱いをしないよ

う規制することにある．すなわち，募集案内・採用・配置・昇進などにおいて，事業主は男女を均等に扱うことを定めた．しかし，努力義務であり，罰則規定がなかったため，法の目的は十分達成されたとは言えなかった．

その後，男女雇用機会均等法の精神をより実現していくため，1997年に男女雇用機会均等法は改正された（1999年施行）．改正点は，禁止規定の違反をした事業主は具体的な制裁を課せられることである．すなわち，是正を求める行政指導に従わない場合には，厚生労働大臣はその企業名を公表できることになった．その他に，雇用の全ての分野で女性に対する差別を禁止したこと，セクシャルハラスメントの防止対策を義務付けたことである．

この男女雇用機会均等法の改正と併せて，労働基準法も改正された．改正労働基準法では，女性労働者の職域の拡大を図るために男女同一の労働条件を原則とするものに変更された．その結果，労働基準法にこれまで規定されていた女性労働者に対する時間外・休日労働，深夜業の規制が解消された．その結果，労働基準法は男女同一の労働条件を規定する枠組みとなった．このことによって，職場での差別は解消されていくが，女性の労働条件が男性並となることで，女性への労働負担増となる懸念がある．

5．育児・介護休業法

女性の社会進出が盛んになるにつれて，女性の就業と家庭生活との両立をはかることが社会的に重要な課題となってきた．労働者に一定期間の育児休業を与えることを事業主に義務付ける**育児休業法**（1991）がある．この法律は，出産・育児のために雇用を失うことを回避することを目的とし，育児休業は女性だけでなく，男性も取得できる．

当初，育児休業法には休業期間中の所得保障はなかったが，1994年の雇用保険法改正時に雇用保険から休業取得前の賃金の一定額が支給されるようになった．

また，今後は高齢化が進み家族による老人介護や看護がますます必要になってくる．介護や看護を理由にした解雇を禁止し，介護休業を取得できるよう，育児休業法を一部改正する形で**介護休業制度**が1995年成立した（実施は1999年から）．

参考文献

(1) 神代和欣『産業と労使の関係』日本放送出版協会，1999年
(2) 厚生労働省編『労働経済白書（旧労働白書）』日本労働研究機構，各年版
(3) 菅野和夫『新・雇用社会の法　補訂版』有斐閣，2004年
(4) 樋口美雄『労働経済学』東洋経済新報社，1996年
(5) 古郡鞆子『働くことの経済学』有斐閣，1998年

第3節　福 祉 問 題

1. 社会福祉・社会保障とはなにか

社会保障（social security）とは，国民が生活困難になった場合，国家の責任で生活を保障することで，社会保険や公的扶助（生活保護）などがある．

社会福祉（social welfare）とは，一般に国民の生活を高める政策全般を指す．これを広義の社会福祉と呼んでいる．一方，狭義の社会福祉とは，社会保障の一部分として高齢者や児童・身体障害者に対する組織的な政策のみを指す．日本では狭義にとらえてきたが，近年，**福祉国家**（welfare state）としての役割の増大から福祉政策の概念が多様化し，区別する必要もなくなってきた．以下では社会保障の流れを紹介し，次の第4節で各論を述べよう．

2. 社会保障制度の歴史

かつて国民の失業や疾病・労働災害は個人の責任にゆだねられ，国家は介入しないことが前提であった．しかしながら，イギリスにおいて，労働できない者に対する慈善事業として，1601年，エリザベス救貧法（Elizabethan Poor Law）が成立し，国家が生活保障に初めて関与した（表12-1を参照）．

ドイツでは，「あめとむちの政策」で有名なビスマルク（O. Bismarck, 1815-1898）が社会主義運動を抑えつつ，1883年に疾病保険法，翌年に労働者災害保険法を成立させ，初の社会保険制度をつくった．また，1919年のワイマール憲法は，生存権からなる社会権を保障し，福祉国家を見据えた憲法であった．

世界恐慌の後，大量の失業者が発生したことから，1935年に米国で**社会保障法**（Social Security Act）が成立し，世界で初めて社会保障という言葉が使

第3節 福祉問題

表12-1 社会保障関連年表

年	内容
1601年	（英）エリザベス救貧法成立（旧救貧法） ※労働できない者を保護.
1883年	（独）疾病保険法 ※初の社会保険，ビスマルクの時.
1884年	（独）労働者災害保険法
1911年	（英）国民保険法 ※初の失業保険.
1919年	（独）ワイマール憲法（ドイツ共和国憲法） ※社会権を保障.
1922年	（日）健康保険法成立
1935年	（米）社会保障法成立 ※ニュー・ディール政策の1つ.
1938年	（日）国民健康保険法成立 ※旧法であり，1958年に改正.
1942年	（英）ベバリッジ報告発表 ※ナショナル・ミニマムの保障.
1944年	ILO総会フィラデルフィア宣言 ※ILOは国際労働機関.
1946年	（日）生活保護法成立 ※福祉6法の1つ.
1947年	（日）児童福祉法成立 ※福祉6法の1つ.
1948年	国際連合世界人権宣言（第25条）
1949年	（日）身体障害者福祉法 ※福祉6法の1つ.
1952年	ILO，102号条約の採択 ※社会保障の最低基準，1976年日本で批准.
1956年	（米）障害保険導入，OASDIの成立
1958年	（日）国民健康保険法成立
1959年	（日）国民年金法成立 ※1961年に国民皆保険・皆年金実現
1960年	（日）精神薄弱者福祉法 ※福祉6法の1つ.
1963年	（日）老人福祉法成立 ※福祉6法の1つ.
1964年	（日）母子福祉法成立 ※福祉6法の1つ，現在は母子及び寡婦福祉法
1973年	（日）福祉元年 ※老人医療は無料に.
1974年	（米）エリサ法（従業員退職所得保障法） ※年金受給権を保障.
1985年	（日）国民（基礎）年金導入 ※年金の二階建て制度が完成.
1997年	（日）介護保険法成立 ※1人暮らし老人の増加に対応して.

※（英）はイギリス，（独）はドイツ，（ソ）は旧ソ連，（日）は日本，（米）はアメリカ

われた．一方，社会保障において重要な**ベバリッジ報告**が出された．イギリスの経済学者ベバリッジ（W. Beveridge, 1879-1963）は，「**ゆりかごから墓場まで（from cradle to grave）**」の一生涯を国家の責任において保障することや，国が必要最低限度の生活費を保障する**ナショナル・ミニマム**（national minimum，とくにイギリスのウェッブ夫妻が提唱，Webb Sidney, 1859-1947, Webb Beatrice, 1858-1943）の原則や，均一の保険料を徴収するフラット制（定額制），児童手当制度などを提唱した．以後，イギリスでは均一拠出・均一給付のフラット制を基本とし，租税を財源とした公費負担比率の高いNHS（国民保健サービス，National Health Service）を採用している．北欧諸国もフラット制を基本としているが，租税負担が高く，**高福祉・高負担**となってい

る．

　1944年の**ILO**（国際労働機関，International Labor Organization）の総会で，**フィラデルフィア宣言**が採択された．フィラデルフィア宣言は，「保護を必要とするすべての者に基礎的所得と包括的な医療を与えるように社会保障を拡張する」と宣言した．1948年には，国際連合で世界人権宣言（第25条の社会保障の原則）が採択され，1952年にはILO，102号条約により社会保障の最低基準が示され，日本は1976年に批准した．また，アメリカは1956年に**OASDI**（老齢・遺族・障害保険，Old-Age, Survivors and Disability Insurance）を確立，国民の多くが加入し，1965年には65歳以上の高齢者対象のメディケア（老人医療保障，Medicare）を導入した．

3. 日本の社会保障制度の歴史

　日本では，1874（明治7）年に**恤救規則**が早くから制定されているが，70歳以上の高齢者で重病者・老衰者を救済する給付の低い限定的なものであった．1919年にILOに加盟した日本は，1922（大正11）年に健康保険法を公布，1929（昭和4）年に救護法を制定し，65歳以上と13歳以下の者の扶助を始めた．

　第2次世界大戦直前の1938年，国民健康保険法（任意加入）が制定され，第2次世界大戦後，日本国憲法第25条により生存権が保障されることを受けて，1946（昭和21）年に**生活保護法**（1950年に新法）が成立，公的扶助が確立した．1947年には**失業保険法**（1974年に**雇用保険法**）と**労働者災害補償保険法（労災）**が制定された．1958年に**国民健康保険法**と，1959年に国民年金法が制定され1961年にようやく**国民皆保険・皆年金**体制が実現した．一方，社会福祉は福祉六法と呼ばれる生活保護法，児童福祉法，身体障害者福祉法，精神薄弱者福祉法，老人福祉法，母子及び寡婦福祉法（旧母子福祉法）が整備された．

　1973（昭和48）年は「**福祉元年**」と呼ばれ，老人医療の無料化や5万円年金，年金の物価スライド（給付額を物価変動にあわせる）などの改善が行われた．このように福祉国家を歩んできた日本であるが，1970年代後半の財政危機から福祉見直し論が台頭，1980年代にさまざまな改革が行われた．とくに

老人医療費の抑制のため，老人医療の一部負担を実現した1982年の老人保健法がある．

高齢化社会の到来が確実であったため，1989年に高齢者保健福祉推進10カ年戦略（ゴールドプラン，95年度～ゴールドプラン，2000年度～ゴールドプラン21）が示された．また，エンゼルプラン（2000年度～新エンゼルプラン）で子育てを支援することも示された．1995年にはノーマライゼーション7カ年計画（別名，障害者プラン）が策定された．**ノーマライゼーション**（normalization）とは，高齢者や障害者が，健全者と同様の生活を普通に営むことができる社会を目指す理念のことである．さらに，一人暮らし老人や，寝たきり老人が増加したため，1997年，**介護保険法**（2000年実施）が制定された．このように，国民の負担も苦しくなるが，今後も福祉関係の改革が続くと思われる．

第4節 社会保障制度

1. はじめに

社会保障制度は大きく分けて，①**社会保険**（医療保険・雇用保険・労働者災害補償保険・年金保険・公的介護保険），②**公的扶助**，③**社会福祉**，④**公衆衛生**がある．

2. 医療保険（health insurance, medical insurance）

社会保険に属する医療保険は，一般的には**健康保険**と呼び，ほとんどの国民が加入する巨大，かつ，重要な医療保険制度である．

①**組合管掌健康保険**（大企業主体，2001年度末の加入者数3,102万人）や，②**共済組合**（公務員や私学教職員など，同994万人）と比べて，③**政府管掌健康保険**（中小企業主体，同3,630万人）や，④**国民健康保険**（自営業・農業，同4,895万人）が不利となる制度間格差がある．

1973年の福祉元年に老人医療費が無料となったが，この時期，表12-2のように財政負担が増大し，1983年に一部有料化，1984年の改正で本人負担は1割，1997年の改正で2割，2002年の改正でサラリーマン等の負担は3割とな

表 12-2　日本の国民負担率の推移

年　度	国民負担率	租税負担率	社会保障負担率
1955 年（昭和 30 年）	20.8 %	18.1 %	2.7 %
1960 年（同 35 年）	22.3	19.2	3.1
1965 年（同 40 年）	22.7	18.3	4.4
1970 年（同 45 年）	24.3	18.9	5.4
1975 年（同 50 年）	25.8	18.3	7.5
1980 年（同 55 年）	31.3	22.2	9.1
1985 年（同 60 年）	34.4	24.0	10.4
1990 年（平成 2 年）	38.2 *38.8	27.6 *27.4	10.6 *11.3
1995 年（同 7 年）	36.2 *36.8	23.7 *23.5	12.5 *13.3
2000 年（同 12 年）	36.7 *37.2	23.3 *23.2	13.3 *14.0
2001 年（同 13 年）	37.3 *37.8	23.3 *23.1	14.1 *14.7
2002 年（同 14 年）	36.1 ----	21.8 ----	14.3 ----
2003 年（同 15 年）	35.5 ----	21.0 ----	14.5 ----

※国民負担率は租税負担率と社会保障負担率の和．財務省資料より 2002 年度まで実績，2003 年度は見込み．母数となる国民所得は 1990 年度以降は 93 SNA，1989 年度以前は 68 SNA．歴史的に社会保障負担が増大していることに注意．国民所得統計のかさ上げで 2004 年 1 月の公表から意図的に数値が下げられ，1990 年度以降の数値が 2003 年の政府発表と著しく異なり筆者としては不満である．従来の統計は*で残した．

った．国民の 1 年間の傷病治療費を表す**国民医療費**は 2002 年度で約 31.1 兆円であり，歴史的に老人医療費の比率が高くなり，近年では，健康保険の赤字や組合管掌健康保険組合の解散，さらに失業者の増加から，無健康保険者も発生した．今後の課題として，患者や家族と医師の間の「説明と同意（インフォームド・コンセント，informed consent）」に基づく治療や，薬価差益・高齢者の長期入院の解消問題がある．健康保険は，国民の大切な健康維持機能であるから，このまま老人医療費の増大を放置すれば，制度全体の危機はまぬがれない．

3. 雇用保険（employment insurance）

1974 年雇用保険法で成立した**失業保険**は，被保険者が失業したとき，一定期間，失業給付（基本的に離職前の賃金の 5〜8 割，90 日〜330 日　※細かい制度でよく改正がある）を支払うものである．失業給付は**公共職業安定所**（ハローワーク）の求職申し込みが必要であるし，一定の要件を満たさないものは適用除外（パート，短時間労働者に特例あり）とされる．財源は，国庫と労働

者，事業主で負担している．高齢者雇用継続給付や育児休業給付があり，今後は若者に多いフリーター増加に歯止めをかけられるかどうかが注目される．

4. 労働者災害補償保険（worker's accident compensation insurance）

一般に**労災**と呼ばれる保険である．労働者保護の立場から事業主が負担金を支払い，強制加入する．労働者が業務上の事故により負傷や病気・死亡した場合，認定されれば業務災害となり，通勤途中では通勤災害となる．労働者の生活を守る，大切な保険制度であると言って良いだろう．

5. 年金保険（pension insurance）
（1） 年金制度の概要

かつて年金制度はかなりの制度間格差があった．しかし，1985年に国民年金法が改正され，従来の国民年金・厚生年金・共済年金の下に**基礎年金（＝国民年金）**が一本化して導入され，それぞれ比例報酬部分が2階建てのように載せられた．1階部分の基礎年金は，20歳以上60歳未満の国民が加入している

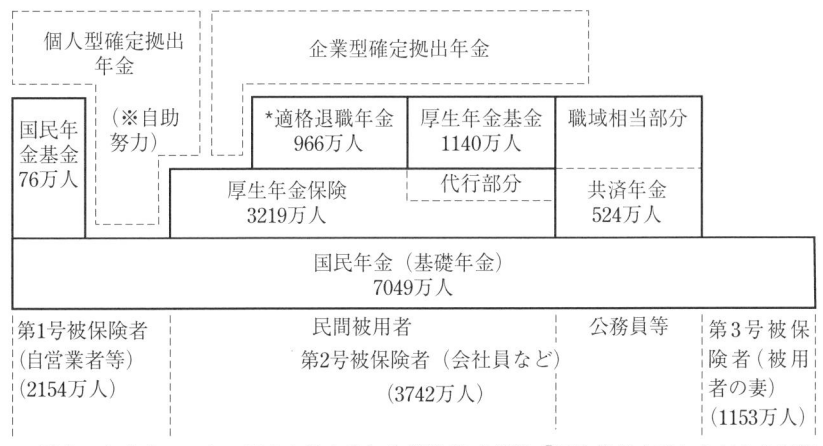

個人型確定拠出年金	企業型確定拠出年金		
国民年金基金 76万人	（※自助努力）	*適格退職年金 966万人	厚生年金基金 1140万人	職域相当部分
		厚生年金保険 3219万人	代行部分	共済年金 524万人
国民年金（基礎年金） 7049万人				
第1号被保険者（自営業者等）（2154万人）		民間被用者 第2号被保険者（会社員など）（3742万人）	公務員等	第3号被保険者（被用者の妻）（1153万人）

※平成13年度末データ．図表内数字は加入者数,該当者数『厚生労働白書』などから編集して作成．図のように，確定拠出年金制度が導入され，4階建ての年金制度となったが，確定拠出年金は自助努力面が強く，個人型は任意加入である．また，*適格退職年金は新企業年金（確定給付型）に順次移行され，平成24年までに廃止される．

図12-4　日本の年金制度の体系

ことになる．自営業者の上乗せ部分は国民年金基金と呼ばれ，会社員は厚生年金保険と厚生年金基金，公務員は共済年金と職域年金部分となっている．

厚生年金は，公的年金であり，事業主と労働者が，折半で保険料を負担するが，給付に足りない場合は国も負担する．厚生年金の給付方法には，老齢年金や障害年金，遺族年金があり，日本の労働者を支える年金保険となっている．

基礎年金の第1号被保険者は自営業や農業・学生を指し，第2号被保険者は会社員や公務員，第3号被保険者は第2号被保険者の配偶者で専業主婦という意味である．公的年金制度は受給者の発生や死亡，人口構造や予定利率などを勘案して5年に一度，財政再計算（制度の見直し）がなされる．

年金制度には，負担方式として，①積立方式と②賦課方式がある．

①積立方式は，被保険者があらかじめ保険を積み立てておき，その保険料積立部分と，ある程度の国庫負担を合わせて，年金を受け取る方式である．

②賦課方式は，被保険者が，今，支払っている保険料を，そのまま年金受給者に受け取らせ，世代間で若い世代に順次負担させていくやり方である．

日本の公的年金制度は，両者の中間にあたる**修正積立方式**を採用している．

さて，年金制度ほど課題を抱えているものもないだろう．1989年に国民年金に学生を強制加入（免除規定有り）させたが，逆に，未加入の学生が増加してしまった．旧厚生省の『年金白書』によれば，加入手続きを行っていない第1号被保険者の未加入者は158万人（95年），未納者は172万人（96年）で，**年金の空洞化**が決定的になった（※未納者の定義は複雑であるので参考程度にして下さい）．また，1994年の改正では，厚生年金の支給開始年齢を段階的に65歳に引き上げたが，1994年の財政再計算を元に厚生年金保険料率の将来負担を予想すると月収の34.3％に増大する．そこで厚生省は，国民に5つの選択肢を提示し，給付の見直しを示唆した．他にも，物価スライド制を見直す，支給開始年齢をさらに引き上げる，収入のある人の支給を制限する，ボーナスから徴収する，専業主婦に負担を求めるなどの案があり，年金制度は火だるまの状態になった．

こうして，ボーナスから徴収するなど，いくつかの改革が導入されたが，2004年の年金改革では，国会でもめて，決定的な改革は先送りされた．

（2） 自分で年金を運用する時代

将来，社会人となる学生は，複雑な年金制度を学習することが必要である．ポイントは「年金はもらえない」と信じないことである．実際には，加入していない者こそが，もらえないのである．ただし，給付金額が削減されることは考えられる．したがって，若いうちの自助努力が必要となってくる．

年金制度には，設計思想において，① **確定給付型年金**制度と，② **確定拠出型年金**制度がある．

① 確定給付型年金制度とは，毎月，決められた年金額を支給されるように，年金の**予定利率**を決めて，現在の掛金を定める方法である．しかしながら，超低金利の時代が来てしまうと，予定していた利率をかせぐことができずに，年金財政が悪化し，解散に追い込まれる可能性がある．

② 確定拠出型年金制度は，毎月，決められた拠出を行い，加入者が資産運用して，運用益を加えて年金給付額を決定する方法である．この方法は，加入者が，運用するリスク（危険性）を負うため，事業主にとっては，負担の少ない方法である．この方法は，米国で **401k** として定着している．401k とは，米国の内国歳入庁第 401k 条項による制度で，従業員は課税前の所得から掛け金を積み立て，本人の希望により投資信託や自社株などで運用し，転職しても転職先に運べる便利な年金制度のことである．さらに，米国ではエリサ法（従業員退職所得保障法，Employee Retirement Income Security Act）による受給権保護が確立し，従業員をしっかりと保護している．

そこで，日本でも 2001 年に**確定拠出年金法**を成立させ，日本版 401k が導入された．とうとう自分自身で，年金を運用する時代が到来したのである．

6. 公的介護保険（public insurance of elderly care）

公的介護保険制度は，1997 年の**介護保険法**成立後，2000 年から始まった．要介護であると認定を受けた人に対して，さまざまな介護サービスを行うことにより，本人の生活の自立と，家庭の負担を和らげる効果がある．2004 年度では，40 歳以上の全国民が保険料を支払い，財政の負担分担は，被保険者 50％，国 25％，都道府県 12.5％，市町村 12.5％ である．40 歳以上であれば介護の認定を受けられるが，基本的には 65 歳以上である．要介護者の自己負担は 1 割である．

介護保険のサービスとしては，**ホームヘルプサービス**（ホームヘルパーが家庭を訪問し介護を行う）や，**デイサービス**（デイサービスセンターにおいて入浴や食事の提供などを行う），**ショートステイ**（介護施設に短期的に入所する），訪問入浴や訪問看護，痴呆の要介護者のためのグループホームでの介護などがある．この制度も，要介護者数の急激な増加があれば，財政的に苦しくなる．

7. 公的扶助 (public assistance)

生活に困窮した国民に対して国家が給付を行う制度が**公的扶助**であり，**生活保護**が代表的である．現在の生活保護法は1950年制定で，1946年の方は旧生活保護法という．すべての国民に無差別平等に与えられる原則だが，運営に関しては課題も発生している．

最低限度の生活水準の算定額でもめた1957年の**朝日訴訟**や，申請保護の原則（申請しないと保護されないこと）のため77歳の女性と41歳の長男が餓死した事件（96年5月3日各新聞），生活保護費から預貯金をしたので保護が変更された事件（93年4月23日各新聞），ある自治体が「クーラーは贅沢」と高齢の生活保護者からクーラーをはずさせたところ，猛暑による脱水症状で入院した事件（94年9月6日各新聞）などがある．

このような訴訟などの問題点は，金銭的にどこまで生活保護をするのか，また，どの水準から打ち切るのかが問題とされている．もし失業者が大量に発生し，生活保護該当者が急増すれば，財政的に危機となる可能性もある．

8. 社会福祉 (social welfare)

福祉六法（表12-1参照）により，国と地方公共団体が行うさまざまな政策（児童福祉・母子福祉・障害者福祉・老人福祉など）を**社会福祉**と呼ぶ．具体的には特別養護老人ホームの経営や，社会福祉法人，共同募金会，児童相談所，身体障害者更正相談所の運営がある．特別養護老人ホームは，介護保険における介護施設となったため，老人介護との関係も深い分野である．

また，厚生労働大臣の委嘱を受けた**民生委員**（児童委員も兼務，2002年度，22万4,023人）が相談や指導を行っている．民生委員とは，地域住民の中か

ら選ばれれる住民の生活や相談・福祉などへの協力をする委員で，3年の任期で無給である．

すでに述べたが，1989年のゴールドプラン，1994年からの新ゴールドプランや障害者プランでは，①ホームヘルプサービス（訪問介護者の派遣），②デイサービス（日帰りの介護サービス），③ショートステイ（短期入所）を大幅に増やし，**QOL**（生命の質，quality of life）を高める計画である．福祉の苦情については，1990年に東京都中野区の福祉サービス苦情調整委員が，**福祉オンブズマン**として誕生した．オンブズマン（ombudsman）とは，住民の苦情を受け，中立的な立場から意見をする組織である（※神奈川県川崎市では，同年，一般行政に対する市民オンブズマンが誕生した）．

9. 公衆衛生（public health）

公衆衛生は，「がん」や心臓病・脳卒中などの成人病対策，結核予防，エイズ対策などを行っている．保健所や保健センターを中心に地域における福祉推進が望まれている分野である．

発展：高齢・少子化社会を考える

日本の総人口は，図12-5のとおり，約1億2,767万人で世界第10位である．男性と女性では女性の方が人口が多い．15歳未満を年少人口，15歳～64歳を生産年齢人口，65歳以上を老年人口と呼び，老年人口の割合が19.2％であることから，国際連合の定義によれば「**高齢社会**」となっている．なぜなら，国際連合は，65歳以上の高齢者が全人口の7％を超えると高齢化社会と呼び，14％を超えると高齢社会と呼ぶからである．

日本の高齢化のスピードは先進国で最も速く，2013年には老年人口が3,000万人を突破すると予想されている（国立社会保障・人口問題研究所より）．

2003年，1人の女性が一生の間に平均して子どもを生む数である**合計特殊出生率**は1.29となった（東京都は0.9987）．人口を維持できる合計特殊出生率は2.1と言われているので，日本は徐々に人口が減少し，子どもの少ない**少子化**が進行する．家族の数が少ない核家族化や1人暮らしも増加した．平均寿命が世界一である日本は，豊かな社会であると言えるが，年金や老人医療の費用がかさみ，納税余力も低下することから，社会保障関連の財政が苦しくなると思われる．高齢者に対するセーフティーネット（safety net）や，**バリアフリー**社会（barrier free society）を整備しつつ，若者や独身者を含めた活力ある社会を築く方法をみんなで考えて欲しい．

第12章 労働問題・福祉問題

日本の総人口など

項　目	データ
総人口	1億2,767万人
うち男性	6,230万人
女性	6,536万人
老年人口	2,453万人
生産年齢人口	8,529万人
年少人口	2,453万人
合計特殊出生率	1.29（2003年）
出生率千人あたり	8.9（2003年）
平均寿命（男）	78.32歳
（女）	85.23歳

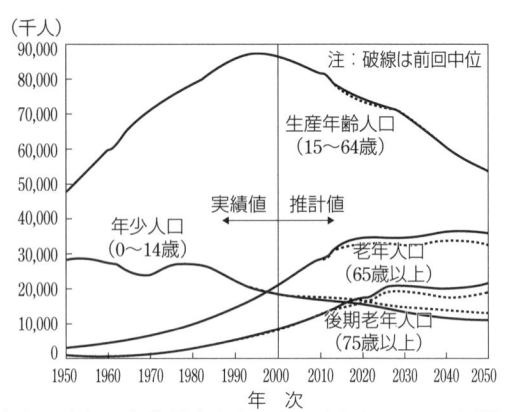

※人口は2004年2月1日現在．平均寿命は平成14年簡易生命表．人口千人あたりの1年間の出生数である「出生率」は合計特殊出生率とは異なる．右の図は，国立社会保障・人口問題研究所から引用．

図12-5　日本の人口と3区分別人口割合

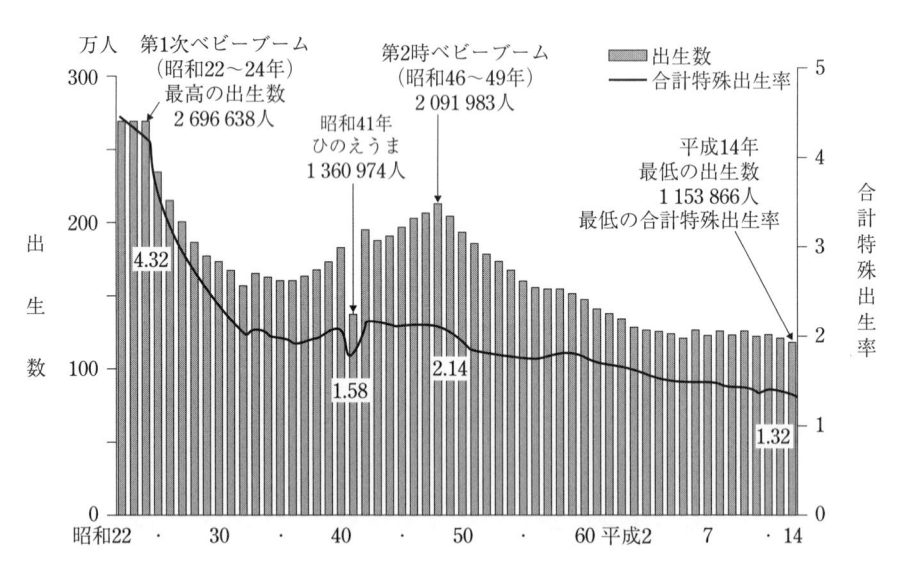

図12-6　出生数および合計特殊出生率の年次推移（厚生労働省大臣官房統計情報部『人口動態統計』より）

参考文献

（1） 秋元美世・芝野松次郎・森本佳樹・大島巌・藤村正之・山県文治編『現代社会福祉辞典』，有斐閣，2003 年
（2） 健康保険組合連合会編『社会保障年鑑』東洋経済新報社，各年版
（3） 玄田有史『仕事のなかの曖昧な不安　揺れる若年の現在』中央公論新社，2001 年
（4） 厚生労働省編『厚生労働白書　平成 16 年版』ぎょうせい，2004 年
（5） 庄司洋子・木下康仁・武川正吾・藤村正之編『福祉社会事典』弘文堂，1999 年
（6） 藤田哲雄『「日本版 401k」年金早わかり』講談社プラスアルファ新書，講談社，2001 年
（7） 椋野美智子・田中耕太郎『はじめての社会保障　第 2 版』有斐閣，2003 年

第13章 国際経済

第1節 国際経済の意義と国際取引

　ここでは，国際経済について，まず国際貿易や国際金融に関連する経済問題を取り上げる．すなわち比較優位の原理，自由貿易対保護貿易，国際収支，為替レートなどである．今日の経済は，高度に国際化し他の国との相互依存関係を無視してそれを語ることはできない．国際間の経済取引は，ある意味においては地域間の経済取引の変形である．もし政治的な境界がなく，企業も消費者もまったく無国籍的に行動することができれば，原理的に新しい問題は生じてこない．

　国際経済が今日重要な問題となってきたのは，現実の世界に国境が存在し，言語や風習の相違によって労働などの移動が困難であること，国によって違う種類の貨幣が使われていること，それぞれの国の政府が自国の利益のためにさまざまな干渉を行いがちであること，などによるのである．

　これらの相違は絶対的なものとはかぎらないし，それらが国際経済の動きをかなり経済理論とは異なるものにしていることは確かである．したがって国内経済とは違った問題が重要になってくる．

1. 比較優位の原理

　国際経済取引の中心をなすのは国際貿易（international trade）と国際資本移動（international capital movement）であるが，ここでは国際貿易がなぜ行われるかについて考察することにしよう．これを解明する1つの手がかりは，リカード以来のいわゆる「比較優位」（comparative advantage）ないし「比較生産費」（comparative cost）の原理に求められる．

この理論は，各国には技術水準や生産要素などの差異によって，相対的に有利な産業と不利な産業がある．たとえ一方の国が他方の国よりすべての生産分野において，絶対的に優れた（あるいは劣った）効率をもつとしても，なお両国がより生産費の少なくてすむ有利な産業の生産に専念（特化）し，これを貿易によって不利な産業の製品と交換することが，すべてを自給するより貿易当事国双方に有利であるというものである．

　こうした理論が登場した19世紀はじめのイギリスは，産業革命後の急速に発達した工業力に見合う市場を広く海外に求めるようになった．そこで従来の重商主義的な保護貿易政策に代わって，自由貿易が強く求められるようになった．それは，食料や原料を海外から安く輸入できて生産コストを削減でき，また工業製品の輸出も拡大できて有利だからである．

　こうして，当時「世界の工場」と呼ばれたイギリスは，自国にとって有利な工業生産に特化してその製品を輸出し，貿易相手の後進国からは食料や原料を輸入する垂直的国際分業を推進したのである．

2. 自由貿易対保護貿易

　以上のような考え方がよって立つ原理は，ある限られた条件の下では，自由貿易を推し進める政策にきわめて説得的である．なぜなら，それぞれの財を互いに自由に交換することによって，世界全体としての潜在的な実質総生産は大きくなり，すべての国民が生活水準の向上を促進させることができるからである．

　しかし実際には，しばしば自由貿易に対して保護貿易が主張されるケースが生じてくる．保護主義を求める主張には，つぎに掲げる4つがある．

　第1は政治的配慮ないしは非経済的な国益保護の理由によるものである．たとえば将来戦争が起こる恐れがある場合，ある特定部門（どんなに非効率的であるにしても）では自給体制をとることが望ましいという考え方がその例である．

　しかし，そのような戦略的事情の下でも，問題の部門は関税によるよりも，補助金によって保護されるほうが望ましい．なぜなら，補助金政策をとるならば，消費者価格を国内コストの高さまで引き上げる代わりに，それを国際価格

の水準まで引き下げることが可能である．また国益保護のための費用の総額がどれだけになるかを明確化することによって，国民が果たしてそれだけの犠牲を払う値打ちがあるかどうかを容易に判断することができるからである．

　第2は自国の労働者の賃金や生活水準を保護するためのもので，外国の低賃金労働による製品の輸入を認めれば，自国の労働者の一段と高い生活水準が維持できなくなるという主張である．

　第3は自国労働者の立場を保護する点では似ているけれども，輸入が国内の雇用を減少させ失業を増加させるというものである．たしかに輸出が雇用に対して好ましい効果をもつ反面，輸入は好ましくないものである．したがって，他国がまだ報復手段を採らない短期のうちは，高関税政策が自国の失業を減らす一助となりうる．この点については，貿易の自由化はその国の潜在的な実質総生産水準を増大させるけれども，短期的には現実の産出量と雇用水準を低下させるかもしれないということである．

　しかし，短期的にせよ長期的にせよ，現実の産出量水準と可能な産出量水準とのギャップをそのままに放置しておけば，進歩の利益をみすみす放棄することになる．したがって，金融政策や財政政策のようなマクロ的経済政策を通じて有効需要の水準が確保され，輸入のために職を失った労働者が，活発な労働市場で他の仕事を見出しうる道さえ用意されれば，保護貿易要求は通用しなくなる．

　第4の関税擁護論は，いわゆる「幼稚産業論」(infant-industry argument)である．この説は，19世紀のドイツの経済学者フリードリッヒ・リストの名とともによく知られているが，それによれば，当初は外国との競争に堪えられなくても，十分に成長し離陸すれば実際に比較優位を獲得できるような産業が存在するという．こうした産業は，はじめは関税による保護が消費者に対して価格を高めることになるが，やがて成長がなし遂げられ費用と価格とが低下すれば，消費者への利益が保護されていた時代の高価格を償って余りあるようになるので，関税は正当化されることになる．

　この主張は，過去の歴史を見ても明らかなように，自立し成長した幼稚産業の中に成功した実例がいくつかある．経済発展のための産業政策のほうが，自由市場よりも正しく，遠い先の将来を見抜くことができる度合によって，工

業化を促進するための貿易への干渉は利益をもたらすことがありうるのである．

　要するに，比較優位原則の正当な例外としては，国防上の理由に基づくものと真の幼稚産業保護の事例の2つがあるにすぎない．強力な圧力団体や既得権の持ち主たちは，保護政策が全体としての生産や消費に及ぼす影響がどうであれ，彼ら自身の利益を押し通そうとするのであって，政治的にはその人たちの力のほうが，自由化の利点を示す経済学の力を上回る場合がしばしばある．

　これは，自由な貿易が誰にでも少しずつ恩恵を与えるのに対して，保護政策は保護される産業から献金を受ける政治家やその産業に天下りができる官僚など少数の人々に大きな恩恵を与えることになるのである．

3. 国際収支

　一国の居住者が他の国の居住者と行う経済取引は，すべて国際収支勘定の形で総括される．国際収支（balance of international payments）というのは，一定期間（たとえば四半期とか一年間とか）にわたるその国のすべての対外経済関係を，財貨やサービスの売買，所得の受払い，対外援助，資本移動などの項目に分けて記録し集計したものでる．その内容は，経常収支（current balance）と資本収支（capital balance）の2つに区分され，それらを合わせて，その収支尻は外貨準備高の増減を通じて決済される．

　経常収支は貿易・サービス収支，所得収支および経常移転収支の3項目に分けられる．貿易・サービス収支とはビデオカメラや自動車のような財の輸出入額と，旅行，運輸，保険，通信などのサービスの取引額を含み，それらの輸出額から輸入額を差し引いた差額である．

　所得収支とは海外からの所得受取りと海外への所得支払いとの差額であり，これは海外で仕事をしている日本人や日本企業が日本に送金してくる金額から，日本に来て仕事をしている外国人や外国企業が本国に送金する金額を差し引いた差額である．外国にたくさん投資をしていると，多額の配当金や利子が送られてくるが，それらの投資収益もすべてこの項目に含まれる．

　最後の経常移転収支は発展途上国への食料・医療品などの無償資金援助や国際機関への拠出金のような一方的な移転額から成っている．これらのうち貿

易・サービス収支と所得収支を一括して合計したものが国民経済計算での経常海外余剰に該当する．

　他方，資本収支は投資収支とその他資本収支の2項目に分けられ，投資収支には直接投資と証券投資とがある．海外での直接事業経営，子会社や海外支店の設置などが直接投資で，たんに利子・配当の受取りを目的とした外国公社債や株式の購入などは証券投資である．また，その他資本収支は，資本形成のための無償資金援助のような資本移転から成っている．

　ところで，上記の収支合計の収支尻がバランスしてゼロになる保証はない．いま所得収支および移転収支の部分を無視していえば，経常収支は，その国から他国への財貨・サービスの輸出がその輸入を上回る場合には黒字（surplus）となり，逆の場合には赤字（deficit）となる．

　また資本収支については，その国からの資本の流出は他国での資産の購入すなわち外貨の支払いとなり，資本の流入は逆に外貨の受取りとなるから，資本の流出が流入を上回れば資本収支は赤字，逆ならば黒字である．

　そこで，これらを合計したものが収支合計の黒字・赤字となり，その差額はかならず外貨準備高の増減などの手段を通じて決済されなければならない．この決済の部分が金融勘定と呼ばれるもので，その部分を含めてはじめて貸方（支払い）と借方（受取り）の総合計は一致することになる．

　この公的決済収支の部分をも考慮に入れれば，国際収支の収支尻はいついかなるときでもかならずゼロになるが，日常，国際収支の均衡と言う場合は経常収支や資本収支などの各項目，あるいはそれらの合計額について言っている．

4. 為替相場

　国際間の経済取引は，財・サービスの国際貿易取引と国際資本取引に分けられる．国際間の経済取引の受け取りや支払いには，通常，自国通貨と外国通貨とを交換する必要が生じる．たとえば，財・サービスの輸出や外国から借り入れる場合，受け取った外国通貨を国内で利用するため，自国通貨に交換する必要がある．他方，財・サービスの輸入や外国への貸し出しの際には，支払うための外国通貨を入手するため自国通貨と交換する必要が生じる．

　このように，自国通貨と外国通貨を交換する取引を外国為替取引といい，実

際に外国為替取引が日々行われている市場を外国為替市場という．この外国為替市場での自国通貨と外国通貨との交換比率が為替相場（為替レート）である．

為替相場は，たとえばドルに対する円の価値を表す場合，通常の表し方では，1ドル＝100円のように表しているが，これはドルの価値を円単位で表したもので，この数字が上昇するとドル高円安を意味し，逆に下落するとドル安円高を意味するのである．

現在，日本のような変動相場制度の下では外国為替相場は原則として，外国為替市場における円と外国通貨の交換の需給によって決められるが，それは日々変動している．この変動を起こす要因として，国際貿易取引と国際資本取引を集計した国際収支の動向などが考えられるが，長期的にはファンダメンタルズ（経済的諸条件）が為替相場の決定に重要な役割を果たす．

国際貿易取引においては日本の物価と外国の物価の相対的関係，国際資本取引においては日本の金利と外国の金利の相対的関係や将来の為替相場がどのように変動するかの予想などが，短期的には為替相場に影響を及ぼすことになる．たとえば，日本の物価が上がると，外国の財に対して日本の財が相対的に高くなるので，輸出は減少し，輸入は増加する．この場合，ドルと比較して円の需要は減少し供給は増加するため，ドルと比較して円安となる．また，日本の金利が上昇すると，外国から資本が流入してくるので，ドルに対する円の需要は増加するため，ドルに対して円高となる．

一般的に円高になると，輸出が減少し輸入が増加する．その結果，輸入品と競合する国内産業の生産が圧迫され，国内経済にとってはマイナスである．他方，円高のメリットとしては，輸入品の価格が低下するので，国内需要の拡大に結びつくとともに，国内物価の上昇率が低下する．しかし現実には，円高差益が十分に国民に還元されているかどうか明確ではない．円高による物価の引き下げ効果が十分に発揮されないと，輸入も伸びにくくなり貿易黒字の解消を妨げることになる．

円とドルの為替相場は，変動相場制に移行してから，ほとんど円高で推移してきた．その結果，日本で生産される製品の価格が外国製品に比較して割高となり，国内製品の輸出の採算が悪くなった．自動車・電気機械など輸出の花形

商品のメーカーを中心に，海外への直接投資を通じて現地生産が急速に拡大し，国内の産業は空洞化したのである．

第2節　国際経済体制と国際協調

1. 戦後の国際通貨体制

　第2次世界大戦後における国際通貨体制のルールは，1944年アメリカのブレトン・ウッズ会議で設立された国際通貨基金（International Monetary Fund, IMF）の協定に基づき，各加盟国の為替レートを一定水準に「釘付け」し，それらの変更が認められるのは「基礎的不均衡」が永続する場合にかぎられるというものであった．

　どのような状態を基礎的不均衡とみるかについては，定義が明文化されているわけではない．しかし，国際収支の不均衡が事実上長期にわたって存続している場合だけではなく，それが失業とか為替管理とかの形で潜在化している場合も含まれると考えられた．

　後者の場合，もし国内の政策によって雇用を増加したり管理を緩和したりして，国際収支の不均衡が顕在化すると，それを取り除く措置が必要となる．この新しい通貨制度は，ある条件の下では為替レートを変更しうる可能性をも認めた一種の固定相場制と考えられるものである．

　それは，戦後の世界経済でリーダーとなったアメリカのドルを基軸通貨（key currency）とする金ドル本位制とも呼ぶべき通貨制度であった．つまりドルが金1オンス＝35ドルで価値が定められ，他の国の通貨は金に対してではなく，金との交換を保証された米ドルによって，その為替レートが定められるのである．

　日本がIMFに加盟したのは1952年からであるが，円ドルレートは1949年から1ドル＝360円に固定され，それは1971年まで維持されたのである．

　ところが，戦後約四半世紀続いたこのブレトン・ウッズ体制も，やがて世界経済の趨勢に対応しきれなくなり，1971年ついに崩壊した．そのもっとも重要な理由は，各国の国内物価上昇率や生産性上昇率に顕著な格差が現れるようになったためである．

事実1960年代の後半になると,ベトナム戦争などの影響によってアメリカ国内でインフレーションが進行し,アメリカの経常収支の赤字幅が次第に拡大することになった.他方,旧西ドイツや日本では,高い生産性上昇率と低いインフレ率が持続したため,経常収支の黒字幅が拡がって基軸通貨のため込みが増大した.

こうしてこれらの国々のあいだで早晩,為替レートの調整が避けられないと予想されると,為替投機のために大量の短期資本が黒字国へ流入し,また赤字国から流出して総合収支の黒字幅・赤字幅がますます拡大する結果を招いた.

1971年の8月15日,ニクソン大統領の金ドル交換性停止宣言によって金ドル本位制はピリオドを打ち,そのあと同年12月には「スミソニアン合意」により,多角的な為替レート調整を行った上での固定相場制への復帰が図られたが,これも効を奏せず,1973年の2,3月ころからは多くの国が固定相場制を放棄して,変動相場制に移行することになった.

ブレトン・ウッズ体制が崩れたのちの,現行の国際通貨制度は,要約して「管理された変動相場制」と呼ばれた.その下での為替レートの決定は,原則的には自由な為替市場の調整に委ねられ,その乱高下が国内の生産,雇用,物価などに悪い影響を与えると判断される場合,中央銀行が積極的に為替市場に介入してレートを安定化させる役割を演じることが認められている.

しかし,今でもドルが基軸通貨として利用され続けているが,他方ヨーロッパでは,EU加盟国の間で経済通貨統合を目的に1979年欧州通貨制度(European Monetary System, EMS)が設立され,1999年には単一の共通通貨ユーロが導入され,欧州通貨同盟がスタートした.これらの国は欧州中央銀行(ECB)によって統一的な金融政策が実施されている.

2. 国際貿易とWTOの役割

第2次世界大戦前の保護主義的な国際貿易の大幅な縮小と停滞に対する反省から,関税及び貿易に関する一般協定(GATT)が生まれた.GATTは,貿易の拡大による世界経済の発展を基本理念に,原則として輸入制限を撤廃し,自由貿易の堅持を目的とした.

GATTは,1948年の発足以来,多角的貿易交渉(ラウンド)が開かれ,加

盟国の関税引き下げを行い，関税以外の制限措置（非関税障壁）の撤廃など，貿易の自由化を推進してきた．1993年に合意されたウルグアイ・ラウンドでは，サービスや特許権・著作権などの知的財産権（知的所有権）について新ルールを確立し，さらに，農産物については非関税障壁の関税化によって貿易の自由化をさらに促進することになった．

1995年にはGATTを引き継いだ世界貿易機関（WTO）が設立され，貿易に関する紛争解決の手続きが大幅に強化された．WTO設立時から加盟国はさらに増加し，今後はサービス・農業・投資ルールの策定・発展途上国の保護などの問題が重要課題である．

3．国際協調への道

現在では，各国の経済活動が国境を越えて地球規模で自由に行われるようになり，グローバリゼーションが進展している．国際貿易のグローバル化は，安くて良質の商品ほどよく売れるという市場原理を国際経済に浸透させ，国際分業をさらに進展させている．また，多くの旧社会主義国が市場経済に移行し，国際市場はますます拡大している．他方，特定の地域経済の中でさらなる貿易の自由化を進めるための，地域的経済統合の動きが進んでいる．

アジア太平洋地域においては，アジア太平洋経済圏が構想されて，日本・アメリカ・カナダ・オーストラリアやASEAN（東南アジア諸国連合）などが参加して，毎年アジア太平洋経済協力会議（APEC）が開催されている．またASEAN諸国も自由貿易圏としてASEAN自由貿易地域（AFTA）を準備中である．さらに日本は個別に韓国やシンガポールと自由貿易協定の交渉を進め，2002年1月，シンガポールとの間で協定が成立している．

北アメリカにおいては，アメリカ・カナダ・メキシコが北米自由貿易協定（NAFTA）によって，3カ国間の貿易及び投資の拡大を図っている．また，南アメリカでも関税同盟として南米共同市場（MERCOSUR）が設立されている．

ヨーロッパにおいては，1992年末に地域内の貿易及び資本・労働力などの移動を自由にした市場統合を完成させ，EC（欧州共同体）は1993年にはEU（欧州連合）となり，政治・経済全般にわたる統合を進めている．その動きは，

東欧諸国を含めたヨーロッパ全域をほぼ包括する巨大な地域的経済統合をめざし，2004年にはさらに10カ国が加盟し加盟国は全体で25カ国になった．

　地域統合とともに国際資本取引のグローバル化も進行している．海外への直接投資によって企業は多国籍化し，一部の産業では地球規模の寡占化が進んでいる．より高い収益を求めて資本が移動し，高い成長率が見込まれる国に資本が集中する傾向も見られる．しかし，1997年のアジア通貨危機に見られるように，大量の資本の移動がその国の経済を大混乱させる要因になることもある．

　経済の発展は，労働人口の増加・資本蓄積・技術革新などに依存している．しかし，資本蓄積や技術革新は高い収益が見込まれる国に集中する．その結果，国ごとの経済発展に格差が生じる．この国際的な経済発展の格差は，先進国と発展途上国との間に南北問題を生んだ．

　1970年代以降には，南北問題がさらに複雑化し，発展途上国の中でも石油などの資源をもつ国と，資源に乏しく開発の遅れている国に格差が広がっている．この発展途上国の中での経済格差を解決するため，先進国による経済援助に加えて，新たな国際協力が進められている．しかしながら，グローバル化が進む今日において，開発が遅れている発展途上国がいかに経済発展をとげるかが大きな課題である．

　現在のところ国際協調は必然的な趨勢と考えられるが，問題は，どうすれば各国間の経済格差をなくしていくことが可能かという点にある．各国にはそれぞれ個別の国内事情があり，それにからむ利害得失を考慮に入れる場合，かならずしも協調に同意できない面も多々存在している．その間の調和を図り，いかにして国際協調を国家の主権と妥協させていくかが，今後どの国も当面していかなくてはならない難問である．

参考文献
（1）　渡辺太郎『国際経済　第4版』春秋社，1990年
（2）　池本清『テキストブック　国際経済学　新版』有斐閣，1997年
（3）　井川一宏（他）『基礎　国際経済学』中央経済社，2000年
（4）　福岡正夫『ゼミナール　経済学入門　第3版』日本経済新聞社，2000年

第14章 経済の課題と地球環境

第1節 経済発展の限界

1. 経済成長の追求……"成長神話"

「大きいことはいいことだ」…どこかで聞いたことがある言い回しではないだろうか？ 第二次世界大戦後，しばらくの間，先進地域を中心とした世界において経済成長の追求は誰も疑うことのない当然の前提であった．敗戦からの復興を目指す日本では，1960年に「国民所得倍増計画」が出され，1950年代後半から1970年代初頭にかけて日本経済は高い経済成長を記録した．いわゆる「高度経済成長」である．高度成長は日本に限られたことではなかった．1960年代にはイタリア，ドイツ等多くの国々が経済の高度成長を経験した．

「パイが大きくなれば1人1人の分け前も大きくなる．」これは，当時よくなされた説明である．パイとはGNP，そのGNPの年々の太り具合（つまり経済成長率）は最大の関心事であった．経済成長率はかなりストレートに給料に反映された．では経済成長を支えたのは何であったろうか？ さまざまな要因が挙げられるが，工業生産力拡大の果たした役割は大きい．

今から考えると不思議に思えるこの「成長神話」は経済史の常というわけではない．19世紀のイギリスでは物価・賃金水準は比較的安定していたと言われている．経済成長はインフレという問題があることも経済の常識である．ではなぜ人々は経済成長に邁進したのであろうか？

資本主義経済の欠点の1つに景気変動が不可避という問題がある．ケインズはこの問題を財政資金の投入による有効需要の喚起によって乗り越えようとした．大変深刻であった1929年の世界恐慌を，アメリカは，TVAなどニュー・ディールで知られるケインズ政策を採用することによって世界で最初に乗

り越えた．第二次世界大戦終結と国連創設等に貢献し，当時，世界の人々にとって「自由と民主主義の国」であったアメリカの政策を，戦後多くの資本主義国が真似た．日本も同様である．

　本来のケインズ政策は不況期にのみ公共投資等への財政投入を行うというものであるが，実際のところ一旦投入され始めた財政資金を好況期に取りやめることはなされなかった．財政資金は集票マシーンとしての機能を併せ持ってしまった．国々の財政規模は年々膨らみ，赤字財政が常態化するようになってしまった．

　政府部門以外はどうであったろうか？　貧しい国が豊かになる過程では当然GNPは増大する．しかし，一通り成長を成し遂げた地域で「パイ」が大きくなる，ということはどうしたら可能であろうか？　ある程度豊かになった国では，必要なものはそれなりに揃ってきている．必要なものを必要なだけ作っていたのではパイは大きくならない．たとえば家庭電化製品のように今まではなかったものを作りだし，それを「あるとよい」とする生活様式の変化を惹起し，あるいは頻繁にモデル・チェンジを行い，「欲しい，買いたい」という欲望を創り出し，「買わせる」ことができれば「パイ」は大きくなる．コマーシャル，マーケッテング，セールス，…，大量消費，大量生産，使い捨て文化…は成長神話の必然的帰結となった．ちなみに社会や制度との関係で経済分析を行おうとする「レギュラシオン理論」ではこうしたシステムを総称してフォーディズムと呼んでいる．

2. "成長の限界"……ローマ・クラブ・レポートの衝撃

　先進地域の人々は高度成長に酔いしれていた．しかし，上辺の繁栄にもかかわらずそこには暗い影が差し始めていた．アメリカの生物学者 レイチェル・カーソンは1962年に出版された『Silent Spring（沈黙の春）』の中で農薬の使用により自然界に不気味な異変が忍び寄っていることに警告を発した．日本でも，1950年代，高度経済成長の開始とほぼ時を同じくして熊本県水俣，三重県四日市などの工業地域で公害被害が現れ，これを告発する声があがり始めた．しかし，公害発生および被害に関する研究はほとんどなされておらず，さらに，何よりも経済成長を優先する当時の風潮，経済成長あっての環境・生

活，という政府の対応等により環境問題への取り組みは遅々として進まず犠牲者は増え続けた．

しかし，1970年代に入り様相は大きく変わり始めた．上記水俣，四日市等の四大公害訴訟で原告が勝訴し公害問題は我々が取り組まねばならない社会問題として認識され始めた．一方，全国的規模での生活環境破壊の進展，広い海域におけるPCBなどによる水質汚染の進展等が明らかになるにつれ，環境問題は特定地域に限られた問題ではなく，地球規模の問題であることが次第に認知され始めた．特に1972年に出版されたローマ・クラブのレポート『成長の限界』は大きな反響を巻き起こした．その内容は「世界人口，工業化，汚染，食料生産，資源の消耗などの点で，現在のような成長が…続けば，今後百年の間に地球上での成長は限界に達するであろう．その結果，最も起こる見込みの高い結末は，人口と工業力の突然の，制御不可能な減退であろう．」（ドネラH.メドウズ他『限界を超えて』はしがきより）と続いている．環境問題に関する書物は多く出されていたが，この本の特質は，コンピュータを使った解析であること等に加え，本の著者であるローマ・クラブが資本主義国家の著名な実業家や政治家を含む国際的団体であったことにある．今まで経済成長を肯定・推進する主体であると考えられていた資本家等の人々さえもが経済成長の限界を高らかに警告したからである．もはや環境問題は「反対者」や「環境論者」といった一部の人々の問題ではなく，社会経済的立場を超えて人類にとり喫緊の問題であることが明らかになってきた．

3.「南」の地域の貧困，新たなパラダイム（知の枠組み）を求めて

これまで，第二次世界大戦後の高度成長を見てきたが，そのような過程は主にヨーロッパ・日本などの先進地域，いわゆる「北」の地域に限られた現象であった．植民地諸国のほとんどは第二次世界大戦後に独立を勝ち取り，自由な経済発展が可能になると期待された．しかし，「南」と「北」の経済格差は縮小せず，むしろ拡大した．

先進工業地域以外の国々に格差が生じてきている．アルゼンチン・メキシコ・ブラジルとアジアの香港，シンガポール，台湾，韓国などは経済発展著しく，中進国と呼ばれたが，1973年のオイル・ショック以降，ラテン・アメリ

カの中進国は多大な累積債務に悩むこととなった．1980年代以降における韓国・台湾等のアジアNIES（新興工業経済地域）の発展，1990年代以降の中国・タイ・ベトナムなどの経済成長は大きいが，やはり先進工業地域と多くの発展途上地域との格差は甚大である．国連等の統計によれば世界人口は，先進工業地域に12億人，開発途上地域に51億人，後者の中でも最も貧しい後発開発途上地域に7億人（2003年）が暮らしており，1人当たりの平均国内総生産を見ると先進工業地域では22,149ドル（USドル）に対し，開発途上地域では1270ドル，中でも後発開発途上地域では先進工業地域の79分の1である280ドル（2001年）にすぎない．

先進工業地域においても，1990年代初頭の日本におけるバブル崩壊，など経済成長には行き詰まりが見えている．経済のグローバリゼーション（地球規模化）の進展は一部企業に巨大な富をもたらす一方，国内外における貧富の差を拡大し，企業間競争を一層激烈なものとしている．また，地球環境問題，民族問題，マイノリティ問題（少数派問題），さまざまな人権問題，そして2002年の9.11及びそれ以降の世界情勢の変化等々，豊かさの向こうには幸せがある，と考えていた私たちの希望を打ち砕くような深刻な問題が次々と出てきている．

このような現実を踏まえた時，私たちはどの様に考えていったらよいのであろうか？

まず，「経済成長」神話の克服が必要であろう．社会資本の充実，給料のベース・アップ等労働者の労働条件の改善など，「経済成長」は社会，そして個人の「豊かさ」を実現する「魔法の杖」のように思われていた．ある段階，特定の時代に限定すればそれは妥当であったかもしれない．しかし，「経済成長」は様々な環境問題その他を生みだし，もはや今後「成長」は不可能なほど地球環境を痛めてしまった．また，一部の地域が「成長」を謳歌する一方，飢えと貧困に悩む地域はなくならなかったどころか拡大した．

経済の規模の拡大を自己目的とはしない経済のあり方が望まれている．公害など，問題が起ればその対策のため費用がかかるが，これも経済規模の拡大に繋がる．こうした人間社会や環境にとってマイナスの事態は，予防が第一であり，防ぐことが必要である．また，「豊かさ」についても議論がある．経済

成長による豊かさの実現とは，物質的豊富さ＝幸せの実現，ということに繋がりやすい．ある程度の物質的基盤は人間にとり不可欠であるが，"もの"の多いことと「幸福」とのつながりはそう単純ではないことは多くの論者が指摘している．

では，「経済成長」に頼らない新しいパラダイムには何が必要であろうか？地球環境と共存でき，どこに住む人々も飢えや貧困に苦しむことなく，平和で心安らかに暮らすことができる社会づくりに貢献できる経済の理念や仕組み，が求められていると言えよう．現在，様々な角度からそうした方向に向け研究がなされつつある．

発展：「宇宙船地球号」と「地球村」

　私たち，人類は社会経済的地位や人種，民族，信条その他の違いがあっても，唯一無二のこの地球という惑星の環境の中で生きている運命共同体の一員である．そうした認識が「宇宙船地球号」という言葉に結実しているように思える．バラバラで時には敵対すらする"人類"が環境の危機に瀕して「実は私たちが生き抜くには，お互い同士がとても大切な仲間なのだ」ということを気付かせてくれた言葉だった．

　9.11以降の殺伐とした時期に出回った『世界がもし百人の村だったら』は，宇宙船地球号の乗組員同士にある大きな違いに着目したチェーン・メールだった．もし，世界が1つの村だったら，国はその中の一家族と言い換えることもできよう．そのとき，私たちがすべきことは何であろうか？

　村が環境破壊，資源消耗の危機に瀕しているとき，違う家族の間，同じ家族の構成員同士に大きな経済格差が広がりつつある時に村民の一人としてすべきことは何であろうか？　「国の経済政策」がどうあるべきか，というと堅苦しく難しい話に聞こえるが，地球村の一家族としての「対応」を考えてみてはどうだろうか？

　そのとき，最も重要な課題は何であろうか？　家族「日本」，家族「アメリカ」の年々の経済の規模の拡大，つまり経済成長はどんな意味を持つだろうか？　村にとって発展とはどのようなことを指すのだろうか？村にとって経済の役割はなんだろう？

　クラスを地球村に見立て，村民の意見交換を企画してみてはどうだろう．そのとき下記などを参考に討論のテーマを考えてみよう．

- 「スロー・フード」と「ファースト・フード」（「スロー・ライフ」と24時間営業ショップ，過労死）
- 「地産地消」と多国籍企業（ナイキ，アップル等々）
- 「バリア・フリー」と弱肉強食

※ 「100人の地球村」については，たとえば次のWebサイトを参照．
http://www.lifestudies.org/jp/tero08.htm

引用・参考文献
（1） ドネラ H. メドウズ他『成長の限界』ダイヤモンド社，1972年
（2） ドネラ H. メドウズ他『限界を超えて―生きるための選択』ダイヤモンド社，1992年
（3） レイチェル・カーソン『沈黙の春』新潮文庫，1964年（原著1962年）
（4） 石牟礼道子『苦海浄土―わが水俣病』講談社文庫，1972年
（5） クライブ・ポンティング著，石弘之他訳（訳書1994）：『緑の世界史』上・下，朝日新聞社，1994年
（6） ダグラス・ラミス『経済成長がなければ私たちは豊かになれないのだろうか』平凡社，2000年

第2節 環境経済学

　経済学は経済成長を主たる目的としてその理論を形成してきた．その過程において失業政策から完全雇用政策が，経済的不平等の拡大から福祉国家の政策が研究され，ある程度の解決はみた．しかし今日，国家間や国内での不平等の拡大，環境問題の顕在化により，経済学には新たな方法と解決策が求められいる．それは環境経済学という新たな経済学の分野の確立と発展であり，その萌芽は1970年代にさかのぼる．
　環境経済学の確立には2つの考えが関連しあっている．1つはこれまで蓄積された経済学の手法を環境問題解決に生かそうとするものであり，2つは問題解決のためには従来の枠組みや理論にとらわれないとするものである．問題設定や研究方法は基盤とする経済学の方法により相違がある．以下にそれを紹介する．

1. 物質代謝論からの環境経済学

　環境問題を人間と自然との間の物質代謝過程のあり方の問題として考えて，物質代謝システム破壊の問題として，現在の社会経済システムの再検討を行お

うとする立場である．エントロピーの経済学や玉野井芳郎の生命系の経済学がこれにあたる．

2. 環境資源論からの環境経済学

資源としての環境に由来する経済問題として環境問題を考える立場である．再生不可能な資本資産として定量化の可能なものと不可能なものとに環境を分けて，国民所得の概念において新しい展開を試みている．ストックとしての環境資源の持続可能な合理的利用をどうするかなどが問題となる．

3. 外部不経済論からの環境経済学

環境問題は，汚染防除などが生産費用に含まれないために起こる市場の失敗であり，外部不経済の問題として考える立場である．この問題を課税などの公共政策によって内部化させようとするものである．

4. 社会的費用論からの環境経済学

それを引き起こす経済主体の経済計算においてはまったく考慮されていない費用で第三者が非市場的に負担する費用を社会的費用という．環境問題は，私企業体制では社会的費用の出現が避けられないことから引き起こされることから生じるとする立場である．K.W. カップにより提唱された．

5. 経済体制論からの環境経済学

経済体制，政治経済システムのあり方から環境問題が生じるとする立場である．これには宮本憲一による「中間システム論」の提起がある．体制とシステムを環境保全に向けてどのように改革するかの理論と政策を検討するものである．

このほか環境権論，固有価値論や，経済文明論からの環境経済学がある．持続的可能な社会や「公正な自由競争」を実現する上でも環境経済学の果たす役割は大きいものがある．

環境汚染をもたらした原因者は汚染防止費用を負担すべきとした「汚染者負担の原則」を1972年にOECDの環境委員会は提唱している．加盟国の経済発

展と貿易の拡大を目的とし，国際貿易の公正を確保するために，環境汚染防除に関する原則を示したものである．ある国のある企業が，汚染防止のために防除装置や措置をとれば生産費用はより多くかかり，結果として，国際競争力が弱まることとなる．他方で，汚染防止に費用をかけない国の企業は国際競争で優位となる．これを是正するために，「汚染者負担の原則」が機能することで公正な自由競争が可能となる（国際貿易の歪み是正のためには国による補助金も制限される必要がある）．通常，市場で取引きされる商品の価格には汚染防止費用を含まないが，「汚染者負担の原則」により生産費用のうちにその費用を含めることにより，外部不経済の内部化を計ろうとしているといえる．

日本では1976年に中央公害対策審議会が，OECDの「汚染者負担の原則」では汚染防除費用に限られているのにたいして，汚染された環境復元や汚染の被害者救済のための費用も含めるべきものとした．これにより，日本版「汚染者負担の原則」は，経済原則と責任追求の法的原則が含まれることとなった．

環境税のねらいは，生産時に排出された汚染物質に税を課すことにより，企業は節税のために汚染物質の排出を抑制する．すなわち，材料やエネルギーなどを汚染物質をあまり排出しないものにし，汚染物質除去装置を開発したり技術革新を行う必要がある．汚染物資除去を行わなかった企業は課税により生産経費の上昇により競争力を失い，市場から撤退せざるを得ないことをねらっている．

今日企業が「ゴミゼロ工場」やゼロエミッションへの取組みを広告にし，企業の姿勢を示している．ものづくりとして製品が流れる動脈だけでなくリサイクルや廃棄物の回収再利用を消費者などから行う静脈産業の存在が重要となってきている．設計や生産時に，廃棄回収のことを考慮する時代となってきている．

環境経済学の扱う内容は経済学の一部門というよりも，今後の経済活動の基盤，ないしは社会のルール・規範そのものである．今後はより総合化と体系化して発展が望まれる．

発展：白神山地とゲランドの塩

青森県と秋田県にまたがる白神山地のブナ原生林伐採と青秋林道建設にたい

する反対運動で，ブナ原生林が守られることとなった。さらに，東アジアを代表する自然として，1993年ユネスコの世界遺産に登録されることとなった。

　ブナは利用価値の少ない木として，林道建設により伐採され，価値の高い杉の植林が行われるところを，縄文時代以来のブナ原生林が残ることとなった。面積約1万7千 ha は，世界で最も広いブナ原生林として新しい価値を持つこととなった。山菜・きのこ・くま狩りなどで原生林の恵みで生活していた里人もおり，今後どのように，保存・保全していくか重要である。

　フランスのブルターニュに自然海塩で有名なゲランドがある。天日塩を塩田で生産しているところで，塩田も一時は衰退したが，リゾート開発への反対から自然と一体感を求める都会人が塩職人として参加し，塩の生産管理の共同組合を作り，品質や価格の安定に努め，自然食品としての価値を高めた。こうしたなか地元の塩作り職人の子孫たちが塩田の後継者として参加するようになり，「塩の花」に代表される世界的に有名な塩の産地となった。

　白神山地もゲランドも地域（ローカル）を世界のなかで（グローバルに）見直すことで，地域の世界的な価値が初めてわかった例ではないだろうか。

参考文献
（1）　植田和弘『環境経済学』岩波書店，1996年

第3節　地球環境と人類

1．地球環境の問題の出現と現状
（1）　経済規模の急激な拡大と限界

　人類が類人猿と分化し始めたのは今から700万年ほど前とされるが，農耕の開始までは飢餓・病気・自然災害に苦しみ，人類は地球上の他の生物と変わらない存在であった。最初の変化は農耕の開始であり，人類は森林を伐採し農地を切り開いていった。この行為は植生を大きく変え，太陽光の反射・地表の水分浸透・蒸発に大きく影響し，結果として動物の生息環境を変えた。環境破壊の歴史はここに始まったとも言える。しかし，わが国の江戸時代の生活をみると，人間は自然の営みに多く依存し，人間と自然のフロー（循環）が行われていた。この状態で日本の人口も約3,000万と安定し，環境への負荷は小さかった。産業革命以降，科学技術を手に入れた人類は飢餓・病気・自然災害との苦

闘の歴史に光明を見出し，やがて20世紀に入ると経済的欲望を次々と満たしていった．ことに20世紀後半の50年では石油・原子力エネルギーを利用し，世界の穀物生産高は3倍，工業生産力は4倍，漁獲高は5倍となった．

　しかし，食糧生産は1990年代に入り限界が現れてきた．新たな農地は水・気温不足から開発出来ないばかりか，既存の農地も新たな農地開発の影響による水不足から既存農地が荒地となる所も出ている．乾燥帯では塩害により農地が失われている所がある．また，品種改良・肥料・農薬によって達成された単位面積当たりの収量は限界に達している．漁獲高も各漁場，及び世界全体で減少傾向がみられ，サイズの小さいもの・低級漁への依存を強めている．安全・永久・安いと言われた原子力発電の神話はことごとく崩壊した．また，使用済み核燃料の処理には解決の展望はなく，その対策費と廃炉費用を含めるとコスト高のうえに，技術的・社会的にもリスクが大きい．欧州の大勢は廃止へと向かっているが，わが国の原子力発電重視政策は変わらない．

　輸送面はどうであろうか．かつて，わが国は国内輸送の大部分は海運と鉄道に頼っていたが，当座の利便を優先してエネルギー効率の悪い自動車への依存をますます高めている．しかも多頻度小口配送が多く，小型貨物車もガソリン車ではなくディーゼル車が多い．近年はさらにレジャー用のディーゼル車も増え，これら増加するディーゼル車は大気汚染の主原因となっている．**ディーゼル排気粒子**（DEP）には浮遊粒子状物質（PM）と窒素化合物（NO_x）が大量に含まれ，呼吸器障害を引き起こすばかりか，ベンゼン等の発ガン性物質を含んでいる．1998年現在，18％のディーゼル車から75％の窒素酸化物が排出されている．エンジンの改良と燃料中の硫黄分を減らすことが必要であるが，技術面・コスト面から自動車業界・石油業界ともに実現は困難と主張している．政府は90年代に入り規制はしてきたものの大気汚染改善の効果はみられなかった．よって「05年」からディーゼル車排ガス規制を強化するものの，「07年」の米国の規制をまって本格的にする方針であり，対応は遅い．

（2）　**人口増加と食糧問題**

　人類はその地域の人口収容力が限界に達したときは他地域への移住・移民によって問題を解決してきた．今日でもジャワ島からスマトラ島やボルネオ島への移住が顕著である．しかし，これは新たな地域の環境破壊であり人口問題の

解決ではない．地球環境の問題は人口の問題でもある．紀元前1万年頃には500万～1,000万と推定された世界人口はキリスト生誕頃に2.5億，18世紀半ばに7.5億，1900年に16億と増加のペースをあげ，20世紀に人口爆発を起こし2004年では64億（推定）である．増加率は1960・70年代には年率約2％であったが80年代には徐々に低下し，90年代末に1.3％となったものの年間7,800万人，1時間に9千人の増加であり，21世紀の半ばには90億に達するとされている．しかし，途上国にとっては人口問題よりも経済発展が課題であり，人口抑制にはさほど関心がない．2040年頃には**インドの人口**は15億を超え中国を抜くと予測されている．両国の経済発展は地球にとって重大な負担である．食糧輸出国であった中国は食生活の改善により穀物輸入国となっている．また将来，中国とインドがマイカー時代に入ると石油価格を高騰させる要因となる．途上国が技術を手に入れて豊かさを求めれば，世界はより厳しく苛酷な競争社会となるが，ここで他者を理解し，慈しむことが出来るかが問われてくる．

（3） さまざまな環境問題

人類は多くの植物・動物の恩恵によって生存しているが，その生物存在の基盤である大気が，また水質では湖沼・河川・海洋が内海にとどまらず外洋まで汚染されてきている．さらに生物を有害な紫外線から守ってくれるオゾン層が破壊され，96年の先進国での製造中止にもかかわらず，南半球のオゾンホールは03年には過去最大規模に拡大しタスマニア島に届こうとしている．さらに北半球でもオゾンが減少し，わが国でも皮膚ガンが増えてきている．過度の森林伐採は熱帯林・冷帯林を消滅させ，過放牧によってサバンナやステップ地域で砂漠化が進行している．このような植生破壊は人類の二酸化炭素排出の増加と相まって地球温暖化に拍車をかけている．**温暖化の影響**は第1に海面の上昇である．海岸部で砂浜の後退，高潮・洪水の被害を増加させ，珊瑚礁からなる南太平洋の諸国では住民が立ち退かざるをえなくなった島も多い．第2は気象の変動リズムが大きくなることである．大雨と干ばつ，熱波と寒波，低気圧の強力化などによる気象災害の多発化・大型化が懸念される．第3は気候帯の変化である．現在の温帯地域に熱帯の風土病が侵入したり，穀倉地帯が高温化・乾燥化し，穀物生産にダメージを与えかねない．すでに冷帯地域では永久

凍土の融解が構造物に被害をもたらしている．

　化学物質は日々多く発見されたり作られ，大まかに見ても数千万，細かくは数え切れないほど存在する．これらは工業生産・農業生産を向上させ，生活を豊かにしている反面，大地・大気・海や川に排出され，人々の食生活や呼吸活動を通じて体内に取り込まれている．ダイオキシンや環境ホルモン（内分泌撹乱化学物質）などの物質は生態系に深刻な影響を及ぼし，人間の生殖器にも影響を及ぼしていると言われる．日本のような夏季高温多湿気候で西欧の冷涼気候に向く芝をゴルフプレーヤーが好むように維持するためには多量の除草剤・殺虫剤・殺菌剤等の農薬と着色剤を使わねばならない．里山の木々を人工的な芝に変え幾多の哺乳類・鳥・昆虫・微生物の住みかを奪い，河川水・地下水・土壌を汚染している．化学物質は長い期間を経て，また複合的に影響するため，影響予測は不可能である．人間中心でありすぎた河川改修や干潟の干拓は渡り鳥の産卵と子育ての場を奪い，水棲生物を死滅させている．約3,000万種といわれた地球上の生物は1980〜2000年の間に15〜20％が絶滅したと推定されている．2050年までに陸上生物においては50％が絶滅するとの予測もある．

　自由貿易の名の下での飛行機・船舶の大型化・高速化による物的人的交流の拡大は化学物質・海洋微生物・細菌・ウィルスを地球規模で拡散させている．化学物質過敏症やエイズ・Ｃ型肝炎・エボラ出血熱・ラッサ熱・BSE（牛海綿状脳症）・鳥インフルエンザ・その他新型の感染症が世界的に広がり，わが国もその影響を受けている．次々に発見されて拡散する感染症の多くは対策がほとんど確立していない．1990年頃には「人類は細菌との戦争に勝利した」と宣言されたほどであった．撲滅されたと思われた結核・コレラ・マラリアなどでは，いかなる坑生物質も効かない新たな菌が出現している．

2．問題の認識と国際的取り組み
（1）　環境問題の認識

　大気中の二酸化炭素増加の指摘は1938年にまでさかのぼるが，人間活動の地球への影響を最初に報告したものは1968年のスウェーデンでの過去20年にわたる酸性雨の被害報告であった．1972年，ストックホルムでの国連人間環

境会議で，これまでの研究成果が議論され，「かけがえのない地球」「宇宙船地球号」の考えが示されたが，当時はまだ成長神話があり経済的・政治的には無視された．1980年代になると異常気象の頻発・酸性雨の被害拡大・オゾンホールの拡大・野生生物の減少・砂漠化の進行などが次々と報告され，また86年4月のチェルノブイリ原発事故がヨーロッパばかりか地球規模での放射能拡散を招いた．これらが契機となって，人々は人類の活動を地球規模で考えるようになっていった．1987年，日本が国連に設置を提唱した「環境と開発に関する世界委員会」では「持続可能な開発」を唱える東京宣言が採択された．このような国際的な会議や北欧諸国の取組みにもかかわらず環境問題は政治課題にはならなかった．

（2） **国際的取り組みとその困難性**

1988年12月，ゴルバチョフ書記長は国連総会で世界にとって軍縮と並んで地球環境が重要であることを説いた．翌1989年のサミットでは経済宣言の1/3が環境問題に当てられ，日本政府も取り組みを開始した．マスコミも一斉に環境問題を特集し，はじめて国民が周知するところとなり，1989年は世界的にも国内的にも**環境元年**と言える．1992年6月の国連環境開発会議（**地球サミット**）では「気候変動枠組み条約」と「生物多様性条約」が締結され，地球温暖化防止のための行動計画が示された（リオ宣言）．しかし，この会議で途上国は「先進国は途上国の開発する権利・豊かになる権利は制限できない．今日の地球環境悪化の原因は先進国の過度の消費にあり，先進国は消費を抑制すべき」との見解を示し，先進国との対立が際立った．リオ宣言を受けて1997年12月に温暖化防止策（「二酸化炭素等温室効果ガス」）を検討した**京都会議**（第3回締約国会議：COP3）では二酸化炭素の排出を1990年のレベルからおおむね2010年をめどに先進国は−5％（日本：−6％，米国：−7％，EU：−8％）を達成することを決めた．しかし，これには排出権の国家間取引，確立していない森林の二酸化炭素吸引量の導入，途上国の削減義務欠如等の問題点があった．また，わが国でも初めから達成困難との見方があった．2003年12月末現在，京都議定書は118ヵ国が批准しているが，CO_2の最大の排出国のアメリカ（36.1％排出枠，2001年離脱）と17.4％排出枠のロシアが批准していないのが障害となり7年間たなざらしの状態にあった．2004年11

月ロシアが議定書に調印したため発効要件が整った．しかし，米国が離脱していることや，日本においても環境税導入に経済界が反対していることから議定書の将来と効果は不確定である．2004年，初夏から秋にかけての日本各地での集中豪雨と相次ぐ台風（本土上陸10回）による大きな被害は温暖化進行を裏付けるものと考えられている．議定書が作成されて以降，日本のCO_2排出量は2002年度においては90年比で減少どころか7.6％増である．また，中国をはじめとする途上国の環境問題も深刻化する一方である．

　人類の将来は国家主権を超えた「**地球主権**」を確立し実行しない限り予断を許さない．生物進化のほんの一過程にすぎない人類が「開発と保全の調和」の名の下に豊かさを求めた結果は，半世紀もしないうちに自らの生存基盤を脅かすこととなった．最大の問題点は不確定な未来より今の暮らしを守りたい，科学技術の進歩で解決できるだろう，自分の生きている時代は大丈夫だろうといった認識にある．具体的な痛み・打撃を被らない限り人類は自己変革できないのであろうか．

3．社会システムと考え方の変革
（1）　経済学と環境問題

　生産費の極小化に伴う貿易の自由化，経済の国際化は環境問題とどう係わるのであろうか．自由貿易は自然と調和した各地の農業を崩壊させ，世界が主要農業国5カ国（米・加・豪・仏・アルゼンチン）に依存する危険な傾向を強めている．コンピュータは世界を一体化させ（功罪両面あり），利便性を向上させたが個人情報の流出によるプライバシー侵害を招いている．消費の刺激は多品種少量生産・過度のモデルチェンジをもたらし，人間の珍品誇示欲・便利性志向と相まって，資源を浪費し労働を強化させている．また夜間活動の増大は植物・動物・人体に光害をもたらしている．有限で壊れやすい地球の実態が把握された後も，人類は消費者利便，拡大再生産からぬけきれない．

　成長の代償としての環境破壊は経済学としても無視できなくなり，1970年代になり環境経済学という新たな分野の開拓が行われた．これは経済法則を環境問題に応用する形と，現実の環境問題から従来の経済学を再検討する形で進められた．わが国では1980年代末から成果が発表されるようになった．環境

問題の解決には環境政策が基盤となり，ここから技術確立と社会システムの変革が生まれる．すなわち「消費の後には有害廃棄物」の考えに立ち，廃棄のコストを含んだ価格体系，回収ルートの確立である．それは生産物を無害にして土に返す循環型経済，静脈産業の確立である．

わが国ではリサイクル法（91年成立・97年改正），環境基本法（93年成立），廃棄物処理法（97年成立）などに続いて家電製品，建設資材，容器包装などに関するリサイクル法やグリーン購入法が2000～2001年にかけて制定された．

これらの法律は努力目標に終わっているものが多く，どの程度効果を上げるか未知数なところが多い．よって，重要なことは国家の責任・指導のもと，廃棄の技術を最も多く持つ企業の生産段階からの責任，回収における自治体・消費者の明確な責任と役割分担の確立である．また，環境に有害なものを買わない消費者運動も重要であるが，最も有効なのが税体系である．すなわち，環境に負担をかけるものに高い税，そうでないものには補助金を出したり，税を安くすることが必要である．しかし，わが国の現実はそうではなく，環境に負担がかかる軽油税は揮発油税に比べ安く，これがディーゼル車の増加を抑制できない一因となっている．すでに北欧やドイツ・オランダでは炭素税・排水課徴金等の**環境税**が導入され効果を上げている．環境税で重要なのは税率であり，税率は生産技術に影響を及ぼすほどでなければならない．

地球サミット以降，各国への導入が提唱されている「グリーンGDP」は考え方は評価出来るが，環境の価値は測れるだろうか．年限を限ってみても環境の価値は十分把握できない．また，人間の経済的利益が一時的であるのに対して環境の価値は永久である．一度破壊された渓谷美，失われた野生動物はもとに戻らない．美しい自然はその映像だけでも世界の人々を将来にわたって満足させるばかりか，そこでの動植物を永続させることが出来る．ゆえに自然の価値は測り知れない．人類は開発の名の下に甚大な犠牲を払っているが，失った損失がわからないゆえ開発を止められない．ものの価格は人間がつけた価格よりはるかに高く，差額は地球が支払っている．すなわち，人類は地球が何億年もかかって作り上げた石炭・石油・各種鉱産資源を目先の欲望充足のために使い，動物を乱獲し生態系を乱している．このつけが一度に人類を襲うかもしれ

ない．よほどの理由がない限り開発はやめるべきである．

(2) 物質主義からの転換

　ユネスコの資料によれば1960年に豊かな人上位20％が消費する資源・エネルギーは世界の80％であったが，2000年には90％となった．この40年間に上位20％と下位20％の人の資源・エネルギー消費の比率は30：1から74：1に拡大した．自由経済の下で世界が発展した結果である．すでに先進国では平均的所得以上の人々の合理的経済的欲求は満たされている．世界人口の半数は栄養不良，2割は強度の栄養不良で安全な飲み水も確保できず，1割は明日の命も知れない飢餓状態である．先進国の人はどこまで消費すれば，また便利になれば満足するのであろうか．不合理な消費・浪費を抑えてある程度の不自由に耐えることができるであろうか．

　わが国でも企業の手法である「**数値目標**」の設定と達成（米国が行政分野の民間開放のために取り入れた手法）が教育・医療等の分野でも導入されてきている．しかし，**自然環境の価値・文化財の価値・人間の価値・人の幸福**などは数値化できなく，数値化できないものに本当の価値がある．価値（value）は価格（price）で測れない．両者を混同してはいけない．また，市場原理の限界は19世紀末社会の貧富の差の拡大や植民地主義などの弊害をもたらした状況から証明されている．環境問題が年々重大となってゆく今日，GDPは現状維持で十分である．経済から芸術・文化，心の安らぎに価値の根源をおく政治に転換する必要がある．大国になることと国民の幸せとは直結しない．

　消費の抑制は生産の減退と所得減を招くが，物価の引き下げ，公共サービスの充実により可処分所得を減らさないことが可能である．限りある土地（空間），ことに公共性の高い土地を多くの人が安く利用できるための土地政策は土地基本法（1989）が制定されたが理念に終わり，具体策に乏しい．1992年以来，下落しているわが国の地価は2003年において約1000兆円で，依然として米国よりも高い．高地価は基本的人権といえる住環境の改善を妨げ，地代負担を重くし生活を貧しくしている．また，公共事業費を高くして税の無駄使いとなっている．このようなわが国の土地本位制社会は土地を担保に融資する銀行の在り方と相まって新型産業の育成を阻害してきた．

　政府の支出・税金の使い方は自然環境・生態系を守ることを念頭に，地方の

住民が真に望むものに使わねばならない．さらに公共財はできるだけ無料化・低廉化しなけらばならない．過去の経済成長は一部の人に恩恵をもたらしたが恩恵にあずかっていない人も多くいる．経済成長だけに税金を使うべきではない．生産活動を抑制し，分配を重視する時である．生産の抑制に伴う人員削減はワークシェアリングによる労働時間短縮で対処すべきである．生み出された時間は家庭・社会・余暇の活用にあてることができる．財政改革が効果を上げず官僚に頼る政府，消費の刺激と利潤追求の企業活動では環境問題は解決出来ず，将来の展望もない．このような中，NPO（非営利組織）の役割がますます高まってきている．NPO は環境・福祉・人権等の分野で行政の行えない活動をなしうる．欧米では有給で働く人も多く社会的地位もきわめて高い．わが国では市民活動に法人格を与える目的で議員立法として「市民活動促進法」が提出され，審議の過程で「NPO 法（特定非営利活動促進法）」と改称され 1998 年 3 月に成立した．これは保険・医療・福祉，社会教育，まちづくり，文化・芸術，スポーツ，環境，災害救援，国際協力などの目的のうちいずれか 1 つを主たる活動目的とする団体に知事（複数の県にまたがるときは総理大臣）NPO 法人として認証するものである．また一定の要件を満たすものについては税制上の優遇措置を講ずるものである．国の動きの応じて都道府県や市町村でも NPO 活動を支援するために NPO 条例の制定を検討している自治体が多い．

　急激に変質を遂げている地球環境はもはや猶予できない．生態系を守ってこそ人類の生存があることは環境基本法も唱っている．環境問題解決のためには豊かさの概念を改めることが必要である．経済活動を抑制し，時間的・空間的豊かさを増し，心の「ゆとり」「安心」を確保すべきである．限りある資源を現在の世代と将来の世代が，また国家間でどのように分かち合うか．さらには国内での富の分配をどうするかが問われている．オランダ・ドイツをはじめヨーロッパ諸国は「経済発展を犠牲にしても環境を守る」として取り組んでいる．しかし，世界一の消費大国であるアメリカは「環境を守ることは経済発展の足かせとなる」として熱心ではない．日本政府も環境省を除き「経済発展にマイナスにならない程度」の取り組みである．人間が地球環境を変える能力を持つに至った今日，環境問題に対する国際協力が不可欠である．そして国内的

にはリーダーの指導力と国民の協力が問われている．日本国民の意識は省エネ生活をしてもよいという人は9割近くに達しても環境税の導入に賛成する人は3割である（2004年12月朝日新聞世論調査）．環境という自らの命綱を断ち切ってでも経済発展を目指そうとする人類は，自己を抑制し，生活スタイルを転換し，大量生産・大量消費・大量廃棄から脱却出来るだろうか．

発展：人間中心主義の危うさ

　人間を含む生物は地球の構成要素であるコア（核）・マントル・地殻・大気・水を要素にして，太陽エネルギーを駆動力として発生した．すなわち，メタン・アンモニア・水・水素からアミノ酸ができ，アミノ酸からタンパク質が形成され，タンパク質から細胞が作られている．1人の人間は約60兆の細胞から構成されており，これらの細胞の中には約300億の遺伝子情報が組み込まれている．このような仕組みは人間が作り出そうとして作ったものではない．自然の，宇宙のメカニズムのもとに作られたものである．人間は数々の物を作り上げてはきているものの，殺してしまった蚊や蝿は決して生き返らせることができない．また，自己にとって最も重要なことがどうにもならないことも体験している．まして他人をや．人は「生きる」と意識しなくても心臓は動き，呼吸も行われ生きている．無意識が人間の最重要な部分をつかさどる．これは自然の法則，自然の恩恵といえる．人類は太陽系の中で生命進化の法則に従って誕生し，進化して今日に至っている．20世紀にあらゆる生物の中で人類のみがひとり勝ちしている．地球の歴史・生物の歴史からみても常態ではない．「人間を客観的にみる」とは人間を貫く自然法則を見つめ直すこと．見方は常に4次元の尺度（空間と時間）である．巻末に「大きさの尺度」を掲載したが，参考にしていただければ幸いである．

参考文献
- （1） 21世紀の日本委員会フォーラム『世界が求める日本改造』朝日新聞社，1991年
- （2） 佐高信編著『日本出直し白書』社会思想社，1993年
- （3） アレキサンダー・キング，ベルトラン・シュナイダー（田草川弘訳）『第1次地球革命―ローマクラブ・レポート』朝日新聞社，1992年
- （4） ポール・W・バークレイ，デビット・W・セクラー（篠原泰三監訳・白井義彦訳）『環境経済学入門』東京大学出版会，1975年
- （5） レスター・R・ブラウン編著（澤村弘監訳）『地球白書』ダイヤモンド社，1987，1988，1990，1991，1992，1993，1994，1995，1996，1997，1997，

1998 年
- （6） レスター・R・ブラウン著（今村奈良臣訳）『食糧破局』ダイヤモンド社，1996 年
- （7） A・ダーニング（山藤泰訳）『どれだけ消費すれば満足なのか』ダイヤモンド社，1996 年
- （8） 日経文庫『地球環境問題入門　新版』日本経済新聞社，1997 年
- （9） 室田武『地球環境の経済学』実務教育出版，1995 年
- （10） 植田和弘・落合仁司・北畠佳房・寺西俊一『環境経済学』有斐閣，1991 年
- （11） 植田和弘・岡敏弘・新澤秀則『環境政策の経済学』日本評論社，1997 年
- （12） 天野明弘『環境との共生をめざす環境政策・入門』有斐閣，1997 年
- （13） 柴田徳衛・永井進・永谷洋一『車依存社会』実教出版，1995 年
- （14） 田中優『環境破壊のメカニズム』北斗出版，1998 年
- （15） 地球・人間環境フォーラム『環境要覧』古今書院，92，93/94，94/95，95/96，96/97，97/98 年
- （16） 西澤潤一・上墅勘黄『人類は 80 年で滅亡する』東洋経済新報社，2000 年
- （17） 松井孝典『宇宙人としての生き方』岩波書店，2003 年
- （18） 養老孟司『死の壁』新潮社，2004 年

資　　料

資料1　日本国憲法

$\begin{pmatrix} 公布　1946（昭和21）年11月3日 \\ 施行　1947（昭和22）年5月3日 \end{pmatrix}$

前文

　日本国民は，正当に選挙された国会における代表者を通じて行動し，われらとわれらの子孫のために，諸国民との協和による成果と，わが国全土にわたつて自由のもたらす恵沢を確保し，政府の行為によって再び戦争の惨禍が起こることのないやうにすることを決意し，ここに主権が国民に存することを宣言し，この憲法を確定する。そもそも国政は，国民の厳粛な信託によるものであって，その権威は国民に由来し，その権力は国民の代表者がこれを行使し，その福利は国民がこれを享受する。これは人類普遍の原理であり，この憲法は，かかる原理に基くものである。われらは，これに反する一切の憲法，法令及び詔勅を排除する。

　日本国民は，恒久の平和を念願し，人間相互の関係を支配する崇高な理想を深く自覚するのであって，平和を愛する諸国民の公正と信義に信頼して，われらの安全と生存を保持しようと決意した。われらは，平和を維持し，専制と隷従，圧迫と偏狭を地上から永遠に除去しようと努めてゐる国際社会において，名誉ある地位を占めたいと思ふ。われらは，全世界の国民が，ひとしく恐怖と欠乏から免かれ，平和のうちに生存する権利を有することを確認する。

　われらは，いづれの国家も，自国のことのみに専念して他国を無視してはならないのであって，政治道徳の法則は，普遍的なものであり，この法則に従ふことは，自国の主権を維持し，他国と対等関係に立たうとする各国の責務であると信ずる。

　日本国民は，国家の名誉にかけ，全力をあげてこの崇高な理想と目的を達成することを誓ふ。

第1章　天皇

第1条（天皇の地位と国民主権）　天皇は，日本国の象徴であり日本国民統合の象徴であって，この地位は，主権の存する日本国民の総意に基く。

第2条（皇位継承）　皇位は，世襲のものであって，国会の議決した皇室典範の定めるところにより，これを継承する。

第3条（天皇の国事行為）　天皇の国事に関するすべての行為には，内閣の助言と承認を必要とし，内閣が，その責任を負ふ。

第4条（天皇の権能及び委任）　①　天皇は，この憲法の定める国事に関する行為のみを行ひ，国政に関する権能を有しない。

②　天皇は，法律の定めるところにより，その国事に関する行為を委任することができる。

第5条（摂政）　皇室典範の定めるところにより摂政を置くときは，摂政は，天皇の名でその国事に関する行為を行ふ。この場合には，前条第1項の規定を準用する。

第6条（天皇の任命行為）　①　天皇は，国会の指名に基いて，内閣総理大臣を任命する。

②　天皇は，内閣の指名に基いて，最高裁判所の長たる裁判官を任命する。

第7条（天皇の国事行為）　天皇は，内閣の助言と承認により，国民のために，左の国事に関する行為を行ふ。

1　憲法改正，法律，政令及び条約を公布すること。
2　国会を召集すること。
3　衆議院を解散すること。
4　国会議員の総選挙の施行を公示すること。
5　国務大臣及び法律の定めるその他の官吏の任免並びに全権委任状及び大使及び公使の信任状を認証すること。
6　大赦，特赦，減刑，刑の執行の免除及び復権を認証すること。
7　栄典を授与すること。
8　批准書及び法律の定めるその他の外交文書を認証すること。
9　外国の大使及び公使を接受すること。
10　儀式を行ふこと。

第8条（皇室の財産授受）　皇室に財産を譲り渡し，又は皇室が財産を譲り受け，若しくは賜与することは，国会の議決に基かなければならない。

第2章　戦争の放棄

第9条（戦争の放棄，戦力及び交戦権の否認）　①　日本国民は，正義と秩序を基調とする国際平和を誠実に希求し，国権の発動たる戦争と，武力による威嚇又は武力の行使は，国際紛争を解決する手段としては，永久にこれを放棄する。

②　前項の目的を達するため，陸海空軍その他の戦力は，これを保持しない。国の交戦権は，これを認めない。

第3章　国民の権利及び義務

第10条（国民の要件）　日本国民たる要件は，法律でこれを定める。

第11条（基本的人権）　国民は，すべての基本的人権の享有を妨げられない。この憲法が国民に

保障する基本的人権は，侵すことのできない永久の権利として，現在及び将来の国民に与へられる．

第12条（自由・権利の保持義務及び濫用の禁止）　この憲法が国民に保障する自由及び権利は，国民の不断の努力によつて，これを保持しなければならない．又，国民は，これを濫用してはならないのであつて，常に公共の福祉のためにこれを利用する責任を負ふ．

第13条（個人の尊重）　すべて国民は，個人として尊重される．生命，自由及び幸福追求に対する国民の権利については，公共の福祉に反しない限り，立法その他の国政の上で，最大の尊重を必要とする．

第14条（法の下の平等，貴族の否認，栄典）　① すべて国民は，法の下に平等であつて，人種，信条，性別，社会的身分又は門地により，政治的，経済的又は社会的関係において，差別されない．
② 華族その他の貴族の制度は，これを認めない．
③ 栄誉，勲章その他の栄典の授与は，いかなる特権も伴はない．栄典の授与は，現にこれを有し，又は将来これを受ける者の一代に限り，その効力を有する．

第15条（公務員選定罷免権，公務員の本質，普通選挙・秘密投票の保障）　① 公務員を選定し，及びこれを罷免することは，国民固有の権利である．
② すべて公務員は，全体の奉仕者であつて，1部の奉仕者ではない．
③ 公務員の選挙については，成年者による普通選挙を保障する．
④ すべて選挙における投票の秘密は，これを侵してはならない．選挙人は，その選択に関し公的にも私的にも責任を問はれない．

第16条（請願権）　何人も，損害の救済，公務員の罷免，法律，命令又は規則の制定，廃止又は改正その他の事項に関し，平穏に請願する権利を有し，何人も，かかる請願をしたためにいかなる差別待遇も受けない．

第17条（国・公共団体の賠償責任）　何人も，公務員の不法行為により，損害を受けたときは，法律の定めるところにより，国又は公共団体に，その賠償を求めることができる．

第18条（奴隷的拘束・苦役の禁止）　何人も，いかなる奴隷的拘束も受けない．又，犯罪に因る処罰の場合を除いては，その意に反する苦役に服させられない．

第19条（思想及び良心の自由）　思想及び良心の自由は，これを侵してはならない．

第20条（信教の自由）　① 信教の自由は，何人に対してもこれを保障する．いかなる宗教団体も，国から特権を受け，又は政治上の権力を行使してはならない．
② 何人も，宗教上の行為，祝典，儀式又は行事に参加することを強制されない．
③ 国及びその機関は，宗教教育その他いかなる宗教的活動もしてはならない．

第21条（集会・結社・表現の自由，通信の秘密の保護）　① 集会，結社及び言論，出版その他一切の表現の自由は，これを保障する．
② 検閲は，これをしてはならない．通信の秘密は，これを侵してはならない．

第22条（居住・移転・職業選択・外国移住及び国籍離脱の自由）　① 何人も，公共の福祉に反しない限り，居住，移転及び職業選択の自由を有する．
② 何人も，外国に移住し，又は国籍を離脱する自由を侵されない．

第23条（学問の自由）　学問の自由は，これを保障する．

第24条（家族生活における個人の尊厳と両性の平等）　① 婚姻は，両性の合意のみに基いて成立し，夫婦が同等の権利を有することを基本として，相互の協力により，維持されなければならない．
② 配偶者の選択，財産権，相続，住居の選定，離婚並びに婚姻及び家族に関するその他の事項に関しては，法律は，個人の尊厳と両性の本質的平等に立脚して，制定されなければならない．

第25条（生存権，国の社会的使命）　① すべて国民は，健康で文化的な最低限度の生活を営む権利を有する．
② 国は，すべての生活部面について，社会福祉，社会保障及び公衆衛生の向上及び増進に努めなければならない．

第26条（教育を受ける権利，受けさせる義務）　① すべて国民は，法律の定めるところにより，その能力に応じて，ひとしく教育を受ける権利を有する．
② すべて国民は，法律の定めるところにより，その保護する子女に普通教育を受けさせる義務を負ふ．義務教育は，これを無償とする．

第27条（勤労の権利と義務，勤労条件の基準，児童酷使の禁止）　① すべて国民は，勤労の権利を有し，義務を負ふ．
② 賃金，就業時間，休息その他の勤労条件に関する基準は，法律でこれを定める．
③ 児童は，これを酷使してはならない．

第28条（勤労者の団結権）　勤労者の団結する権利及び団体交渉その他の団体行動をする権利は，これを保障する．

第29条（財産権）　① 財産権は，これを侵してはならない．
② 財産権の内容は，公共の福祉に適合するやうに，法律でこれを定める．
③ 私有財産は，正当な補償の下に，これを公共のために用ひることができる．

第30条（納税の義務）　国民は、法律の定めるところにより、納税の義務を負ふ。

第31条（法定の手続の保障）　何人も、法律の定める手続きによらなければ、その生命若しくは自由を奪はれ、又はその他の刑罰を科せられない。

第32条（裁判を受ける権利）　何人も、裁判所において裁判を受ける権利を奪はれない。

第33条（逮捕の制約）　何人も、現行犯として逮捕される場合を除いては、権限を有する司法官憲が発し、且つ理由となつてゐる犯罪を明示する令状によらなければ、逮捕されない。

第34条（抑留・拘禁の制約）　何人も、理由を直ちに告げられ、且つ、直ちに弁護人に依頼する権利を与へられなければ、抑留又は拘禁されない。又、何人も、正当な理由がなければ、拘禁されず、要求があれば、その理由は、直ちに本人及びその弁護人の出席する公開の法廷で示されなければならない。

第35条（住居の不可侵）　①　何人も、その住居、書類及び所持品について、侵入、捜索及び押収を受けることのない権利は、第33条の場合を除いては、正当な理由に基いて発せられ、且つ捜索する場所及び押収する物を明示する令状がなければ、侵されない。

②　捜索又は押収は、権限を有する司法官憲が発する各別の令状により、これを行ふ。

第36条（拷問及び残虐刑の禁止）　公務員による拷問及び残虐な刑罰は、絶対にこれを禁ずる。

第37条（刑事被告人の権利）　①　すべて刑事事件においては、被告人は、公平な裁判所の迅速な公開裁判を受ける権利を有する。

②　刑事被告人は、すべての証人に対して審問する機会を充分に与へられ、又、公費で自己のために強制的手続により証人を求める権利を有す

③　刑事被告人は、いかなる場合にも、資格を有する弁護人を依頼することができる。被告人が自らこれを依頼することができないときは、国でこれを附する。

第38条（自己に不利益な供述、自白の証拠能力）
①　何人も、自己に不利益な供述を強要されない。

②　強制、拷問若しくは脅迫による自白又は不当に長く抑留若しくは拘禁された後の自白は、これを証拠とすることができない。

③　何人も、自己に不利益な唯一の証拠が本人の自白である場合には、有罪とされ、又は刑罰を科せられない。

第39条（遡及処罰・二重処罰等の禁止）　何人も、実行の時に適法であつた行為又は既に無罪とされた行為については、刑事上の責任を問はれない。又、同一の犯罪について、重ねて刑事上の責任を問はれない。

第40条（刑事補償）　何人も、抑留又は拘禁された後、無罪の判決を受けたときは、法律の定めるところにより、国にその補償を求めることができる。

第4章　国会

第41条（国会の地位・立法権）　国会は、国権の最高機関であつて、国の唯一の立法機関である。

第42条（両院制）　国会は、衆議院及び参議院の両議院でこれを構成する。

第43条（両議院の組織）　①　両議院は、全国民を代表する選挙された議院でこれを組織する。

②　両議院の議員の定数は、法律でこれを定める。

第44条（議員及び選挙人の資格）　両議院の議員及びその選挙人の資格は、法律でこれを定める。但し、人種、信条、性別、社会的身分、門地、教育、財産又は収入によつて差別してはならない。

第45条（衆議院議員の任期）　衆議院議員の任期は、4年とする。但し、衆議院解散の場合には、その期間満了前に終了する。

第46条（参議院議員の任期）　参議院議員の任期は、6年とし、3年ごとに議員の半数を改選する。

第47条（議員の選挙）　選挙区、投票の方法その他両議院の議員の選挙に関する事項は、法律でこれを定める。

第48条（両議院議員兼職の禁止）　何人も、同時に両議院の議員たることはできない。

第49条（議員の歳費）　両議院の議員は、法律の定めるところにより、国庫から相当額の歳費を受ける。

第50条（議員の不逮捕特権）　両議院の議員は、法律の定める場合を除いては、国会の会期中逮捕されず、会期前に逮捕された議員は、その議院の要求があれば、会期中これを釈放しなければならない。

第51条（議員の発言・表決の無答責）　両議院の議員は、議院で行つた演説、討論又は表決について、院外で責任を問はれない。

第52条（常会）　国会の常会は、毎年1回これを招集する。

第53条（臨時会）　内閣は、国会の臨時会の招集を決定することができる。いづれかの議院の総議員の4分の1以上の要求があれば、内閣は、その招集を決定しなければならない。

第54条（衆議院の解散・特別会、参議院の緊急集会）　①　衆議院が解散されたときは、解散の日から4日以内に、衆議院議員の総選挙を行ひ、その選挙の日から3日以内に、国会を招集しなければならない。

②　衆議院が解散されたときは、参議院は、同時に閉会となる。但し、内閣は、国に緊急の必要があるときは、参議院の緊急集会を求めること

ができる。
③ 前項但書の緊急集会において採られた措置は、臨時のものであつて、次の国会開会の後10日以内に、衆議院の同意がない場合には、その効力を失ふ。
第55条（資格争訟）　両議院は、各々その議員の資格に関する争訟を裁判する。但し、議員の議席を失はせるには、出席議員の3分の2以上の多数による議決を必要とする。
第56条（定足数、表決）　① 両議院は、各々その総議員の3分の1以上の出席がなければ、議事を開き議決することができない。
② 両議院の議事は、この憲法に特別の定のある場合を除いては、出席議員の過半数でこれを決し、可否同数のときは、議長の決するところによる。
第57条（会議の公開、会議録、表決の記載）　① 両議院の会議は、公開とする。但し、出席議員の3分の2以上の多数で議決したときは、秘密会を開くことができる。
② 両議院は、各々その会議の記録を保存し、秘密会の記録の中で特に秘密を要すると認められるもの以外は、これを公表し、且つ一般に頒布しなければならない。
③ 出席議員の5分の1以上の要求があれば、各議員の表決は、これを会議録に記載しなければならない。
第58条（役員の選任、議院の自立権）　① 両議院は、各々その議長その他の役員を選任する。
② 両議院は、各々その会議その他の手続及び内部の規律に関する規則を定め、又、院内の秩序をみだした議員を懲罰することができる。但し、議員を除名するには、出席議員の3分の2以上の多数による議決を必要とする。
第59条（法律の成立、衆議院の優越）　① 法律案は、この憲法に特別の定のある場合を除いては、両議院で可決したとき法律となる。
② 衆議院で可決し、参議院でこれと異なつた議決をした法律案は、衆議院で出席議員の3分の2以上の多数で再び可決したときは、法律となる。
③ 前項の規定は、法律の定めるところにより、衆議院が、両議院の協議会を開くことを求めることを妨げない。
④ 参議院が、衆議院の可決した法律案を受け取つた後、国会休会中の期間を除いて60日以内に、議決しないときは、衆議院は、参議院がその法律案を否決したものとみなすことができる。
第60条（衆議院の予算先議権）　① 予算は、さきに衆議院に提出しなければならない。
② 予算について、参議院で衆議院と異なつた議決をした場合に、法律の定めるところにより、両議院の協議会を開いても意見が一致しないとき、又は参議院が、衆議院の可決した予算を受け取つた後、国会休会中の期間を除いて30日以内に、議決しないときは、衆議院の議決を国会の議決とする。
第61条（条約締結の承認）　条約の締結に必要な国会の承認については、前条第2項の規定を準用する。
第62条（議院の国政調査権）　両議院は、各々国政に関する調査を行ひ、これに関して、証人の出頭及び証言並びに記録の提出を要求することができる。
第63条（閣僚の議院出席の権利と義務）　内閣総理大臣その他の国務大臣は、両議院の一に議席を有すると有しないとにかかはらず、何時でも議案について発言するため議院に出席することができる。又、答弁又は説明のため出席を求められたときは、出席しなければならない。
第64条（弾劾裁判所）　① 国会は、罷免の訴追を受けた裁判官を裁判するため、両議院の議員で組織する弾劾裁判所を設ける。
② 弾劾に関する事項は、法律でこれを定める。

第5章　内閣

第65条（行政権）　行政権は、内閣に属する。
第66条（内閣の組織と責任）　① 内閣は、法律の定めるところにより、その首長たる内閣総理大臣及びその他の国務大臣でこれを組織する。
② 内閣総理大臣その他の国務大臣は、文民でなければならない。
③ 内閣は、行政権の行使について、国会に対し連帯して責任を負ふ。
第67条（内閣総理大臣の指名）　① 内閣総理大臣は、国会議員の中から国会の議決で、これを指名する。この指名は、他のすべての案件に先だつて、これを行ふ。
② 衆議院と参議院とが異なつた指名の議決をした場合に、法律の定めるところにより、両議院の協議会を開いても意見が一致しないとき、又は衆議院が指名の議決をした後、国会の休会中を除いて10日以内に、参議院が、指名の議決をしないときは、衆議院の議決を国会の議決とする。
第68条（国務大臣の任命及び罷免）　① 内閣総理大臣は、国務大臣を任命する。但し、その過半数は、国会議員の中から選ばなければならない。
② 内閣総理大臣は、任意に国務大臣を罷免することができる。
第69条（内閣不信任決議と総辞職）　内閣は、衆議院で不信任の決議案を可決し、又は信任の決議案を否決したときは、10日以内に衆議院が解散されない限り、総辞職をしなければならない。
第70条（内閣総理大臣の欠缺・総選挙後の総辞職）　内閣総理大臣が欠けたとき、又は衆議院議員総選挙の後に初めて国会の招集があつたと

きは、内閣は総辞職をしなければならない。
第71条（総辞職後の内閣）　前2条の場合には、内閣は、あらたに内閣総理大臣が任命されるまで引き続きその職務を行ふ。
第72条（内閣総理大臣の職務権限）　内閣総理大臣は、内閣を代表して議案を国会に提出し、一般国務及び外交関係について国会に報告し、並びに行政各部を指揮監督する。
第73条（内閣の職務権限）　内閣は、他の一般行政事務の外、左の事務を行ふ。
1　法律を誠実に執行し、国務を総理すること。
2　外交関係を処理すること。
3　条約を締結すること。但し、事前に、時宜によつては事後に、国会の承認を経ることを必要とする。
4　法律の定める基準に従ひ、官吏に関する事務を掌理すること。
5　予算を作成して国会に提出すること。
6　この憲法及び法律の規定を実施するために、政令を制定すること。但し、政令には、特にその法律の委任がある場合を除いては、罰則を設けることができない。
7　大赦、特赦、減刑、刑の執行の免除及び復権を決定すること。
第74条（法律・政令の署名）　法律及び政令には、すべて主任の国務大臣が署名し、内閣総理大臣が連署することを必要とする。
第75条（国務大臣訴追の制約）　国務大臣は、その在任中、内閣総理大臣の同意がなければ、訴追されない。但し、これがため、訴追の権利は、害されない。

第6章　司法

第76条（司法権の機関，裁判官の独立）　①　すべて司法権は、最高裁判所及び法律の定めるところにより設置する下級裁判所に属する。
②　特別裁判所は、これを設置することができない。行政機関は、終審として裁判を行ふことができない。
③　すべて裁判官は、その良心に従ひ独立してその職権を行ひ、この憲法及び法律にのみ拘束される。
第77条（最高裁判所の規則制定権）　①　最高裁判所は、訴訟に関する手続、弁護士、裁判所の内部規律及び司法事務処理に関する事項について、規則を定める権限を有する。
②　検察官は、最高裁判所の定める規則に従はなければならない。
③　最高裁判所は、下級裁判所に関する規則を定める権限を、下級裁判所に委任することができる。
第78条（裁判官の身分の保障）　裁判官は、裁判により、心身の故障のために職務を執ることができないと決定された場合を除いては、公の弾劾によらなければ罷免されない。裁判官の懲戒処分は、行政機関がこれを行ふことはできない。
第79条（最高裁判所の構成，国民審査，定年，報酬）　①　最高裁判所は、その長たる裁判官及び法律の定める員数のその他の裁判官でこれを構成し、その長たる裁判官以外の裁判官は、内閣でこれを任命する。
②　最高裁判所の裁判官の任命は、その任命後初めて行はれる衆議院議員総選挙の際国民の審査に付し、その後10年を経過した後初めて行はれる衆議院議員総選挙の際更に審査に付し、その後も同様とする。
③　前項の場合において、投票者の多数が裁判官の罷免を可とするときは、その裁判官は、罷免される。
④　審査に関する事項は、法律でこれを定める。
⑤　最高裁判所の裁判官は、法律の定める年齢に達した時に退官する。
⑥　最高裁判所の裁判官は、すべて定期に相当額の報酬を受ける。この報酬は、在任中、これを減額することができない。
第80条（下級裁判所の裁判官・任期・定年，報酬）　①　下級裁判所の裁判官は、最高裁判所の指名した者の名簿によつて、内閣でこれを任命する。その裁判官は、任期を10年とし、再任されることができる。但し、法律の定める年齢に達した時には退官する。
②　下級裁判所の裁判官は、すべて定期に相当額の報酬を受ける。この報酬は、在任中、これを減額することができない。
第81条（法令審査権）　最高裁判所は、一切の法律、命令、規則又は処分が憲法に適合するかしないかを決定する権限を有する終審裁判所である。
第82条（裁判の公開）　①　裁判の対審及び判決は、公開法廷でこれを行ふ。
②　裁判所が、裁判官の全員一致で、公の秩序又は善良の風俗を害する虞があると決した場合には、対審は、公開しないでこれを行ふことができる。但し、政治犯罪、出版に関する犯罪又はこの憲法第3章で保障する国民の権利が問題となつてゐる事件の対審は、常にこれを公開しなければならない。

第7章　財政

第83条（財政処理の基本原則）　国の財政を処理する権限は、国会の議決に基いて、これを行使しなければならない。
第84条（課税）　あらたに租税を課し、又は現行の租税を変更するには、法律又は法律の定める条件によることを必要とする。
第85条（国費支出・債務負担）　国費を支出し、又は国が債務を負担するには、国会の議決に基くことを必要とする。
第86条（予算）　内閣は、毎会計年度の予算を作

成し、国会に提出して、その審議を受け議決を経なければならない。
第87条（予備費）　①　予見し難い予算の不足に充てるため、国会の議決に基いて予備費を設け、内閣の責任でこれを支出することができる。
②　すべて予備費の支出については、内閣は、事後に国会の承認を得なければならない。
第88条（皇室財産・皇室費用）　すべて皇室財産は、国に属する。すべて皇室の費用は、予算に計上して国会の議決を経なければならない。
第89条（公の財産の用途制限）　公金その他の公の財産は、宗教上の組織若しくは団体の使用、便益若しくは維持のため、又は公の支配に属しない慈善、教育若しくは博愛の事業に対し、これを支出し、又はその利用に供してはならない。
第90条（会計検査院）　①　国の収入支出の決算は、すべて毎年会計検査院がこれを検査し、内閣は、次の年度に、その検査報告とともに、これを国会に提出しなければならない。
②　会計検査院の組織及び権限は、法律でこれを定める。
第91条（財政状況の報告）　内閣は、国会及び国民に対し、定期に、少くとも毎年1回、国の財政状況について報告しなければならない。

第8章　地方自治

第92条（地方自治の基本原則）　地方公共団体の組織及び運営に関する事項は、地方自治の本旨に基いて、法律でこれを定める。
第93条（地方公共団体の機関）　①　地方公共団体には、法律の定めるところにより、その議事機関として議会を設置する。
②　地方公共団体の長、その議会の議員及び法律の定めるその他の吏員は、その地方公共団体の住民が、直接これを選挙する。
第94条（地方公共団体の権能）　地方公共団体は、その財産を管理し、事務を処理し、及び行政を執行する権能を有し、法律の範囲内で条例を制定することができる。
第95条（特別法の住民投票）　一の地方公共団体のみに適用される特別法は、法律の定めるところにより、その地方公共団体の住民の投票においてその過半数の同意を得なければ、国会は、これを制定することができない。

第9章　改正

第96条（改正の手続、公布）　①　この憲法の改正は、各議院の総議員の3分の2以上の賛成で、国会が、これを発議し、国民に提案してその承認を経なければならない。この承認には、特別の国民投票又は国会の定める選挙の際行はれる投票において、その過半数の賛成を必要とする。
②　憲法改正について前項の承認を経たときは、天皇は、国民の名で、この憲法と一体を成すものとして、直ちにこれを公布する。

第10章　最高法規

第97条（基本的人権の特質）　この憲法が国民に保障する基本的人権は、人類の多年にわたる自由獲得の努力の成果であつて、これらの権利は、過去幾多の試練に堪へ、現在及び将来の国民に対し、侵すことのできない永久の権利として信託されたものである。
第98条（最高法規、条約及び国際法規の遵守）　①　この憲法は、国の最高法規であつて、その条規に反する法律、命令、詔勅及び国務に関するその他の行為の全部又は一部は、その効力を有しない。
②　日本国が締結した条約及び確立された国際法規は、これを誠実に遵守することを必要とする。
第99条（憲法尊重擁護の義務）　天皇又は摂政及び国務大臣、国会議員、裁判官その他の公務員は、この憲法を尊重し擁護する義務を負ふ。

第11章　補則

第100条（施行期日、準備手続）　①　この憲法は、公布の日から起算して6箇月を経過した日（昭和22.5.3）から、これを施行する。
②　この憲法を施行するために必要な法律の制定、参議院議員の選挙及び国会招集の手続並びにこの憲法を施行するために必要な準備手続は、前項の期日よりも前に、これを行ふことができる。
第101条（経過規定－参議院成立前の国会）　この憲法施行の際、参議院がまだ成立してゐないときは、その成立するまでの間、衆議院は、国会としての権限を行ふ。
第102条（経過規定－第1期の参議院議員の任期）　この憲法による第1期の参議院議員のうち、その半数の者の任期は、これを3年とする。その議員は、法律の定めるところにより、これを定める。
第103条（経過規定－公務員の地位）　この憲法施行の際現に在職する国務大臣、衆議院議員及び裁判官並びにその他の公務員で、その地位に相応する地位がこの憲法で認められてゐる者は、法律で特別の定をした場合を除いては、この憲法施行のため、当然にはその地位を失ふことはない。但し、この憲法によつて、後任者が選挙又は任命されたときは、当然その地位を失ふ。

資料 2　大日本帝國憲法

（発布　1889（明治22）年 2 月11日）
（施行　1890（明治23）年11月29日）

第 1 章　天皇
第 1 条　　大日本帝国ハ万世一系ノ天皇之ヲ統治ス
第 3 条　　天皇ハ神聖ニシテ侵スヘカラス
第 4 条　　天皇ハ国ノ元首ニシテ統治権ヲ総攬シ此ノ憲法ノ条規ニ依リ之ヲ行フ
第 5 条　　天皇ハ帝国議会ノ協賛ヲ以テ立法権ヲ行フ
第 6 条　　天皇ハ法律ヲ裁可シ其ノ公布及執行ヲ命ス
第 7 条　　天皇ハ帝国議会ヲ召集シ其ノ開会閉会停会及衆議院ノ解散ヲ命ス
第 8 条　①　天皇ハ公共ノ安全ヲ保持シ又ハ其ノ災厄ヲ避クル為緊急必要ニ由リ帝国議会閉会ノ場合ニ於テ法律ニ代ルヘキ勅令ヲ発ス
②　此ノ勅令ハ次ノ会期ニ於テ帝国議会ニ提出スヘシ若議会ニ於テ承諾セサルトキハ政府ハ将来ニ向テ其ノ効力ヲ失フコトヲ公布スヘシ
第 9 条　　天皇ハ法律ヲ執行スル為ニ又ハ公共ノ安寧秩序ヲ保持シ及臣民ノ幸福ヲ増進スル為ニ必要ナル命令ヲ発シ又ハ発セシム但シ命令ヲ以テ法律ヲ変更スルコトヲ得ス
第 11 条　　天皇ハ陸海軍ヲ統帥ス
第 12 条　　天皇ハ陸海空軍ノ編制及常備兵額ヲ定ム
第 13 条　　天皇ハ戦ヲ宣シ和ヲ講シ及諸般ノ条約ヲ締結ス
第 14 条　①　天皇ハ戒厳ヲ宣告ス
第 15 条　　天皇ハ爵位勲章及其ノ他ノ栄典ヲ授与ス

第 2 章　臣民権利義務
第 20 条　　日本臣民ハ法律ノ定ムル所ニ従ヒ兵役ノ義務ヲ有ス
第 21 条　　日本臣民ハ法律ノ定ムル所ニ従ヒ納税ノ義務ヲ有ス
第 22 条　　日本臣民ハ法律ノ範囲内ニ於テ移住及移転ノ自由ヲ有ス
第 26 条　　日本臣民ハ法律ニ定メタル場合ヲ除ク外信書ノ秘密ヲ侵サルヽコトナシ
第 28 条　　日本臣民ハ安寧秩序ヲ妨ケス及臣民タルノ義務ニ背カサル限ニ於テ信教ノ自由ヲ有ス
第 29 条　　日本臣民ハ法律ノ範囲内ニ於テ言論著作印行集会及結社ノ自由ヲ有ス
第 31 条　　本章ニ掲ケタル条規ハ戦時又ハ国家事変ノ場合ニ於テ天皇大権ノ施行ヲ妨クルコトナシ
第 32 条　　本章ニ掲ケタル条規ハ陸海空軍ノ法令又ハ紀律ニ牴触セサルモノニ限リ軍人ニ準行ス

第 3 章　帝国議会
第 33 条　　帝国議会ハ貴族院衆議院ノ両院ヲ以テ成立ス
第 34 条　　貴族院ハ貴族院令ノ定ムル所ニ依リ皇族華族及勅任セラレタル議員ヲ以テ組織ス
第 35 条　　衆議院ハ選挙法ノ定ムル所ニ依リ公選セラレタル議員ヲ以テ組織ス
第 37 条　　凡テ法律ハ帝国議会ノ協賛ヲ経ルヲ要ス

第 4 章　国務大臣及枢密顧問
第 55 条　①　国務各大臣ハ天皇ヲ輔弼シ其ノ責ニ任ス
②　凡テ法律勅令其ノ他国務ニ関ル詔勅ハ国務大臣ノ副署ヲ要ス
第 56 条　　枢密顧問ハ枢密院官制ノ定ムル所ニ依リ天皇ノ諮詢ニ応ヘ重要ノ国務ヲ審議ス

第 5 章　司法
第 57 条　①　司法権ハ天皇ノ名ニ於テ法律ニ依リ裁判所之ヲ行フ
②　裁判所ノ構成ハ法律ヲ以テ之ヲ定ム

資料 3　日米安全保障条約（抄）

日本国とアメリカ合衆国との間の相互協力及び安全保障条約

（1960（昭和35）年 6 月23日　発効）

第 2 条　締約国は，その自由な諸制度を強化することにより，これらの制度の基礎をなす原則の理解を促進することにより，並びに安定及び福祉の条件を助長することによって，平和的かつ友好的な国際関係の一層の発展に貢献する．締約国は，その国際経済政策におけるくい違いを除くことに努め，また，両国の間の経済的協力を促進する．

第 3 条　締約国は，個別的及び相互に協力して，継続的かつ効果的な自助及び相互援助により，武力攻撃に抵抗するそれぞれの能力を，憲法上の規定に従うことを条件として，維持し発展させる．

第 4 条　締約国は，この条約の実施に関して随時協議し，また，日本国の安全又は極東における国際の平和及び安全に対する脅威が生じたときはいつでも，いずれか一方の締約国の要請により協議する．

第 5 条　各締約国は，日本国の施政の下にある領域における，いずれか一方に対する武力攻撃が，自国の平和及び安全を危うくするものであることを認め，自国の憲法上の規定及び手続に従って共通の危険に対処するように行動することを宣言する．

第 6 条　日本国の安全に寄与し，並びに極東における国際の平和及び安全の維持に寄与するため，アメリカ合衆国は，その陸軍，空軍及び海

軍が日本国において施設及び区域を使用することを許される。
　前記の施設及び区域の使用並びに日本国における合衆国軍隊の地位は，1952年2月28日に東京で署名された日本国とアメリカ合衆国との間の安全保障条約第三条に基づく行政協定（改正を含む）に代わる別個の協定及び合意される他の取極により規律される。

> 条約第6条の実施に関する交換公文（1960.1.19）
> 　合衆国軍隊の日本国への配置における重要な変更，同軍隊の装備における重要な変更並びに日本国から行なわれる戦闘作戦行動（前記の条約第5条の規定に基づいて行なわれるものを除く．）のための基地としての日本国内の施設及び区域の使用は，日本国政府との事前の協議の主題とする。

資料4　世界人権宣言（抄）

（1948（昭和23）年12月10日　採択）

前文
　人類社会のすべての構成員の固有の尊厳と平等で譲ることのできない権利とを承認することは，世界における自由，正義及び平和の基礎であるので，……よって，ここに，国際連合総会は，……すべての人民とすべての国とが達成すべき共通の規準として，この世界人権宣言を公布する。
第1条　すべての人間は，生れながらにして自由であり，かつ，尊厳と権利とについて平等である。人間は，理性と良心とを授けられており，互いに同胞の精神をもって行動しなければならない。
第2条　① すべて人は，人種，皮膚の色，性，言語，宗教，政治上その他の意見，国民的若しくは社会的出身，財産，門地その他の地位又はこれに類するいかなる事由による差別をも受けることなく，この宣言に掲げるすべての権利と自由とを享有することができる。
② さらに，個人の属する国又は地域が独立国であると，信託統治地域であると，非自治地域であると，又は他のなんらかの主権制限の下にあるとを問わず，その国又は地域の政治上，管轄上又は国際上の地位に基づくいかなる差別もしてはならない。
第3条　すべて人は，生命，自由及び身体の安全に対する権利を有する。

資料5　労働基準法（抄）

（公布　1947（昭和22）年4月7日）

第1章　総則
第1条（労働条件の原則）① 労働条件は，労働者が人たるに値する生活を営むための必要を充たすべきものでなければならない。
② この法律で定める労働条件の基準は最低のものであるから，労働関係の当事者は，この基準を理由として労働条件を低下させてはならないことはもとより，その向上を図るように努めなければならない。
第2条（労働条件の決定）① 労働条件は，労働者と使用者が，対等の立場において決定すべきものである。
② 労働者及び使用者は，労働協約，就業規則及び労働契約を遵守し，誠実に各々その義務を履行しなければならない。
第3条（均等待遇）　使用者は，労働者の国籍，信条又は社会的身分を理由として，賃金，労働時間その他の労働条件について，差別的取扱をしてはならない。
第4条（男女同一賃金の原則）　使用者は，労働者が女性であることを理由として，賃金について，男性と差別的取扱いをしてはならない。
第5条（強制労働の禁止）　使用者は，暴行，脅迫，監禁その他精神又は身体の自由を不当に拘束する手段によって，労働者の意思に反して労働を強制してはならない。
第7条（公民権行使の保障）　使用者は，労働者が労働時間中に，選挙権その他公民としての権利を行使し，又は公の職務を執行するために必要な時間を請求した場合においては，拒んではならない。但し，権利の行使又は公の職務の執行に妨げがない限り，請求された時刻を変更することができる。

第2章　労働契約
第13条（この法律違反の契約）　この法律で定める基準に達しない労働条件を定める労働契約は，その部分については無効とする。この場合において，無効となつた部分は，この法律で定める基準による。
第15条（労働条件の明示）① 使用者は，労働契約の締結に際し，労働者に対して賃金，労働時間その他の労働条件を明示しなければならない。この場合において，賃金及び労働時間に関する事項その他の厚生労働省令で定める事項については，厚生労働省令で定める方法により明示しなければならない。
第20条（解雇の予告）　使用者は，労働者を解雇しようとする場合においては，少くとも30日前にその予告をしなければならない。30日前に予告をしない使用者は，30日分以上の平均

賃金を支払わなければならない。但し，天災事変その他やむを得ない事由のために事業の継続が不可能となった場合又は労働者の責に帰すべき事由に基いて解雇する場合においては，この限りでない。

第3章　賃金

第24条（賃金の支払） ①　賃金は，通貨で，直接労働者に，その全額を支払わなければならない。ただし，法令若しくは労働協約に別段の定めがある場合又は厚生労働省令で定める賃金について確実な支払の方法で厚生労働省令で定めるものによる場合においては，通貨以外のもので支払い，また，法令に別段の定めがある場合又は当該事業場の労働者の過半数で組織する労働組合があるときはその労働組合，労働者の過半数で組織する労働組合がないときは労働者の過半数を代表する者との書面による協定がある場合においては，賃金の一部を控除して支払うことができる。

②　賃金は，毎月1回以上，一定の期日を定めて支払わなければならない。ただし，臨時に支払われる賃金，賞与その他これに準ずるもので厚生労働省令で定める賃金（第89条において「臨時の賃金等」という。）については，この限りでない。

第28条（最低賃金）　賃金の最低基準に関しては，最低賃金法（昭和34年法律第137号）の定めるところによる。

第4章　労働時間，休憩，休日及び年次有給休暇

第32条（労働時間）　使用者は，労働者に，休憩時間を除き1週間について40時間を超えて，労働させてはならない。

②　使用者は，1週間の各日については，労働者に，休憩時間を除き1日について8時間を超えて，労働させてはならない。

第32条の2　使用者は，当該事業場に，労働者の過半数で組織する労働組合がある場合においてはその労働組合，労働者の過半数で組織する労働組合がない場合においては労働者の過半数を代表する者との書面による協定により，又は就業規則その他これに準ずるものにより，1箇月以内の一定の期間を平均し1週間当たりの労働時間が前条第1項の労働時間を超えない定めをしたときは，同条の規定にかかわらず，その定めにより，特定された週において同項の労働時間又は特定された日において同条第2項の労働時間を超えて，労働させることができる。

第34条（休憩）　使用者は，労働時間が6時間を超える場合においては少くとも45分，8時間を超える場合においては少くとも1時間の休憩時間を労働時間の途中に与えなければならない。

第35条（休日）　使用者は，労働者に対して，毎週少くとも1回の休日を与えなければならない。

第39条（年次有給休暇）　使用者は，その雇入れの日から起算して6箇月間継続勤務し全労働日の8割以上出勤した労働者に対して，継続し，又は分割した10労働日の有給休暇を与えなければならない。

第5章　安全及び衛生

第42条　労働者の安全及び衛生に関しては，労働安全衛生法（昭和47年法律第57号）の定めるところによる。

第6章　年少者

第56条（最低年齢）　使用者は，児童が満15歳に達した日以後の最初の3月31日が終了するまで，これを使用してはならない。

第58条（未成年者の労働契約）　親権者又は後見人は，未成年者に代って労働契約を締結してはならない。

第61条（深夜業）　使用者は，満18才に満たない者を午後10時から午前5時までの間において使用してはならない。ただし，交替制によって使用する満16才以上の男性については，この限りでない。

第8章　災害補償

第75条（療養補償）　労働者が業務上負傷し，又は疾病にかかった場合においては，使用者は，その費用で必要な療養を行い，又は必要な療養の費用を負担しなければならない。

第76条（休業補償）　労働者が前条の規定による療養のため，労働することができないために賃金を受けない場合においては，使用者は，労働者の療養中平均賃金の100分の60の休業補償を行わなければならない。

第11章　監督機関

第97条（監督機関の職員等）　労働基準主管局（厚生労働省の内部部局として置かれる局で労働条件及び労働者の保護に関する事務を所掌するものをいう。以下同じ。），都道府県労働局及び労働基準監督署に労働基準監督官を置くほか，厚生労働省令で定める必要な職員を置くことができる。

第101条（労働基準監督官の権限）　労働基準監督官は，事業場，寄宿舎その他の附属建設物に臨検し，帳簿及び書類の提出を求め，又は使用者若しくは労働者に対して尋問を行うことができる。

資料6 労働組合法（抄）

（公布　1949（昭和24）年6月1日）

第1章　総則

第1条（目的）　この法律は，労働者が使用者との交渉において対等の立場に立つことを促進することにより労働者の地位を向上させること，労働者がその労働条件について交渉するために自ら代表者を選出することその他の団体行動を行うために自主的に労働組合を組織し，団結することを擁護すること並びに使用者と労働者との関係を規制する労働協約を締結するための団体交渉をすること及びその手続を助成することを目的とする．

第2条（労働組合）　この法律で「労働組合」とは，労働者が主体となつて自主的に労働条件の維持改善その他経済的地位の向上を図ることを主たる目的として組織する団体又はその連合団体をいう．

第3条（労働者）　この法律で「労働者」とは，職業の種類を問わず，賃金，給料その他これに準ずる収入によつて生活する者をいう．

第2章　労働組合

第6条（交渉権限）　労働組合の代表者又は労働組合の委任を受けた者は，労働組合又は組合員のために使用者又はその団体と労働協約の締結その他の事項に関して交渉する権限を有する．

第7条（不当労働行為）　使用者は，左の各号に掲げる行為をしてはならない．
1　労働者が労働組合の組合員であること，労働組合に加入し，若しくはこれを結成しようとしたこと若しくは労働組合の正当な行為をしたことの故をもつて，その労働者を解雇し，その他これに対して不利益な取扱をすること又は労働者が労働組合に加入せず，若しくは労働組合から脱退することを雇用条件とすること．但し，労働組合が特定の工場事業場に雇用される労働者の過半数を代表する場合において，その労働者がその労働組合の組合員であることを雇用条件とする労働協約を締結することを妨げるものではない．
2　使用者が雇用する労働者の代表者と団体交渉をすることを正当な理由がなくて拒むこと．
3　労働者が労働組合を結成し，若しくは運営することを支配し，若しくはこれに介入すること，又は労働組合の運営のための経費の支払につき経理上の援助を与えること．但し，労働者が労働時間中に時間又は賃金を失うことなく使用者と協議し，又は交渉することを使用者が許すことを妨げるものではなく，且つ，厚生資金又は経済上の不幸若しくは災厄を防止し，若しくは救済するための支出に実際に用いられる福利その他の基金に対する使用者の寄附及び最小限の広さの事務所の供与を除くものとする．

第8条（損害賠償）　使用者は，同盟罷業その他の争議行為であつて正当なものによつて損害を受けたことの故をもつて，労働組合又はその組合員に対し賠償を請求することができない．

第3章　労働協約

第14条（労働協約の効力の発生）　労働組合と使用者又はその団体との間の労働条件その他に関する労働協約は，書面に作成し，両当事者が署名し，又は記名押印することによつてその効力を生ずる．

第16条（基準の効力）　労働協約に定める労働条件その他の労働者の待遇に関する基準に違反する労働契約の部分は，無効とする．この場合において無効となつた部分は，基準の定めるところによる．労働契約に定がない部分についても，同様とする．

第4章　労働委員会

第19条（労働委員会）　① 労働委員会は，使用者を代表する者（以下「使用者委員」という．），労働者を代表する者（以下「労働者委員」という．）及び公益を代表する者（以下「公益委員」という．）各同数をもつて組織する．
② 労働委員会は，中央労働委員会，船員中央労働委員会，地方労働委員会及び船員地方労働委員会とする．

資料7　男女雇用機会均等法（抄）

雇用の分野における男女の均等な機会及び待遇の確保等に関する法律

（公布　1972（昭和47）年7月1日）

第1章　総則

（目的）
第1条　この法律は，法の下の平等を保障する日本国憲法の理念にのつとり雇用の分野における男女の均等な機会及び待遇の確保を図るとともに，女性労働者の就業に関して妊娠中及び出産後の健康の確保を図る等の措置を推進することを目的とする．

（基本的理念）
第2条　① この法律においては，女性労働者が性別により差別されることなく，かつ，母性を尊重されつつ充実した職業生活を営むことができるようにすることをその基本的理念とする．
② 事業主並びに国及び地方公共団体は，前項に規定する基本的理念に従って，女性労働者の職業生活の充実が図られるように努めなければならない．

（啓発活動）

第3条　国及び地方公共団体は，雇用の分野における男女の均等な機会及び待遇の確保等について国民の関心と理解を深めるとともに，特に，雇用の分野における男女の均等な機会及び待遇の確保を妨げている諸要因の解消を図るため，必要な啓発活動を行うものとする．

（男女雇用機会均等対策基本方針）

第4条　① 厚生労働大臣は，雇用の分野における男女の均等な機会及び待遇の確保等に関する施策の基本となるべき方針（以下「男女雇用機会均等対策基本方針」という．）を定めるものとする．

第2章　雇用の分野における男女の均等な機会及び待遇の確保

第1節　女性労働者に対する差別の禁止等

（募集及び採用）

第5条　事業主は，労働者の募集及び採用について，女性に対して男性と均等な機会を与えなければならない．

（配置，昇進及び教育訓練）

第6条　事業主は，労働者の配置，昇進及び教育訓練について，労働者が女性であることを理由として，男性と差別的取扱いをしてはならない．

（福利厚生）

第7条　事業主は，住宅資金の貸付けその他これに準ずる福利厚生の措置であつて厚生労働省令で定めるものについて，労働者が女性であることを理由として，男性と差別的取扱いをしてはならない．

（定年，退職及び解雇）

第8条　① 事業主は，労働者の定年及び解雇について，労働者が女性であることを理由として，男性と差別的取扱いをしてはならない．
② 事業主は，女性労働者が婚姻し，妊娠し，又は出産したことを退職理由として予定する定めをしてはならない．
③ 事業主は，女性労働者が婚姻し，妊娠し，出産し，又は労働基準法（昭和22年法律第49号）第65条第1項若しくは第2項の規定による休業をしたことを理由として，解雇してはならない．

（指針）

第10条　厚生労働大臣は，第5条及び第6条に定める事項に関し，事業主が適切に対処するために必要な指針（次項において「指針」という．）を定めるものとする．

（苦情の自主的解決）

第11条　事業主は，第6条から第8条までの規定に定める事項に関し，女性労働者から苦情の申出を受けたときは，苦情処理機関（事業主を代表する者及び当該事業場の労働者を代表する者を構成員とする当該事業場の労働者の苦情を処理するための機関をいう．）に対し当該苦情の処理をゆだねる等その自主的な解決を図るように努めなければならない．

（紛争の解決の促進に関する特例）

第12条　雇用の分野における男女の均等な機会及び待遇に関する事業主の措置で厚生労働省令で定めるものについての女性労働者と事業主との間の紛争については，個別労働関係紛争の解決の促進に関する法律（平成13年法律第112号．第14条第1項において「個別労働関係紛争解決促進法」という．）第4条，第5条及び第12条から第19条までの規定は適用せず，次条から第19条までに定めるところによる．

（紛争の解決の援助）

第13条　都道府県労働局長は，前条に規定する紛争に関し，当該紛争の当事者の双方又は一方からその解決につき援助を求められた場合には，当該紛争の当事者に対し，必要な助言，指導又は勧告をすることができる．

第2節　調停

（調停の委任）

第14条　都道府県労働局長は，第12条に規定する紛争（第5条に定める事項についての紛争を除く．）について，当該紛争の当事者（以下「関係当事者」という．）の双方又は一方から調停の申請があつた場合において当該紛争の解決のために必要があると認めるときは，個別労働関係紛争解決促進法第六条第一項の紛争調整委員会（以下「委員会」という．）に調停を行わせるものとする．

（調停）

第16条　委員会は，関係当事者からの申立てに基づき必要があると認めるときは，当該委員会が置かれる都道府県労働局の管轄区域内の主要な労働者団体又は事業主団体が指名する関係労働者を代表する者又は関係事業主を代表する者から当該事件につき意見を聴くものとする．

第3章　女性労働者の就業に関して配慮すべき措置

（職場における性的な言動に起因する問題に関する雇用管理上の配慮）

第21条　事業主は，職場において行われる性的な言動に対するその雇用する女性労働者の対応により当該女性労働者がその労働条件につき不利益を受け，又は当該性的な言動により当該女性労働者の就業環境が害されることのないよう雇用管理上必要な配慮をしなければならない．

資料8 自衛隊法（抄）

（公布 1954（昭和29）年6月9日）

（この法律の目的）
第1条 この法律は，自衛隊の任務，自衛隊の部隊の組織及び編成，自衛隊の行動及び権限，隊員の身分取扱等を定めることを目的とする．
（自衛隊の任務）
第3条 ① 自衛隊は，わが国の平和と独立を守り，国の安全を保つため，直接侵略及び間接侵略に対しわが国を防衛することを主たる任務とし，必要に応じ，公共の秩序の維持に当るものとする．
② 陸上自衛隊は主として陸において，海上自衛隊は主として海において，航空自衛隊は主として空においてそれぞれ行動することを任務とする．
（内閣総理大臣の指揮監督権）
第7条 内閣総理大臣は，内閣を代表して自衛隊の最高の指揮監督権を有する．
（長官の指揮監督権）
第8条 長官は，内閣総理大臣の指揮監督を受け，自衛隊の隊務を統括する．ただし，陸上幕僚長，海上幕僚長又は航空幕僚長の監督を受ける部隊及び機関（以下「部隊等」という．）に対する長官の指揮監督は，それぞれ当該幕僚長を通じて行うものとする．

資料9 国際連合平和維持活動等に対する協力に関する法律（PKO等協力法）（抄）

（公布 1992（平成4）年6月19日）

第1条 この法律は，国際連合平和維持活動，人道的な国際救援活動及び国際的な選挙監視活動に対し適切かつ迅速な協力を行うため，国際平和協力業務実施計画及び国際平和協力業務実施要領の策定手続，国際平和協力隊の設置等について定めることにより，国際平和協力業務の実施体制を整備するとともに，これらの活動に対する物資協力のための措置等を講じ，もって我が国が国際連合を中心とした国際平和のための努力に積極的に寄与することを目的とする．
（国際連合平和維持活動等に対する協力の基本原則）
第2条 ① 政府は，この法律に基づく国際平和協力業務の実施，物資協力，これらについての国以外の者の協力等（以下「国際平和協力業務の実施等」という．）を適切に組み合わせるとともに，国際平和協力業務の実施等に携わる者の創意と知見を活用することにより，国際連合平和維持活動，人道的な国際救援活動及び国際的な選挙監視活動に効果的な協力をするものとする．
② 国際平和協力業務の実施等は，武力による威嚇又は武力の行使に当たるものであってはならない．
③ 内閣総理大臣は，国際平和協力業務の実施等に当たり，国際平和協力業務実施計画に基づいて，内閣を代表して行政各部を指揮監督する．
④ 関係行政機関の長は，前条の目的を達成するため，国際平和協力業務の実施等に関し，国際平和協力本部長に協力するものとする．

資料10 地方自治法（抄）

（公布 1947（昭和22）年4月17日）

第1編 総則

（この法律の目的）
第1条 この法律は，地方自治の本旨に基いて，地方公共団体の区分並びに地方公共団体の組織及び運営に関する事項の大綱を定め，併せて国と地方公共団体との間の基本的関係を確立することにより，地方公共団体における民主的にして能率的な行政の確保を図るとともに，地方公共団体の健全な発達を保障することを目的とする．
（地方公共団体の役割，国の役割および配慮事項）
第1条の2 ① 地方公共団体は，住民の福祉の増進を図ることを基本として，地域における行政を自主的かつ総合的に実施する役割を広く担うものとする．
（地方公共団体の種類）
第1条の3 ① 地方公共団体は，普通地方公共団体及び特別地方公共団体とする．
② 普通地方公共団体は，都道府県及び市町村とする．
③ 特別地方公共団体は，特別区，地方公共団体の組合，財産区及び地方開発事業団とする．

第2編 普通地方公共団体

第2章 住民

（住民の意義，権利義務）
第10条 ① 市町村の区域内に住所を有する者は，当該市町村及びこれを包括する都道府県の住民とする．
② 住民は，法律の定めるところにより，その属する普通地方公共団体の役務の提供をひとしく受ける権利を有し，その負担を分任する義務を負う．

第3章 条例及び規則

（条例，罰則の委任）
第14条 ① 普通地方公共団体は，法令に違反しない限りにおいて第2条第2項の事務に関し，条例を制定することができる．
② 普通地方公共団体は，義務を課し，又は権利

を制限するには，法令に特別の定めがある場合を除くほか，条例によらなければならない．

第6章　議会
第2節　権限
（議決事件）
第96条　普通地方公共団体の議会は，次に掲げる事件を議決しなければならない．
1. 条例を設け又は改廃すること．
2. 予算を定めること．
3. 決算を認定すること．
4. 法律又はこれに基く政令に規定するものを除く外，地方税の賦課徴収又は分担金，使用料，加入金若しくは手数料の徴収に関すること．

第7章　執行機関
第2節　普通地方公共団体の長
（知事，市町村長）
第139条　① 都道府県に知事を置く．
② 市町村に市町村長を置く．
（任期）
第140条　普通地方公共団体の長の任期は，4年とする．

資料11　国際人権規約
（採択 1966（昭和41）年12月16日
発効 1976（昭和51）年，日本 1979年批准）

■A規約—経済的，社会的及び文化的権利に関する国際規約
（人民の自決の権利）
第1条　① すべての人民は，自決の権利を有する．この権利に基づき，すべての人民は，その政治的地位を自由に決定し並びにその経済的，社会的及び文化的発展を自由に追求する．
② すべて人民は，互恵の原則に基づく国際的経済協力から生ずる義務及び国際法上の義務に違反しない限り，自己のためにその天然の富及び資源を自由に処分することができる．人民は，いかなる場合にも，その生存のための手段を奪われることはない．
（労働の権利）
第6条　① この規約の締約国は，労働の権利を認めるものとし，この権利を保障するため適当な措置をとる．この権利には，すべての者が自由に選択し又は承諾する労働によって生計を立てる機会を得る権利を含む．
（団結権）
第8条　① この規約の締約国は，次の権利を確保することを約束する．
(a) すべての者がその経済的及び社会的利益を増進し及び保護するため，労働組合を結成し及び当該労働組合の規則にのみ従うことを条件として自ら選択する労働組合に加入する権利．

…
（生活水準の確保）
第11条　① この規約の締約国は，自己及びその家族のための相当な食糧，衣類及び住居を内容とする相当な生活水準についての並びに生活条件の不断の改善についてのすべての者の権利を認める．…

■B規約—市民的及び政治的権利に関する国際規約
（生存権）
第6条　③ 生命の剥奪が集団殺害犯罪を構成する場合には，この条のいかなる規定も，この規約の締約国が集団殺害犯罪の防止及び処罰に関する条約の規定に基づいて負う義務を…免れることを許すものではないと了解する．
（拷問の禁止）
第7条　何人も，拷問又は残虐な，非人道的な若しくは品位を傷つける取扱い若しくは刑罰を受けない．特に，何人も，その自由な同意なしに医学的又は科学的実験を受けない．
（戦争宣伝の禁止）
第20条　① 戦争のためのいかなる宣伝も，法律で禁止する．
② 差別，敵意又は暴力の扇動となる国民的，人種的又は宗教的憎悪の唱道は，法律で禁止する．

資料12　人種差別撤廃条約（あらゆる形態の人種差別の撤廃に関する国際条約）
（抄）

（採択 1965（昭和40）年12月21日
発効 1969（昭和44）年1月，
日本 1995年12月批准）

（人種差別の定義）
第1条　① この条約において，「人種差別」とは，人種，皮膚の色，世系又は民族的若しくは種族的出身に基づくあらゆる区別，排除，制限又は優先であって，政治的，経済的，社会的，文化的その他のあらゆる公的生活の分野における平等の立場での人権及び基本的自由を認識し，享有し又は行使することを妨げ又は害する目的又は効果を有するものをいう．
（当事国の差別撤廃義務）
第2条　① 締約国は，人種差別を非難し，また，あらゆる形態の人種差別を撤廃する政策及びあらゆる人種間の理解を促進する政策をすべての適当な方法により遅滞なくとることを約束する．
（人種隔離の禁止）
第3条　締約国は，特に，人種隔離及びアパルトヘイトを非難し，また，自国の管轄の下にある領域におけるこの種のすべての慣行を防止し，禁止し及び根絶することを約束する．

資料13 女子差別撤廃条約（女子に対するあらゆる形態の差別の撤廃に関する条約）（抄）

（採択　1979（昭和54）年12月18日
発効　1981（昭和56）年9月，
日本1985年6月批准）

この条約の締約国は，…
　女子に対する差別は，権利の平等の原則及び人間の尊厳の尊重の原則に反するものであり，女子が男子と平等の条件で自国の政治的，社会的，経済的及び文化的活動に参加する上で障害となるものであり，社会及び家族の繁栄の増進を阻害するものであり，また，女子の潜在能力を自国及び人類に役立てるために完全に開発することを一層困難にするものであることを想起し，
　窮乏の状況においては，女子が食糧，健康，教育，雇用のための訓練及び機会並びに他の必要とするものを享受する機会が最も少ないことを憂慮し，…
　次のとおり協定した。
（女子差別の定義）
第1条　この条約の適用上，「女子に対する差別」とは，性に基づく区別，排除又は制限であって，政治的，経済的，社会的，文化的，市民的その他のいかなる分野においても，女子（婚姻をしているかいないかを問わない。）が男女の平等を基礎として人権及び基本的自由を認識し，享有し又は行使することを害し又は無効にする効果又は目的を有するものをいう。
（締約国の差別撤廃義務）
第2条　締約国は，女子に対するあらゆる形態の差別を非難し，女子に対する差別を撤廃する政策をすべての適当な手段により，かつ，遅滞なく追求することに合意し，及びこのため次のことを約束する。
　(a) 男女の平等の原則が自国の憲法その他の適当な法令に組み入れられていない場合にはこれを定め，かつ，男女の平等の原則の実際的な実現を法律その他の適当な手段により確保すること。…
（雇用における差別撤廃）
第11条　①　締約国は，男女の平等を基礎として同一の権利，特に次の権利を確保することを目的として，雇用の分野における女子に対する差別を撤廃するためのすべての適当な措置をとる。

資料14　児童の権利条約（児童の権利に関する条約）（抄）

（採択　1989（平成元）年11月10日
発効　1990（平成2）年9月1日，
日本1994年5月批准）

第1条（子どもの定義）　この条約の適用上，児童とは，18歳未満のすべての者をいう。…
第6条（生命への権利，生存・発達の確保）　①　締約国は，すべての児童が生命に対する固有の権利を有することを認める。
②　締約国は，児童の生存及び発達を可能な最大限の範囲において確保する。
第12条（意見表明権）　締約国は，自己の意見を形成する能力のある児童がその児童に影響を及ぼすすべての事項について自由に自己の意見を表明する権利を確保する。…
第16条（プライバシー・通信・名誉の保護）　①　いかなる児童も，その私生活，家族，住居若しくは通信に対して恣意的に若しくは不法に干渉され又は名誉及び信用を不法に攻撃されない。
第28条（教育への権利）　①　締約国は，教育についての児童の権利を認めるものとし，この権利を漸進的にかつ機会の平等を基礎として達成するため，特に，…
　(d) すべての児童に対し，教育及び職業に関する情報及び指導が利用可能であり，かつ，これらを利用する機会が与えられるものとする。
②　締約国は，学校の規律が児童の人間の尊厳に適合する方法で及びこの条約に従って運用されることを確保するためのすべての適当な措置をとる。
第32条（経済的搾取・有害労働からの保護）　①　締約国は，児童が経済的な搾取から保護され及び危険となり若しくは児童の教育の妨げとなり又は児童の健康若しくは身体的，精神的，道徳的若しくは社会的な発達に有害となるおそれのある労働への従事から保護される権利を認める。

資料15　国際連合教育科学文化機関憲章（ユネスコ憲章）（抄）

（発効　1946（昭和21）年11月4日）

……戦争は人の心の中で生れるものであるから，人の心の中に平和のとりでを築かなければならない。
　相互の風習と生活を知らないことは，人類の歴史を通じて世界の諸人民の間に疑惑と不信をおこした共通の原因であり，この疑惑と不信のために，諸人民の不一致があまりにもしばしば戦争となった。

ここに終りを告げた恐るべき大戦争は，人間の尊厳・平等・相互の尊重という民主主義の原理を否認し，これらの原理の代りに，無知と偏見を通じて人間と人種の不平等という教義をひろめることによって可能にされた戦争であった．（後略）

資料16　私的独占の禁止及び公正取引の確保に関する法律（独占禁止法）（抄）

（公布　1947（昭和22）年4月14日）

第1条（目的）　この法律は，私的独占，不当な取引制限及び不公正な取引方法を禁止し，事業支配力の過度の集中を防止して，結合，協定等の方法による生産，販売，価格，技術等の不当な制限その他一切の事業活動の不当な拘束を排除することにより，公正且つ自由な競争を促進し，事業者の創意を発揮させ，事業活動を盛んにし，雇傭及び国民実所得の水準を高め，以て，一般消費者の利益を確保するとともに，国民経済の民主的で健全な発達を促進することを目的とする．

第3条（私的独占又は不当な取引制限の禁止）　事業者は，私的独占又は不当な取引制限をしてはならない．

第8条（禁止行為，届出義務）　① 事業者団体は，次の各号の一に該当する行為をしてはならない．
1　一定の取引分野における競争を実質的に制限すること．
2　第六条に規定する国際的協定又は国際的契約をすること．
3　一定の事業分野における現在又は将来の事業者の数を制限すること．
4　構成事業者（事業者団体の構成員である事業者をいう．以下同じ．）の機能又は活動を不当に制限すること．
5　事業者に不公正な取引方法に該当する行為をさせるようにすること．

第9条（一定の持ち株会社の禁止）　① 他の国内の会社の株式（社員の持分を含む．以下同じ．）を所有することにより事業支配力が過度に集中することとなる会社は，これを設立してはならない．
② 会社（外国会社を含む．以下同じ．）は，他の国内の会社の株式を取得し，又は所有することにより国内において事業支配力が過度に集中することとなる会社となつてはならない．

第19条（不公正な取引方法の禁止）　事業者は，不公正な取引方法を用いてはならない．

第27条（任務，所轄）　① 内閣府設置法（平成11年法律第89号）第49条第3項の規定に基づいて，第1条の目的を達成することを任務とする公正取引委員会を置く．
② 公正取引委員会は，内閣総理大臣の所轄に属

する．

資料17　消費者保護基本法（抄）

（公布　1968（昭和43）年5月30日）

（目的）
第1条　この法律は，消費者の利益の擁護及び増進に関し，国，地方公共団体及び事業者の果たすべき責務並びに消費者の果たすべき役割を明らかにするとともにその施策の基本となる事項を定めることにより，消費者の利益の擁護及び増進に関する対策の総合的推進を図り，もって国民の消費生活の安定及び向上を確保することを目的とする．

（苦情処理体制の整備等）
第15条　① 事業者は，消費者との間の取引に関して生じた苦情を適切かつ迅速に処理するために必要な体制の整備等に努めなければならない．
② 市町村（特別区を含む．）は，事業者と消費者との間の取引に関して生じた苦情の処理のあっせん等に努めなければならない．
③ 国及び都道府県は，事業者と消費者との間の取引に関して生じた苦情が適切かつ迅速に処理されるようにするために必要な施策を講ずるよう努めなければならない．

資料18　製造物責任法（PL法）（抄）

（公布　1994（平成6）年7月1日）
（施行　1995（平成7）年7月1日）

（目的）
第1条　この法律は，製造物の欠陥により人の生命，身体又は財産に係る被害が生じた場合における製造業者等の損害賠償の責任について定めることにより，被害者の保護を図り，もって国民生活の安定向上と国民経済の健全な発展に寄与することを目的とする．

（定義）
第2条　① この法律において「製造物」とは，製造又は加工された動産をいう．
② この法律において「欠陥」とは，当該製造物の特性，その通常予見される使用形態，その製造業者等が当該製造物を引き渡した時期その他の当該製造物に係る事情を考慮して，当該製造物が通常有すべき安全性を欠いていることをいう．
③ この法律において「製造業者等」とは，次のいずれかに該当する者をいう．
1　当該製造物を業として製造，加工又は輸入した者（以下単に「製造業者」という．）
2　自ら当該製造物の製造業者として当該製造

物にその氏名，商号，商標その他の表示（以下「氏名等の表示」という。）をした者又は当該製造物にその製造業者と誤認させるような氏名等の表示をした者
3　前号に掲げる者のほか，当該製造物の製造，加工，輸入又は販売に係る形態その他の事情からみて，当該製造物にその実質的な製造業者と認めることができる氏名等の表示をした者

（製造物責任）
第3条　製造業者等は，その製造，加工，輸入又は前条第3項第2号若しくは第3号の氏名等の表示をした製造物であって，その引き渡したものの欠陥により他人の生命，身体又は財産を侵害したときは，これによって生じた損害を賠償する責めに任ずる。ただし，その損害が当該製造物についてのみ生じたときは，この限りでない。

資料19　生活保護法（抄）

（公布　1950（昭和25）年5月4日）

（この法律の目的）
第1条　この法律は，日本国憲法第25条に規定する理念に基き，国が生活に困窮するすべての国民に対し，その困窮の程度に応じ，必要な保護を行い，その最低限度の生活を保障するとともに，その自立を助長することを目的とする。

（無差別平等）
第2条　すべて国民は，この法律の定める要件を満たす限り，この法律による保護（以下「保護」という。）を，無差別平等に受けることができる。

（最低生活）
第3条　この法律により保障される最低限度の生活は，健康で文化的な生活水準を維持することができるものでなければならない。

（保護の補足性）
第4条　①　保護は，生活に困窮する者が，その利用し得る資産，能力その他あらゆるものを，その最低限度の生活の維持のために活用することを要件として行われる。

（申請保護の原則）
第7条　保護は，要保護者，その扶養義務者又はその他の同居の親族の申請に基いて開始するものとする。但し，要保護者が急迫した状況にあるときは，保護の申請がなくても，必要な保護を行うことができる。

資料20　国民年金法（抄）

（公布　1959（昭和34）年4月16日）

（国民年金制度の目的）
第1条　国民年金制度は，日本国憲法第25条第2項に規定する理念に基き，老齢，障害又は死亡によって国民生活の安定がそこなわれることを国民の共同連帯によって防止し，もって健全な国民生活の維持及び向上に寄与することを目的とする。

（国民年金の給付）
第2条　国民年金は，前条の目的を達成するため，国民の老齢，障害又は死亡に関して必要な給付を行うものとする。

（被保険者の資格）
第7条　次の各号のいずれかに該当する者は，国民年金の被保険者とする。
1　日本国内に住所を有する20歳以上60歳未満の者であつて次号及び第3号のいずれにも該当しないもの（以下略）

（給付の種類）
第15条　この法律による給付（以下単に「給付」という。）は，次のとおりとする。
1　老齢基礎年金
2　障害基礎年金
3　遺族基礎年金
4　付加年金，寡婦年金及び死亡一時金

資料21　戦後の政党の変遷

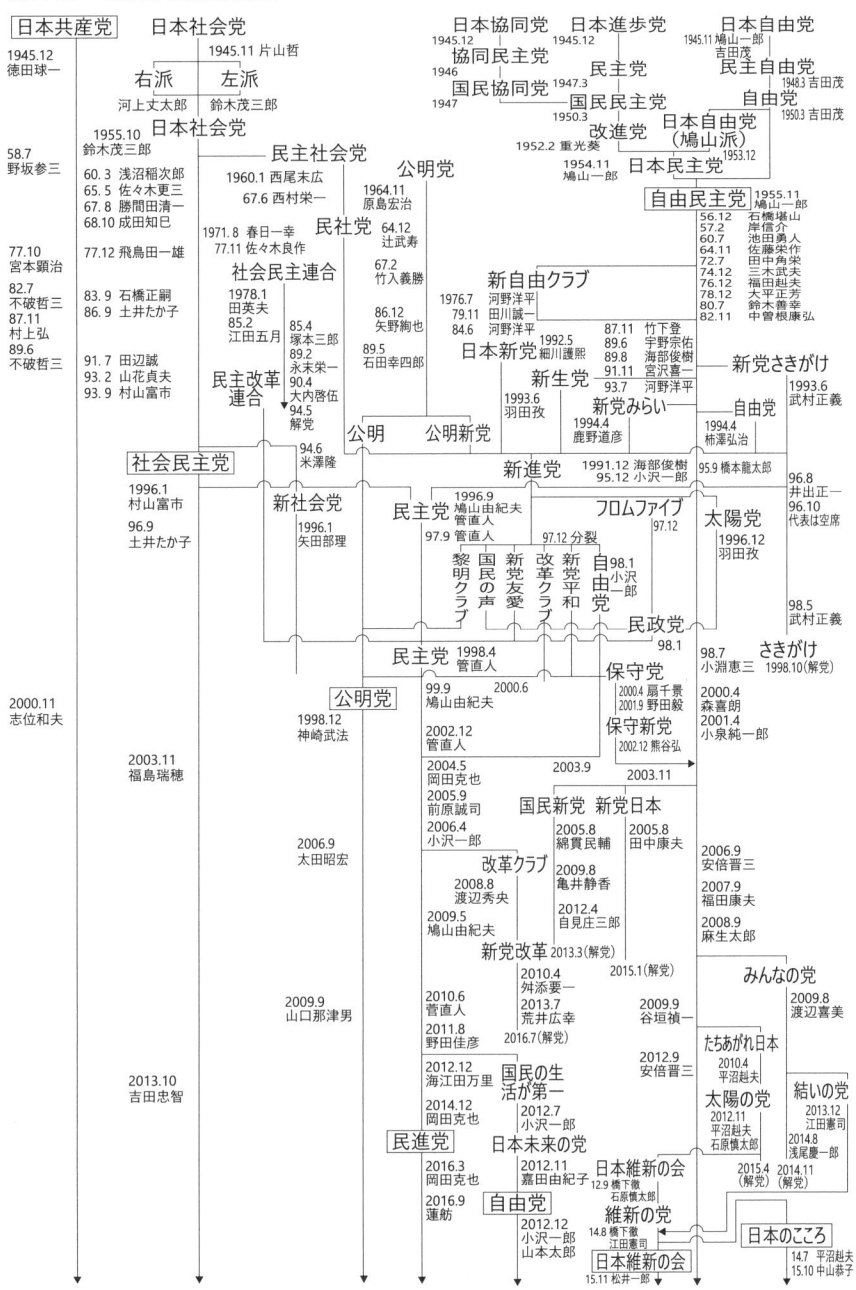

This page contains a complex genealogical chart showing the evolution of Japanese political parties from 1945 to 2015. The chart traces party splits, mergers, and name changes with dates and leader names.

日本共産党 (1945.12 徳田球一)
- 58.7 野坂参三
- 77.10 宮本顕治
- 82.7 不破哲三
- 87.11 村上弘
- 89.6 不破哲三
- 2000.11 志位和夫

日本社会党 (1945.11 片山哲)
- 右派: 河上丈太郎
- 左派: 鈴木茂三郎
- 1955.10 日本社会党 鈴木茂三郎
- 60.3 浅沼稲次郎
- 65.5 佐々木更三
- 67.8 勝間田清一
- 68.10 成田知巳
- 77.12 飛鳥田一雄
- 83.9 石橋正嗣
- 86.9 土井たか子
- 91.7 田辺誠
- 93.2 山花貞夫
- 93.9 村山富市

社会民主党 1996.1 村山富市 / 96.9 土井たか子 / 2003.11 福島瑞穂 / 2013.10 吉田忠智

民主社会党 (1960.1 西尾末広) → **民社党** (1969 春日一幸) / 71.8 春日一幸 / 77.11 佐々木良作 / 89.2 大内啓伍

社会民主連合 1978.1 田英夫 / 85.2 江田五月

民主改革連合 89.5 矢野絢也（公明党系）

新社会党 1996.1 矢田部理

民主党 1996.9 鳩山由紀夫・管直人 / 97.9 管直人 / 1998.4 管直人 / 99.9 鳩山由紀夫 / 2004.5 岡田克也 / 2005.9 前原誠司 / 2006.4 小沢一郎 / 2009.5 鳩山由紀夫 / 2010.6 管直人 / 2011.8 野田佳彦 / 2012.12 海江田万里 / 2014.12 岡田克也

民進党 2016.3 岡田克也 / 2016.9 蓮舫

公明党 (1964.11 原島宏治 / 64.12 辻武寿 / 67.2 竹入義勝 / 86.12 矢野絢也 / 89.5 石田幸四郎) → **公明** → **公明新党** → **公明党** 1998.12 神崎武法 / 2006.9 太田昭宏 / 2009.9 山口那津男

新自由クラブ 1976.7 河野洋平 / 79.11 田川誠一 / 84.6 河野洋平

日本新党 1992.5 細川護熙

新生党 1993.6 羽田孜

新党みらい 1994.4 鹿野道彦

新党さきがけ 1993.6 武村正義

自由党 1994.6 柿澤弘治

新進党 1991.12 海部俊樹 / 95.12 小沢一郎

フロムファイブ 97.12 → 分裂
- 黎明クラブ
- 国民の声
- 新党友愛
- 改革クラブ
- 新党平和
- 自由党 98.1 小沢一郎
- 民政党 98.1

太陽党 1996.12 羽田孜

さきがけ 98.7 小淵恵三 / 1998.10 解党

保守党 2000.4 扇千景 / 2001.9 野田毅 → **保守新党** 2002.12 熊谷弘 2003.11

国民新党 2005.8 綿貫民輔 / 2008.8 渡辺秀央 / 2009.5 鳩山由紀夫 / 2012.4 自見庄三郎

新党日本 2005.8 田中康夫

改革クラブ 2008.8 渡辺秀央 / 2009.8 亀井静香 → **新党改革** 2010.4 舛添要一 / 2013.7 荒井広幸 / 2016.7 解党

国民の生活が第一 2012.7 小沢一郎

日本未来の党 2012.11 嘉田由紀子 / 12.9 橋下徹

自由党 2016.9 蓮舫 / 2012.12 小沢一郎・山本太郎

自由民主党 1955.11
- 56.12 鳩山一郎
- 56.12 石橋湛山
- 57.2 岸信介
- 60.7 池田勇人
- 64.11 佐藤栄作
- 72.7 田中角栄
- 74.12 三木武夫
- 76.12 福田赳夫
- 78.12 大平正芳
- 80.7 鈴木善幸
- 82.11 中曽根康弘
- 87.11 竹下登
- 89.6 宇野宗佑
- 89.8 海部俊樹
- 91.11 宮沢喜一
- 93.7 河野洋平
- 95.9 橋本龍太郎
- 96.8 井出正一 / 96.10 代表は空席
- 98.5 武村正義
- 2000.4 森喜朗
- 2001.4 小泉純一郎
- 2006.9 安倍晋三
- 2007.9 福田康夫
- 2008.9 麻生太郎
- 2009.9 谷垣禎一
- 2012.9 安倍晋三

みんなの党 2009.8 渡辺喜美

たちあがれ日本 2010.4 平沼赳夫

太陽の党 2012.11 平沼赳夫・石原慎太郎

日本維新の会 2015.4 解党

結いの党 2013.12 江田憲司 / 2014.8 浅尾慶一郎 / 2014.11 解党

維新の党 14.8 橋下徹・江田憲司

日本維新の会 15.11 松井一郎

日本のこころ 14.7 平沼赳夫 / 15.10 中山恭子

[Right side column - 保守系 upper parties]

日本自由党 1945.11 鳩山一郎 / 吉田茂 → **民主自由党** 1948.3 吉田茂 → **自由党** / 1950.3 吉田茂 → **日本自由党（鳩山派）** 1953.12

日本進歩党 1945.12 → **日本民主党** 1954.11 鳩山一郎

日本協同党 1945.12 → **協同民主党** 1946 → **国民協同党** 1947 → **国民民主党** 1950.3 → **改進党** 1952.2 重光葵

資料22 大きさの比較

		【単位】	【10mの指数】		【 事 例 】	
相対論	100億	光年	26		150億：確認されている最遠の光（宇宙には1000億〜2000億の銀河系）	電磁波の波長
	10億	光年	25		63億：クエーサー1156+295	
	1億	光年	24		5億：車輪銀河	
	1000万	光年	23		2100万：M51、6000万：NGC1365	
	100万	光年	22		230万：アンドロメダ銀河系、820万：NGC253	
	10万	光年	21		10万：天の川銀河系（約2000億個の恒星）の直径、20万：マゼラン銀河系まで	
	1万	光年	20			
	1000	光年	19		1000：北極星、8000：砂時計星雲	
	100	光年	18	エクサ(E)	490：らせん星雲	
	10	光年	17		44：惑星の発見('99.4)された恒星（ウプシロン）	
ニュート	9.5兆km	1光年	16		【1光年=約6万天文単位】、4.3：最も近い恒星（アルファケンタウリ）	
	1兆	km	15	ペタ(P)	【1兆km=約6,600天文単位】	
	1000億	km	14			
	100億	km	13			
	10億	km	12	テラ(T)	60億：地球と冥王星間（40天文単位）、光で5時間30分	
	1億	km	11		1.5億：地球と太陽間（1天文単位）、光で8分19秒	
	1000万	km	10		4200万：地球と金星間、7800万：地球と火星間	
	100万	km	9	ギガ(G)	150万：太陽の直径	
	10万	km	8		37万：地球と月の距離	
	1万	km	7		3.6万：通信衛星・気象衛星の高度	
	1000	km	6	メガ(M)	705：地球観測衛生ランドサットの高度	電波
	100	km	5		230〜550：宇宙船の高度、600：外気圏（気体の性質を持つ）の上限	
ト	10	km	4		10〜12(〜18)：対流圏の上限、50〜80：成層圏の上限	
	1	km	3	キロ(k)	3以上：高山気候、3.8：全海洋の平均深度	
	100	m	2	ヘクト(h)	443：シアーズ・タワー、636：ワルシャワラジオ塔、875：陸地の平均高度	
	10	m	1	デカ(da)	22.4：明石高専の時計塔、25：ぶな・なら等の高木、50：熱帯雨林の木々	
ン	1	m	0		7：サバンナ・地中海性気候の樹木の上限、11.4：明石高専の屋上	
	10	cm	-1	デシ(d)		
	1	cm	-2	センチ(c)		
力	1	mm	-3	ミリ(m)		
	100		-4		はがきの厚さ：約235ミクロン	赤外線
	10		-5		原虫・真菌：10〜100ミクロン、英語辞書の紙の厚さ：約50ミクロン	
学	1		-6	マイクロ(μ)	細菌：数百nm〜数ミクロン	
	100	nm	-7		ウイルス：10nm〜数百nm、リケッチャ：数百nm、【光学顕微鏡の識別範囲】	
	10	nm	-8		ウイルス：10nm〜数百nm	紫外線
	1	nm	-9	ナノ(n)	高分子レベル：1nm〜10nm	可視光線
	100	pm	-10		【1Å=100pm原子・分子：1Å〜1nm、 【電子顕微鏡の識別範囲】	X線
	10	pm	-11			
量	1	pm	-12	ピコ(p)		
	100	fm	-13			
子	10	fm	-14		原子核レベル	γ線
	1	fm	-15	フェムト(f)	素粒子（陽子・中性子・電子など）1fm以下	
論	100	am	-16			
	10	am	-17			
	1	am	-18	アト(a)		

注）香川勝俊作成．作成に当たっては明石高専の能島博人教授、丸茂榮佑教授の協力を得た．

さくいん

数字・アルファベット
401 K	231
55年体制	69
91年憲法	9
BIS規制	167
EU（欧州連合）	105, 244
G.H.Q.（連合国軍総司令部）	183
IT（情報技術）	86, 104
IT革命	193
LDC	107
NIES	107
NPO（非営利組織）	78, 262
NPO法（特定非営利活動促進法）	78, 262
PKO	110
RPS法	200
UNCTAD	107
UNESCO	107
UNHCR	107
UNICEF	107

ア行
赤字国債	172
アジア太平洋経済協力会議	244
アダム・スミス	116, 121, 131
圧力団体	75, 76, 239
アリストテレス	3
育児休暇法	223
違憲審査権	19, 57
一物一価	136
一致系列	161
一般選挙	74
一般的均衡論	123
移転所得	155
イニシアティブ（国民発案）	21
違法訴訟	58
違法判断の回避	58
インセンティブ（誘因）	144
ウィーン体制	12
ウエストファリア条約	94
ウォーラーステイン	120
ヴォルテール	6
ウルグアイ・ラウンド	197, 244
エロア援助	185
円高差益	241
オイルショック	110, 187
欧州通貨制度	243

カ行
カール・マルクス	127
会期制	44
介護休業制度	223
外国為替市場	240
外国人労働者	205
介護保険法	227, 231
解散権	53
外資準備高	239
会社主義	189
会派	45
外部性	148
外部不経済論	252
価格の下方硬直性	147
下級裁判所	54
閣議	49
確定拠出年金法	231
核不拡散条約（NPT）	108
囲い込み運動	119
寡占	143
家庭裁判所	56
寡頭政治	3
貨幣	115, 132
可変費用	139
ガリオア資金	185
借換債	172
為替相場	240
為替レート	236
簡易裁判所	56
環境元年	258
環境権	80, 97
環境資源論	252
環境税	260
環境破壊	254
間接資金	162
間接税	173
カント	7
管理通貨制度	168
官僚制	65
議院内閣制	16, 48, 66
議会制民主主義	71
企業の社会的責任	212
企業別労働組合	217
企業利潤	156
企業倫理	212
基軸通貨	242
技術経営（MOT）	209
規則制定権	57
基礎年金	229
キッチンの波	162
キャピタルゲイン	191
旧体制（アンシャン・レジーム）	6
狭義の国民所得	154
恐慌	160
強行規範	97
行政委員会	48
行政権	48
京都議定書	97, 201, 258
狂乱物価	188
拒否権	18
近代国際法	94
金本位制	168
金融勘定	240
金融市場	163
金融政策	164
金融ビッグバン	192
クラウディング・アウト	172
グローバリゼーション	105
グローバル化	193
グロチウス	95
景気循環	159
景気動向指数	161
経済	114
経済格差	245
経済純福祉	157
経済成長	159
経済体制	114
経済体制論	252
経済団体	76
経済的福祉指標	157
経済の二重構造	206

傾斜生産方式	184	国際標準機構（ISO）	203	間）	90
経常収支	239	国政選挙	74	財閥解体	182
契約自由の原則	211	国政調査権	47,66	裁判員制度	63
ケインズ	123,174	国内純生産	153	参議院	43
ゲーム理論	145	国内総資本形成	157	産業革命	86,120,237
限界効用	117,138	国内総生産	151	三権分立制	15,18
限界効用逓減の法則	117,138	国富	158	三審制	56
限界費用	139	国民医療費	228	参政権	39,63
減価償却引当	154	国民皆保険・皆年金体制	226	参入障壁	144
健康保険	227	国民経済計算	156	サンフランシスコ講和条約	
原子力発電	255	国民主権	33		109
建設国債	172	国民純生産	153	三面等価	157
建築循環	162	国民純福祉	157	三六協定	221
憲法制定権	34	国民所得	151	ジェンダー	80
権力集中制	19	国民所得勘定	152	市場	115
権力分立	15,18	国民総生産	151	市場経済	115
権力分立論	15	国民代表機関	41	市場の欠如	148
公開市場操作	164	国民年金	229	市場の失敗	148
交換価値	117	国連気候変動枠組条約		失業者	218
交換手段	132	（UNFCCC）	200	失業保険	228
高関税政策	238	国連憲章	96	支払（預金）準備率操作	165
好況期	159	個人可処分所得	155	シビリアンコントロール（文	
公共財	134	個人情報保護関連法	92	民統制）	49
公共の福祉	39	国会	41	司法行政権	57
合計特殊出生率	233	国会活性化法	47	司法権	56
工場内分業	131	固定資本減耗	154	資本偶発損	154
工場法	214	固定資本財	153	資本収支	240
厚生年金	230	固定相場制	187	資本主義	118
交戦法規	96	固定費用	139	市民運動	78
構造改革	193	古典派経済学	122	事務次官会議	51
公定歩合操作	165	子どもの権利条約	107	シャウプ勧告	173
公的扶助	232	個別的分業	131	社会権	39
高等裁判所	56	コモン・ロー	13	社会国家	24
高度成長	186	雇用者所得	156	社会的費用論	252
幸福追求権	38	雇用保険	228	社会的分業	131
効用	137	雇用保険法	226	社会的余剰	142
高齢者社会	233	コンドラチェフの波	162	社会福祉	224,232
国営化	67	**サ行**		社会保険	224
国益法	237	最高裁判所	54	社会保障負担金	155
国際慣習法	95	財産所得	156	衆議院	43
国際関心事項	96	最終生産物	155	衆議院の優越	45
国際協調	244	財政	170	就業規則	221
国際経済	236	財政赤字	171	衆愚政治	7
国際社会	94	財政投融資	170	自由権	38
国際収支	239	最低賃金制	221	自由国家	24
国際人権規約	107	財テク	191	重商主義	121
国際通貨基金	242	サイバースペース（仮想空		終身雇用制	215

さくいん　285

囚人のジレンマ	147	人種差別撤廃条約	107	地方自治特別法	61
重農主義学派（フィジオクラート）	7	新食糧法（食糧自給価格安定法）	198	地方選挙	74
自由貿易協定（FTA）	203	信用創造	166	中距離核戦力（INF）全廃条約	108
自由放任主義	122	垂直的国際分業	237	中小企業	206
住民運動	78	スターリン	128	中選挙区制	74
住民自治	59	スタグフレーション	188	中立法規	96
受益権	38,39	ストック	158	超過供給	140
主観価値説	122	スミソニアン合意	187	超過需要	140
ジュグラーの波	162	生活保護法	226,232	朝鮮戦争	109,185
主権国家	93,105	生産者余剰	142	直接資金	163
首相公選論	53	生産集中度	145	直接税	173
循環型経済	260	製造物責任（PL）法	212	直接選挙	72
循環型社会元年	201	制度学派	124	直接投資	240
循環型社会形成推進基本法	201	世界人権宣言	107	貯蓄	133
		世界貿易機構（WTO）	203,244	通貨危機	245
使用価値	117	ゼロエミッション	253	ディーゼル車	255
証券市場	169	選挙	71	天皇機関説	28
少子化	233	先行系列	161	天皇主権	25
少子化・高齢化	108	戦争の放棄	35	東西冷戦	104
乗数効果	174	全体効用	117	投資	134
小数代表制	73	戦力不保持	36	党首討論	47
小選挙区制	73	総効用	117	道徳哲学	124
小選挙区代表並立制	43	総余剰	142	特需	185
小選挙区比例代表並立制	74	ソクラテス	2	独占	143
肖像権	80	租税法律主義	46	独占禁止法	144
消費革命	187	**タ行**		特別選挙	74
消費者保護基本法	210	代議政治	14	特命担当大臣	52
消費者余剰	141	耐久消費財	157	特例国債	172
商品	114	大選挙区制	73	ドッジ・ライン	185
情報（化）社会	83	大統領制（首長制）	18,60	ドルショック	187
情報格差（デジタル・デバイド）	88	大日本帝国憲法	25	**ナ行**	
情報公開法	78,92	多角的の貿易交渉（ラウンド）	243	内閣	47
情報通信技術（IT）	104	多数代表制	73	内閣総理大臣	50
情報のコントロール	91	弾劾裁判所	46	内閣府	51
情報の非対称性	136	単記制	73	内閣法	49
条約	95	男女雇用機会均等法	222	内需主導型	190
条例	61	炭素税	260	ナショナリズム（民族主義）	106
職務発明	209	団体交渉	222	南米共同市場	244
食料安全保障	197	団体自治	60	南北問題	107,245
白神山地	253	地域的経済統合	105,244	難民条約	107
知る権利	80,82	遅行系列	161	二院制（両院制）	17,44
新ガイドライン	110	知的財産権	82,207	二大政党制	17,68
人権および市民権の宣言	9	知的所有権	80,82	日米安保体制	36
人口問題	108	地方裁判所	56	日本銀行	164
新古典経済学	124			日本列島改造論	188

日本経済団体連合会（日本経団連） 77
日本的経営 215
日本的生産方式 189
日本版ビッグバン 167
日本労働組合総連合会（連合） 77
年功序列型賃金 216
農業協同組合（農協） 77
農業団体 77
農地改革 182
ノンバンク 192

ハ行
バージニア権利章典 8
陪審員 63
バブル 110, 167, 170
比較優位の原理 236
非関税障壁 243
非競合性 148
非政府組織（NGO） 78
非排除性 148
秘密選挙 72
百科全書派（アンシクロペディスト） 7
表現の自由 89
平等権 38
平等選挙 72
ビルト・イン・スタビライザー 174
比例代表制 73
ファンダメンタルズ 191
フィスカル・ポリシー 174
フィラデルフィア宣言 226
賦課方式 230
不完全雇用均衡 123
不完全代替財 147
不況期 159
福祉元年 226
福祉六法 232
含み損 192
不在地主 183
不戦条約 96
普通選挙 71
物質代謝論 251
不当労働行為 222
部分的核実験禁止条約 108
部分的均衡論 122

プライス・テイカー（価格受容者） 136
プライバシーの権利 80, 81
プラザ合意 110, 190, 203
プラトン 3
フランス人権宣言 15
フリードリヒ・エンゲルス 127
不良債権 166, 192
ブルジョワジー 5
ブレトン・ウッズ会議 242
フロー 158
分業 115, 131
ペイオフ 168
平均費用 139
平和主義 35
ベバリッジ報告 225
ペレストロイカ 129
変動相場制 187
貿易摩擦 189, 203
包括的核実験禁止条約（CTBT） 108
封建主義 119
法治主義 14
法的信念 95
法の支配 13
法律 42
法令遵守（コンプライアンス） 212
北米自由貿易協定 244
保護貿易 236

マ行
前川リポート 190
マクロ経済学 118, 123
マスメディア 75
マネーサプライ 165
マルクス経済学派 124
ミクロ経済学 118
民間消費支出 157
民主集中制 19
無形資産 159
無差別戦争観 96
命令 42
モンテスキュー 7, 15

ヤ行
有形資産 159
有効需要 134

ユーロドル 169
ゆりかごから墓場まで 225
幼稚産業論 238
予算 170
世論 75

ラ行
利益団体 75, 76
リコール（国民解職） 21
利潤 139
リストラ 193
立憲君主制 17
立法権 42
累進課税 173
累進課税制度 134
ルソー 4, 7, 21
レーニン 128
レファレンダム（国民投票） 21
連記制 73
労災 226, 229
労使関係 189
労働改革 182
労働価値説 122
労働関係者調整法 222
労働基準法 219
労働組合法 221
労働契約 220
労働憲章 220
労働三権 215
労働三法 183, 219
労働者・兵士・農民ソビエト 128
労働争議 222
労働団体 77
ロシア革命 128
ロストウ 120
ロック 6, 15

ワ行
ワークシェアリング 262

執筆者一覧（執筆順）

平川 武彦	八戸工業高等専門学校	第1章第1節，第5章第1節，第14章第2節
鬼柳 勝一	前東京都立工業高等専門学校	第1章第2節
八田 茂樹	熊本電波工業高等専門学校	第1章第3節
河野 通弘	高松工業高等専門学校	第2章第1〜2・4節，第5章第2〜3節
井上 斌	詫間電波高等専門学校	第2章第3節
今田 浩之	阿南工業高等専門学校	第3章第1〜2節
岩倉 秀樹	高知女子大学文化学部	第3章第3〜4節
木原 滋哉	呉工業高等専門学校	第4章第1〜2節
芝田 秀幹	沖縄国際大学法学部	第4章第3〜4節
山尾 徳雄	弓削商船高等専門学校	第6章第1節
谷口 牧子	旭川工業高等専門学校	第6章第2節
高橋 秀実	神戸市立工業高等専門学校	第6章第3〜4節
甲斐エイ子	元宮城工業高等専門学校	第7章第1・3節
金井 辰郎	長野工業高等専門学校	第7章第2節
遠原 智文	福島工業高等専門学校	第8章第1〜2節
遠山 恭司	東京都立産業技術高等専門学校	第8章第3〜4節
李 東彦	太成学院大学人間学部	第9章第1〜2節，第10章第2節，第13章
田中 淳	東京都立産業技術高等専門学校	第9章第3〜4節，第12章第3〜4節
澤田 大吾	広島商船高等専門学校	第10章第1節
奥平 理	函館工業高等専門学校	第11章第1〜2節
浅野 敬一	東京工業高等専門学校	第11章第3節
杉浦 立明	群馬工業高等専門学校	第12章第1〜2節
池谷江理子	高知工業高等専門学校	第14章第1節
香川 勝俊	明石工業高等専門学校	**編集**，第14章第3節，資料

教養の政治学・経済学

| 2005年4月1日　第1版　第1刷　発行 |
| 2023年4月1日　第1版　第12刷　発行 |

編　者　　香川　勝俊
発行者　　発田　和子
発行所　　株式会社　学術図書出版社
　　　　　〒113-0033　東京都文京区本郷5-4-6
　　　　　TEL 03〈3811〉0889　　振替 00110-4-28454
　　　　　印刷　三松堂印刷（株）

定価はカバーに表示してあります.

本書の一部または全部を無断で複写（コピー）・複製・転載することは，著作権法で認められた場合を除き，著作者および出版社の権利の侵害となります．あらかじめ，小社に許諾を求めてください．

© 2005　K. KAGAWA　Printed in Japan
ISBN978-4-87361-781-7　C3030